JN247521

図書館情報学
基礎資料

第3版

今 まど子・小山 憲司

[編著]

樹村房

第3版の序

　昨今の図書館を取り巻く環境の変化に対応し，本書『図書館情報学基礎資料』の第2版を刊行したのは，わずか1年前の2019(平成31)年3月のことでした。その後，元号のあらたまった2019(令和元)年5月に「地域の自主性及び自立性を高めるための改革の推進を図るための関係法律の整備に関する法律」，いわゆる第9次分権一括法が成立しました。その結果，本書にも収録している社会教育法や図書館法，地方教育行政の組織及び運営に関する法律が改正され，地方公共団体の判断により，図書館をはじめとする公立の社会教育施設を教育委員会から首長部局に移管できることになりました。そこで，前版から1年ではありますが，あらためて掲載すべき法令の条項を点検，更新するとともに，本書全体の内容を確認し，第3版として刊行することになりました。

　前版に引き続き，第I部の関係法令は元千葉県労働委員会事務局の鑓水三千男氏に，第III部の ACRONYMS および第IV部の基本用語解説では，鶴見大学名誉教授の原田智子先生，国士舘大学教授の桑田てるみ先生にご協力いただきました。また改訂にあたっては，本書を利用している教員や読者から頂戴したさまざまなご指摘，コメントも参考にしました。図書館情報学教育に関わるみなさまのご協力があっての第3版となりました。ここに記して感謝申し上げます。

　なお，2019年2月に改訂されたアメリカ図書館協会の「図書館の権利宣言」は，現時点で日本語の定訳がないことから本版でも初版所収の原文，日本語訳をそのまま掲載しました。ご留意ください。

　最後になりますが，本書の発行にご協力くださいました樹村房の大塚栄一社長，石村早紀さんにお礼を申し上げます。

　2020年2月吉日

編著者　今まど子，小山憲司

序文（初版）

2009(平成21)年に改正された図書館法施行規則により，司書資格を取得するために修得すべき科目として，必修11科目22単位，選択科目7科目7単位が定められました。これにあわせて，「新・図書館学シリーズ」を刊行してきた樹村房でも，あらたに「現代図書館情報学シリーズ」として，シリーズ第9巻となる『情報資源組織論』(2011年初版)を皮切りに，2014年に全12巻を発行しました。新シリーズの完結を受け，1990(平成2)年の初版以来，12版を重ねた『図書館学基礎資料』もまた，あらたに『図書館情報学基礎資料』として刊行するはこびとなりました。

これまでのハンディさ，使い勝手のよさを考慮して，構成に大きな変更はありませんが，新シリーズにあわせて，また図書館を取り巻く昨今の社会情勢にあわせて，内容の更新を図りました。第Ⅰ部の関係法令については，元千葉県労働委員会事務局の鑓水三千男氏にご協力いただき，法令や条文の追加修正に加え，解説文もあらたに執筆いただきました。第Ⅲ部のACRONYMSおよび第Ⅳ部の基本用語解説では，鶴見大学の原田智子先生，国士舘大学の桑田てるみ先生のご協力のもと，用語の選択から解説の執筆にいたるまで，長期間に渡り，作業いただきました。ここに記して感謝申しあげます。

『図書館学基礎資料』初版の序文にも同様のくだりがありますが，「現代図書館情報学シリーズ」とともに，本書にもご意見をお寄せいただき，司書を目指す学生，テキストとして採用くださっている教員，図書館で働いている方，その他図書館に関わっている人々にとって，使いやすく，役に立つものに育てていただけるよう，願ってやみません。

最後になりますが，本書の発行にご協力くださいました樹村房の大塚栄一社長，石村早紀さんにお礼を申し上げます。

2016年8月吉日

編著者　今まど子，小山憲司

も　く　じ
Contents

第3版の序　*3*

序文（初版）　*4*

I　関係法令 ——————————————————— *7*

日本国憲法(抄)　*8*

教育基本法　*10*

社会教育法(抄)　*13*

図書館法　*15*

図書館法施行規則(抄)　*19*

国立国会図書館法　*24*

学校図書館法　*31*

学校図書館司書教諭講習規程　*32*

子どもの読書活動の推進に関する法律　*34*

文字・活字文化振興法　*36*

著作権法(抄)　*38*

著作権法施行令(抄)　*50*

地方自治法(抄)　*53*

地方教育行政の組織及び運営に関する法律(抄)　*55*

生涯学習の振興のための施策の推進体制等の整備に関する法律(抄)　*57*

障害を理由とする差別の解消の推進に関する法律(抄)　*60*

II　図書館に関する宣言・綱領など ——————————— *62*

ユネスコ公共図書館宣言　*63*

ユネスコ・国際図書館連盟共同学校図書館宣言　*69*

図書館の権利宣言　*71*

図書館学の五法則　*73*

図書館の自由に関する宣言　*74*

図書館員の倫理綱領　77

図書館の設置及び運営上の望ましい基準　80

Ⅲ　ACRONYMS（頭字語・略語）————— 86

Ⅳ　基本用語解説 ————— 89

Ⅴ　その他資料 ————— 132

本の各部の名称と種類（洋装本／和装本）　132

紙と書籍・雑誌の大きさ　134

洋書の大きさと名称　134

目録　135

日本十進分類法 新訂10版　第2次区分表（綱目表）　136

記録の歴史　137

粘土板文書と楔形文字／甲骨文字／ロゼッタストーン／死者の書／パピルス／古代文字各種／グーテンベルク／42行聖書に使用された活字の再現／グーテンベルク印刷機の複製／写字室／百万塔陀羅尼経／木簡

Ⅵ　図書館情報学に関するレファレンスブックス ————— 142

Ⅶ　図書館・図書館情報学小年表 ————— 145

I 関係法令

日本国憲法(抄)（昭21.11.3）

教育基本法（昭22.3.31，改正 平18.12.22）

社会教育法(抄)（昭24.6.10，改正 令1.6.7）

図書館法（昭25.4.30，改正 令1.6.7）

図書館法施行規則(抄)（昭25.9.6，改正 平23.12.1）

国立国会図書館法（昭23.2.9，改正 平30.6.8）

学校図書館法（昭28.8.8，改正 平27.6.24）

学校図書館司書教諭講習規程（昭29.8.6，改正 平19.3.30）

子どもの読書活動の推進に関する法律（平13.12.12）

文字・活字文化振興法（平17.7.29）

著作権法(抄)（昭45.5.6，改正 平30.7.13）

著作権法施行令(抄)（昭45.12.10，改正 令1.6.28）

地方自治法(抄)（昭22.4.17，改正 令1.12.4）

地方教育行政の組織及び運営に関する法律(抄)（昭31.6.30，改正 令1.6.14）

生涯学習の振興のための施策の推進体制等の整備に関する法律(抄)（平2.6.29，改正 平14.3.31）

障害を理由とする差別の解消の推進に関する法律(抄)（平25.6.26）

［関係法令 解説］

　図書館は，社会に存在する各種の情報資源を収集し，整理し，保存し，提供する役割を担っている。その機能を十全に発揮させるために，わが国では各種の法令が存在し，図書館を支えている。国際条約も無縁ではないが，ここでは国内法を中心に掲げることとした。いうまでもなく，国内法は日本国憲法を頂点として，法律，政省令，条例，規則などが段階的な法秩序を構成するが，同レベルの法令でもその内容によって階層性が存在し，相互に補完し合って，図書館を支える法体系を構築している。

　国の最高法規である日本国憲法には「図書館」の文字は認められないが，日本国憲法が保障する各種の人権に図書館が奉仕していることは明白である。図書館に関する法律とし

ては図書館法がある。図書館については，教育基本法を事実上の上位法とする社会教育法の第9条により，別個法律により図書館に関する法律が制定されることが予定されており，この規定に基づき図書館法が制定されているので，内容の点からいえば，教育基本法を最上位とし，次に社会教育法そしてその下位に図書館法という階層性が形成されているといってよい。また，教育委員会規則として制定されることが圧倒的に多い図書館利用規則の直接的な根拠は，地方教育行政の組織及び運営に関する法律である。加えて，図書館資料を提供する場合には，著作権法の知見は欠かせない。このほかにも，図書館の周辺に，いわば「図書館関連法」ともいうべき各種の法令群が存在している。　　　　（p.9へ続く）

注：所載の関係法令の表記にあたっては「（見出し）」位置の統一を行い，「項」番号は○囲み算用数字（①，②，③……）に，また「号」番号はすべて算用数字に統一を図った。

日本国憲法（抄）

（昭和21.11.3公布）

前　文

日本国民は，正当に選挙された国会における代表者を通じて行動し，われらとわれらの子孫のために，諸国民との協和による成果と，わが国全土にわたつて自由のもたらす恵沢を確保し，政府の行為によつて再び戦争の惨禍が起ることのないやうにすることを決意し，ここに主権が国民に存することを宣言し，この憲法を確定する。そもそも国政は，国民の厳粛な信託によるものであつて，その権威は国民に由来し，その権力は国民の代表者がこれを行使し，その福利は国民がこれを享受する。これは人類普遍の原理であり，この憲法は，かかる原理に基くものである。われらは，これに反する一切の憲法，法令及び詔勅を排除する。

日本国民は，恒久の平和を念願し，人間相互の関係を支配する崇高な理想を深く自覚するのであつて，平和を愛する諸国民の公正と信義に信頼して，われらの安全と生存を保持しようと決意した。われらは，平和を維持し，専制と隷従，圧迫と偏狭を地上から永遠に除去しようと努めてゐる国際社会において，名誉ある地位を占めたいと思ふ。われらは，全世界の国民が，ひとしく恐怖と欠乏から免かれ，平和のうちに生存する権利を有することを確認する。

われらは，いづれの国家も，自国のことのみに専念して他国を無視してはならないのであつて，政治道徳の法則は，普遍的なものであり，この法則に従ふことは，自国の主権を維持し，他国と対等関係に立たうとする各国の責務であると信ずる。

日本国民は，国家の名誉にかけ，全力をあげてこの崇高な理想と目的を達成することを誓ふ。

第11条　国民は，すべての基本的人権の享有を妨げられない。この憲法が国民に保障する基本的人権は，侵すことのできない永久の権利として，現在及び将来の国民に与へられる。

第12条　この憲法が国民に保障する自由及び権利は，国民の不断の努力によつて，これを保持しなければならない。又，国民は，これを濫用してはならないのであつて，常に公共の福祉のためにこれを利用する責任を負ふ。

第13条　すべて国民は，個人として尊重される。生命，自由及び幸福追求に対する国民の権利については，公共の福祉に反しない限り，立法その他の国政の上で最大の尊重を必要とする。

第14条　すべて国民は，法の下に平等であつて，人種，信条，性別，社会的身分又は門地により，政治的，経済的又は社会的関係において，差別されない。

第17条　何人も，公務員の不法行為により，損害を受けたときは，法律の定めるところにより，国又は公共団体に，その賠償を求めることができる。

第19条　思想及び良心の自由は，これを侵してはならない。

第20条　信教の自由は，何人に対してもこれを保障する。いかなる宗教団体も，国から特権を受け，又は政治上の権力を行使してはならない。

②　何人も，宗教上の行為，祝典，儀式又は行事に参加することを強制されない。

③　国及びその機関は，宗教教育その他いかなる宗教的活動もしてはならない。

第21条　集会，結社及び言論，出版その他一切の表現の自由は，これを保障する。

②　検閲は，これをしてはならない。通信の秘密は，これを侵してはならない。

第23条　学問の自由は，これを保障する。

第25条　すべて国民は，健康で文化的な最低限度の生活を営む権利を有する。

②　国は，すべての生活部面について，社会

福祉，社会保障及び公衆衛生の向上及び増進に努めなければならない。

第26条 すべて国民は，法律の定めるところにより，その能力に応じて，ひとしく教育を受ける権利を有する。

② すべて国民は，法律の定めるところにより，その保護する子女に普通教育を受けさせる義務を負ふ。義務教育は，これを無償とする。

---

p.7［関係法令 解説］の続き

令和元年6月に「第9次分権一括法」の一環として社会教育に関連して注目すべき法改正が行われた。対象となったのは，地方教育の組織及び運営に関する法律，社会教育法，図書館法及び博物館法の諸法である。その内容は，地方公共団体の条例により，社会教育施設を教育委員会から長部局に移管することが可能となるものである。

中央教育審議会の答申によれば，この措置により，長が進める地域振興や人材育成，観光振興などの施策に社会教育施設を活用することができることになるが，この措置は社会教育に質的変容をもたらすものであって，大きな問題が潜在する。

すなわち，社会教育は学校教育と並んで教育委員会の大きな柱であったはずであり，これを長とは独立した政治的に中立な立場の教育委員会に所管させることが地方自治法の定める執行機関多元主義の内容であった。それにもかかわらず，これらの施設が教育委員会から長部局へ移管され，政治的存在である長が管理運営することになれば，従来からの価値中立的で多様であるべき社会教育の実質が維持できるのか，換言すれば長は新たに所管することとなる社会教育施設を自身の推進する施策に沿うように管理運営できることとなり，その管理運営が政治的な判断により左右されることになりはしないかといった疑念が生ずるのである。

社会教育施設移管に関する条例を制定する際，議会は教育委員会に意見を求めることになっている。教育委員会は，教育基本法等の精神及び社会教育の本来的役割に照らし，長部局へ社会教育施設の移管を認めることが適当かどうか，教育委員会の存在理由も踏まえて，慎重に判断すべきであろう。

［日本国憲法 解説］

憲法は，国の基本法である。その内容は，統治に関する法と基本的人権に関わる法とに大別できる。憲法に「図書館」の文字は明記されていないが，人権に関する憲法の規定は図書館に大きな関係があると考えられる。憲法は，国民であれば承知しておかなければならないものであると同時に，なによりも国民の人権に奉仕する図書館員にとって，必要不可欠の知識である。図書館員は，図書館が，憲法が国民に保障する各種の権利の実現に奉仕するという崇高な役割があることを忘れてはならない。図書館員は単なる「無料貸本屋」の仕事に従事するものではなく，憲法が保障する国民の各種の基本的人権の実現に奉仕するという高い志が求められるものである。

ちなみに，憲法に規定されている人権は，自由権，参政権，社会権などに分けることができるとされる。図書館はこれらの諸権利の実現に奉仕すると同時に，知る権利など，憲法に正面から保障した規定がない場合でも，これを基本的人権として認める憲法学の深化を受け，そうした権利の実現に奉仕することが期待されている。

教育基本法

（昭和22. 3.31　法律第 25号）
（改正 平成18.12.22　法律第120号）

前　文

我々日本国民は，たゆまぬ努力によって築いてきた民主的で文化的な国家を更に発展させるとともに，世界の平和と人類の福祉の向上に貢献することを願うものである。

我々は，この理想を実現するため，個人の尊厳を重んじ，真理と正義を希求し，公共の精神を尊び，豊かな人間性と創造性を備えた人間の育成を期するとともに，伝統を継承し，新しい文化の創造を目指す教育を推進する。

ここに，我々は，日本国憲法の精神にのっとり，我が国の未来を切り拓く教育の基本を確立し，その振興を図るため，この法律を制定する。

第1章　教育の目的及び理念

（教育の目的）

第1条　教育は，人格の完成を目指し，平和で民主的な国家及び社会の形成者として必要な資質を備えた心身ともに健康な国民の育成を期して行われなければならない。

（教育の目標）

第2条　教育は，その目的を実現するため，学問の自由を尊重しつつ，次に掲げる目標を達成するよう行われるものとする。

1　幅広い知識と教養を身に付け，真理を求める態度を養い，豊かな情操と道徳心を培うとともに，健やかな身体を養うこと。

2　個人の価値を尊重して，その能力を伸ばし，創造性を培い，自主及び自律の精神を養うとともに，職業及び生活との関連を重視し，勤労を重んずる態度を養うこと。

3　正義と責任，男女の平等，自他の敬愛と協力を重んずるとともに，公共の精神に基づき，主体的に社会の形成に参画し，その発展に寄与する態度を養うこと。

4　生命を尊び，自然を大切にし，環境の保全に寄与する態度を養うこと。

5　伝統と文化を尊重し，それらをはぐくんできた我が国と郷土を愛するとともに，他国を尊重し，国際社会の平和と発展に寄与する態度を養うこと。

（生涯学習の理念）

第3条　国民一人一人が，自己の人格を磨き，豊かな人生を送ることができるよう，その生涯にわたって，あらゆる機会に，あらゆる場所において学習することができ，その成果を適切に生かすことのできる社会の実現が図られなければならない。

（教育の機会均等）

第4条　すべて国民は，ひとしく，その能力に応じた教育を受ける機会を与えられなければならず，人種，信条，性別，社会的身分，経済的地位又は門地によって，教育上差別されない。

②　国及び地方公共団体は，障害のある者が，その障害の状態に応じ，十分な教育を受けられるよう，教育上必要な支援を講じなければならない。

③　国及び地方公共団体は，能力があるにもかかわらず，経済的理由によって修学が困難な者に対して，奨学の措置を講じなければならない。

第2章　教育の実施に関する基本

（義務教育）

第5条　国民は，その保護する子に，別に法律で定めるところにより，普通教育を受けさせる義務を負う。

②　義務教育として行われる普通教育は，各個人の有する能力を伸ばしつつ社会において自立的に生きる基礎を培い，また，国家及び社会の形成者として必要とされる基本的な資質を養うことを目的として行われるものとする。

③　国及び地方公共団体は，義務教育の機会

を保障し，その水準を確保するため，適切な役割分担及び相互の協力の下，その実施に責任を負う。

④　国又は地方公共団体の設置する学校における義務教育については，授業料を徴収しない。

（学校教育）

第6条　法律に定める学校は，公の性質を有するものであって，国，地方公共団体及び法律に定める法人のみが，これを設置することができる。

②　前項の学校においては，教育の目標が達成されるよう，教育を受ける者の心身の発達に応じて，体系的な教育が組織的に行われなければならない。この場合において，教育を受ける者が，学校生活を営む上で必要な規律を重んずるとともに，自ら進んで学習に取り組む意欲を高めることを重視して行われなければならない。

（大学）

第7条　大学は，学術の中心として，高い教養と専門的能力を培うとともに，深く真理を探究して新たな知見を創造し，これらの成果を広く社会に提供することにより，社会の発展に寄与するものとする。

②　大学については，自主性，自律性その他の大学における教育及び研究の特性が尊重されなければならない。

（私立学校）

第8条　私立学校の有する公の性質及び学校教育において果たす重要な役割にかんがみ，国及び地方公共団体は，その自主性を尊重しつつ，助成その他の適当な方法によって私立学校教育の振興に努めなければならない。

（教員）

第9条　法律に定める学校の教員は，自己の崇高な使命を深く自覚し，絶えず研究と修養に励み，その職責の遂行に努めなければならない。

②　前項の教員については，その使命と職責の重要性にかんがみ，その身分は尊重され，

待遇の適正が期せられるとともに，養成と研修の充実が図られなければならない。

（家庭教育）

第10条　父母その他の保護者は，子の教育について第一義的責任を有するものであって，生活のために必要な習慣を身に付けさせるとともに，自立心を育成し，心身の調和のとれた発達を図るよう努めるものとする。

②　国及び地方公共団体は，家庭教育の自主性を尊重しつつ，保護者に対する学習の機会及び情報の提供その他の家庭教育を支援するために必要な施策を講ずるよう努めなければならない。

（幼児期の教育）

第11条　幼児期の教育は，生涯にわたる人格形成の基礎を培う重要なものであることにかんがみ，国及び地方公共団体は，幼児の健やかな成長に資する良好な環境の整備その他適当な方法によって，その振興に努めなければならない。

（社会教育）

第12条　個人の要望や社会の要請にこたえ，社会において行われる教育は，国及び地方公共団体によって奨励されなければならない。

②　国及び地方公共団体は，図書館，博物館，公民館その他の社会教育施設の設置，学校の施設の利用，学習の機会及び情報の提供その他の適当な方法によって社会教育の振興に努めなければならない。

（学校，家庭及び地域住民等の相互の連携協力）

第13条　学校，家庭及び地域住民その他の関係者は，教育におけるそれぞれの役割と責任を自覚するとともに，相互の連携及び協力に努めるものとする。

（政治教育）

第14条　良識ある公民として必要な政治的教養は，教育上尊重されなければならない。

②　法律に定める学校は，特定の政党を支持し，又はこれに反対するための政治教育そ

12 | Ⅰ 関係法令

の他政治的活動をしてはならない。
　（宗教教育）
第15条　宗教に関する寛容の態度，宗教に関
　する一般的な教養及び宗教の社会生活にお
　ける地位は，教育上尊重されなければなら
　ない。
②　国及び地方公共団体が設置する学校は，
　特定の宗教のための宗教教育その他宗教的
　活動をしてはならない。
　　　　　第3章　教育行政
　（教育行政）
第16条　教育は，不当な支配に服することな
　く，この法律及び他の法律の定めるところ
　により行われるべきものであり，教育行政
　は，国と地方公共団体との適切な役割分担
　及び相互の協力の下，公正かつ適正に行わ
　れなければならない。
②　国は，全国的な教育の機会均等と教育水
　準の維持向上を図るため，教育に関する施
　策を総合的に策定し，実施しなければなら
　ない。
③　地方公共団体は，その地域における教育
　の振興を図るため，その実情に応じた教育
　に関する施策を策定し，実施しなければな

らない。
④　国及び地方公共団体は，教育が円滑かつ
　継続的に実施されるよう，必要な財政上の
　措置を講じなければならない。
　（教育振興基本計画）
第17条　政府は，教育の振興に関する施策の
　総合的かつ計画的な推進を図るため，教育
　の振興に関する施策についての基本的な方
　針及び講ずべき施策その他必要な事項につ
　いて，基本的な計画を定め，これを国会に
　報告するとともに，公表しなければならな
　い。
②　地方公共団体は，前項の計画を参酌し，
　その地域の実情に応じ，当該地方公共団体
　における教育の振興のための施策に関する
　基本的な計画を定めるよう努めなければな
　らない。
　　　　　第4章　法令の制定
第18条　この法律に規定する諸条項を実施す
　るため，必要な法令が制定されなければな
　らない。
　　　　　　附　則(抄)
　（施行期日）
1　この法律は，公布の日から施行する。

[教育基本法 解説]

　この法律は，平成18年に全面改正が行われ
た。制定当時の昭和22年の時点では，日本国
憲法が示している「基本的人権の尊重」「平
和主義」「主権在民」の理念を実現するため
には「根本において教育の力に待つべきであ
る」との方針に基づいて制定されたものであ
る。それゆえ，わが国における教育の方向性
を示すものとして，「準憲法」との評価もあ
るほどである。
　改正前はもとより，改正後の同法において
も社会教育の必要性，ひいては図書館の重要
性の認識は変わることがなく，国及び地方公
共団体は，図書館等の施設の設置等によって

社会教育の振興に努めなければならないとさ
れている。この社会教育を担うべき社会教育
施設として図書館が掲げられ，その充実整備
は国及び地方公共団体の責務となっていると
考えるべきである。
　加えて，この法律は，憲法の理念を，社会
教育法を経て図書館法に繋ぐ重要な役割を負
っている。
　なお，国及び都道府県は，教育基本法に基
づき教育振興基本計画の策定が求められ，平
成20年に策定された政府の計画では，図書館
は住民に身近な地域の知の拠点として位置づ
けられている。

社会教育法(抄)

$$\left(\begin{array}{ll} 昭和24. 6.10 & 法律第207号 \\ 改正 \quad 令和 1. 6. 7 & 法律第 26号 \end{array}\right)$$

第1章 総 則

(この法律の目的)

第1条 この法律は，教育基本法（平成18年法律第120号）の精神に則り，社会教育に関する国及び地方公共団体の任務を明らかにすることを目的とする。

(社会教育の定義)

第2条 この法律で「社会教育」とは，学校教育法（昭和22年法律第26号）に基き，学校の教育課程として行われる教育活動を除き，主として青少年及び成人に対して行われる組織的な教育活動（体育及びレクリエーションの活動を含む。）をいう。

(国及び地方公共団体の任務)

第3条 国及び地方公共団体は，この法律及び他の法令の定めるところにより，社会教育の奨励に必要な施設の設置及び運営，集会の開催，資料の作製，頒布その他の方法により，すべての国民があらゆる機会，あらゆる場所を利用して，自ら実際生活に即する文化的教養を高め得るような環境を醸成するように努めなければならない。

(国の地方公共団体に対する援助)

第4条 前条第1項の任務を達成するために，国は，この法律及び他の法令の定めるところにより，地方公共団体に対し，予算の範囲内において，財政的援助並びに物資の提供及びそのあっせんを行う。

(市町村の教育委員会の事務)

第5条 市（特別区を含む。以下同じ。）町村の教育委員会は，社会教育に関し，当該地方の必要に応じ，予算の範囲内において，次の事務を行う。

1 社会教育に必要な援助を行うこと。

2 社会教育委員の委嘱に関すること。

3 公民館の設置及び管理に関すること。

4 所管に属する図書館，博物館，青年の家その他の社会教育施設の設置及び管理に関すること。（5～12は略）

13 主として学齢児童及び学齢生徒（それぞれ学校教育法第18条に規定する学齢児童及び学齢生徒をいう。）に対し，学校の授業の終了後又は休業日において学校，社会教育施設その他適切な施設を利用して行う学習その他の活動の機会を提供する事業の実施並びにその奨励に関すること。

14 青少年に対しボランティア活動など社会奉仕体験活動，自然体験活動その他の体験活動の機会を提供する事業の実施及びその奨励に関すること。

15 社会教育における学習の機会を利用して行った学習の成果を活用して学校，社会教育施設その他地域において行う教育活動その他の活動の機会を提供する事業の実施及びその奨励に関すること。

16 社会教育に関する情報の収集，整理及び提供に関すること。

17 視聴覚教育，体育及びレクリエーションに必要な設備，器材及び資料の提供に関すること。（18，19は略）

③ 地方教育行政の組織及び運営に関する法律（昭和31年法律第162号）第23条第1項の条例の定めるところによりその長が同項第1号に掲げる事務（以下「特定事務」という。）を管理し，及び執行することとされた地方公共団体（以下「特定地方公共団体」という。）である市町村にあっては，第1項の規定にかかわらず，同項第3号及び第4号の事務のうち特定事務に関するものは，その長が行うものとする。

(都道府県の教育委員会の事務)

第6条 都道府県の教育委員会は，社会教育に関し，当該地方の必要に応じ，予算の範囲内において，前条第1項各号の事務（同項第3号の事務を除く。）を行うほか，次の事務を行う。

1 公民館及び図書館の設置及び管理に関し，必要な指導及び調査を行うこと。

2 社会教育を行う者の研修に必要な施設

の設置及び運営，講習会の開催，資料の配布等に関すること。

3　社会教育施設の設置及び運営に必要な物資の提供及びそのあっせんに関すること。（4，5は略）

③　特定地方公共団体である都道府県にあっては，第1項の規定にかかわらず，前条第1項第4号の事務のうち特定事務に関するものは，その長が行うものとする。

（図書館及び博物館）

第9条　図書館及び博物館は，社会教育のための機関とする。

②　図書館及び博物館に関し必要な事項は，別に法律をもって定める。

[社会教育法　解説]

　教育基本法第12条の規定を受けて，社会教育についての国及び地方公共団体の任務を明らかにする法律である。社会教育は，学校教育，家庭教育と並んで行われる教育活動の一つであるが，その対象は主として青少年及び成年が想定されている。

　国及び地方公共団体は，必要な施設の設置及び運営その他の活動を行う。社会教育の振興に資するために地方公共団体によって設置される施設が，図書館，博物館，公民館等である。このうち図書館は，社会教育法第9条第1項において，社会教育のための機関として規定されており，同条第2項により図書館法へと接続している。その意味において，社会教育法は教育基本法と図書館法の結節点としての機能を果たしているといえる。

　社会教育と類似の概念に「生涯学習」がある。社会教育とは，社会教育法第2条によれば，学校教育を除き，主として青少年及び成年に対して行われる組織的な教育活動をいうとされている。一方で生涯学習とは，昭和56年の中央教育審議会答申によれば，「人々が自己の充実・啓発や生活の向上のために，自発的意思に基づいて行うことを基本とし，必要に応じて自己に適した手段・方法を自ら選んで，生涯を通じて行う学習」と定義されている。

　学校教育を終えても社会人として，あるいは家庭にあっても，自分のキャリアを向上させるために，又は趣味や娯楽として，継続的に学習することは有意義なことと理解されている。そのために国及び地方公共団体は，生涯学習に必要な体制整備を行う責務があると

され，「生涯学習の振興のための施策の推進体制等の整備に関する法律」が平成2年6月に制定されている。

　生涯学習は人々の主体的意思を前提にし，一方社会教育は主として行政機関（教育委員会）が企画立案して教育の機会を人々に提供するといった趣がある。その意味では，社会教育においては住民は主体というより客体と意識されているような印象を受ける。しかしながら，社会教育事業として企画されたものに住民が積極的に参加し，自己の充実啓発を図るのであれば，それは住民の視点からは生涯学習といってよいのであって，社会教育と生涯学習に実質的に大きな差異があるわけではないであろう。

　ところで，近時，社会教育施設である図書館や公民館に指定管理者制度が導入される例が漸増している。同制度の導入に関して，社会教育法にはその根拠が明文化されていない。そのため，これまで教育委員会が所管してきた施設における社会教育事業と指定管理者による事業との関係をどう位置付けるかが問題となる。民間事業者が実施する事業が，教育委員会という公的機関が所管する社会教育事業といえるかどうかという議論が必要であろう。

　また，関係法令全体の解説へ記したように，いわゆる「第9次分権一括法」による社会教育施設の長部局への移管が問題となる。社会教育は主として学校教育を終えた社会人を対象とする事業であるが，その重要性は学校教育に劣らない。教育は，日本国憲法の定める理想を実現するために「自主的精神に充ちた

（p.18へ続く）

図 書 館 法

$$\left(\begin{array}{ll}\text{制定} & \text{昭和25. 4.30 法律第118号} \\ \text{改正} & \text{令和 1. 6. 7 法律第 26号}\end{array}\right)$$

第1章　総　則

（この法律の目的）

第1条　この法律は，社会教育法（昭和24年法律第207号）の精神に基き，図書館の設置及び運営に関して必要な事項を定め，その健全な発達を図り，もって国民の教育と文化の発展に寄与することを目的とする。

（定　義）

第2条　この法律において「図書館」とは，図書，記録その他必要な資料を収集し，整理し，保存して，一般公衆の利用に供し，その教養，調査研究，レクリエーション等に資することを目的とする施設で，地方公共団体，日本赤十字社又は一般社団法人若しくは一般財団法人が設置するもの（学校に附属する図書館又は図書室を除く。）をいう。

② 　前項の図書館のうち，地方公共団体の設置する図書館を公立図書館といい，日本赤十字社又は一般社団法人若しくは一般財団法人の設置する図書館を私立図書館という。

（図書館奉仕）

第3条　図書館は，図書館奉仕のため，土地の事情及び一般公衆の希望に沿い，更に学校教育を援助し，及び家庭教育の向上に資することとなるように留意し，おおむね次に掲げる事項の実施に努めなければならない。

1 　郷土資料，地方行政資料，美術品，レコード及びフィルムの収集にも十分留意して，図書，記録，視聴覚教育の資料その他必要な資料（電磁的記録（電子的方式，磁気的方式その他人の知覚によっては認識することができない方式で作られた記録をいう。）を含む。以下「図書館資料」という。）を収集し，一般公衆の利用に供すること。

2 　図書館資料の分類排列を適切にし，及びその目録を整備すること。

3 　図書館の職員が図書館資料について十分な知識を持ち，その利用のための相談に応ずるようにすること。

4 　他の図書館，国立国会図書館，地方公共団体の議会に附置する図書室及び学校に附属する図書館又は図書室と緊密に連絡し，協力し，図書館資料の相互貸借を行うこと。

5 　分館，閲覧所，配本所等を設置し，及び自動車文庫，貸出文庫の巡回を行うこと。

6 　読書会，研究会，鑑賞会，映写会，資料展示会等を主催し，及びこれらの開催を奨励すること。

7 　時事に関する情報及び参考資料を紹介し，及び提供すること。

8 　社会教育における学習の機会を利用して行った学習の成果を活用して行う教育活動その他の活動の機会を提供し，及びその提供を奨励すること。

9 　学校，博物館，公民館，研究所等と緊密に連絡し，協力すること。

（司書及び司書補）

第4条　図書館に置かれる専門的職員を司書及び司書補と称する。

② 　司書は，図書館の専門的事務に従事する。

③ 　司書補は，司書の職務を助ける。

（司書及び司書補の資格）

第5条　次の各号のいずれかに該当する者は，司書となる資格を有する。

1 　大学を卒業した者（専門職大学の前期課程を修了した者を含む。次号において同じ。）で大学において文部科学省令で定める図書館に関する科目を履修したもの

2 　大学又は高等専門学校を卒業した者で次条の規定による司書の講習を修了したもの

3 　次に掲げる職にあった期間が通算して3年以上になる者で次条の規定による司書の講習を修了したもの

イ　司書補の職
ロ　国立国会図書館又は大学若しくは高等専門学校の附属図書館における職で司書補の職に相当するもの
ハ　ロに掲げるもののほか，官公署，学校又は社会教育施設における職で社会教育主事，学芸員その他の司書補の職と同等以上の職として文部科学大臣が指定するもの
②　次の各号のいずれかに該当する者は，司書補となる資格を有する。
1　司書の資格を有する者
2　学校教育法（昭和22年法律第26号）第90条第1項の規定により大学に入学することのできる者で次条の規定による司書補の講習を修了したもの
（司書及び司書補の講習）
第6条　司書及び司書補の講習は，大学が，文部科学大臣の委嘱を受けて行う。
②　司書及び司書補の講習に関し，履修すべき科目，単位その他必要な事項は，文部科学省令で定める。ただし，その履修すべき単位数は，15単位を下ることができない。
（司書及び司書補の研修）
第7条　文部科学大臣及び都道府県の教育委員会は，司書及び司書補に対し，その資質の向上のために必要な研修を行うよう努めるものとする。
（設置及び運営上望ましい基準）
第7条の2　文部科学大臣は，図書館の健全な発達を図るために，図書館の設置及び運営上望ましい基準を定め，これを公表するものとする。
（運営の状況に関する評価等）
第7条の3　図書館は，当該図書館の運営の状況について評価を行うとともに，その結果に基づき図書館の運営の改善を図るため必要な措置を講ずるよう努めなければならない。
（運営の状況に関する情報の提供）
第7条の4　図書館は，当該図書館の図書館奉仕に関する地域住民その他の関係者の理

解を深めるとともに，これらの者との連携及び協力の推進に資するため，当該図書館の運営の状況に関する情報を積極的に提供するよう努めなければならない。
（協力の依頼）
第8条　都道府県の教育委員会は，当該都道府県内の図書館奉仕を促進するために，市（特別区を含む。以下同じ。）町村の教育委員会（地方教育行政の組織及び運営に関する法律（昭和31年法律第162号）第23条第1項の条例の定めるところによりその長が図書館の設置，管理及び廃止に関する事務を管理し，及び執行することとされた地方公共団体（第13条第1項において「特定地方公共団体」という。）である市町村にあっては，その長又は教育委員会）に対し，総合目録の作製，貸出文庫の巡回，図書館資料の相互貸借等に関して協力を求めることができる。
（公の出版物の収集）
第9条　政府は，都道府県の設置する図書館に対し，官報その他一般公衆に対する広報の用に供せられる独立行政法人国立印刷局の刊行物を2部提供するものとする。
②　国及び地方公共団体の機関は，公立図書館の求めに応じ，これに対して，それぞれの発行する刊行物その他の資料を無償で提供することができる。
第2章　公立図書館
（設置）
第10条　公立図書館の設置に関する事項は，当該図書館を設置する地方公共団体の条例で定めなければならない。
第11条　削除（昭42法120）
第12条　削除（昭60法90）
（職員）
第13条　公立図書館に館長並びに当該図書館を設置する地方公共団体の教育委員会（特定地方公共団体の長がその設置，管理及び廃止に関する事務を管理し，及び執行することとされた図書館（第15条において「特定図書館」という。）にあっては，当該特

定地方公共団体の長）が必要と認める専門的職員，事務職員及び技術職員を置く。

② 館長は，館務を掌理し，所属職員を監督して，図書館奉仕の機能の達成に努めなければならない。

（図書館協議会）

第14条　公立図書館に図書館協議会を置くことができる。

② 図書館協議会は，図書館の運営に関し館長の諮問に応ずるとともに，図書館の行う図書館奉仕につき，館長に対して意見を述べる機関とする。

第15条　図書館協議会の委員は，当該図書館を設置する地方公共団体の教育委員会（特定図書館に置く図書館協議会の委員にあっては，当該地方公共団体の長）が任命する。

第16条　図書館協議会の設置，その委員の任命の基準，定数及び任期その他図書館協議会に関し必要な事項については，当該図書館を設置する地方公共団体の条例で定めなければならない。この場合において，委員の任命の基準については，文部科学省令で定める基準を参酌するものとする。

（入館料等）

第17条　公立図書館は，入館料その他図書館資料の利用に対するいかなる対価をも徴収してはならない。

第18条及び第19条　削除（平20法59）

（図書館の補助）

第20条　国は，図書館を設置する地方公共団体に対し，予算の範囲内において，図書館の施設，設備に要する経費その他必要な経費の一部を補助することができる。

② 前項の補助金の交付に関し必要な事項は，政令で定める。

第21条　削除（平11法87）

第22条　削除（昭34法158）

第23条　国は，第20条の規定による補助金の交付をした場合において，左の各号の1に該当するときは，当該年度におけるその後の補助金の交付をやめるとともに，既に交付した当該年度の補助金を返還させなければならない。

1　図書館がこの法律の規定に違反したとき。

2　地方公共団体が補助金の交付の条件に違反したとき。

3　地方公共団体が虚偽の方法で補助金の交付を受けたとき。

第3章　私立図書館

第24条　削除（昭42法120）

（都道府県の教育委員会との関係）

第25条　都道府県の教育委員会は，私立図書館に対し，指導資料の作製及び調査研究のために必要な報告を求めることができる。

② 都道府県の教育委員会は，私立図書館に対し，その求めに応じて，私立図書館の設置及び運営に関して，専門的，技術的の指導又は助言を与えることができる。

（国及び地方公共団体との関係）

第26条　国及び地方公共団体は，私立図書館の事業に干渉を加え，又は図書館を設置する法人に対し，補助金を交付してはならない。

第27条　国及び地方公共団体は，私立図書館に対し，その求めに応じて，必要な物資の確保につき，援助を与えることができる。

（入館料等）

第28条　私立図書館は，入館料その他図書館資料の利用に対する対価を徴収することができる。

（図書館同種施設）

第29条　図書館と同種の施設は，何人もこれを設置することができる。

② 第25条第2項の規定は，前項の施設について準用する。

附　則　（略）

p.14［社会教育法 解説］の続き

心身共に健全な国民の育成を期して」（旧教育基本法第1条）行われる営為である。

　教育基本法は平成18年に全面改正されたが，「準憲法」と評価された旧教育基本法の立法の精神まで完全否定されたものではない。この趣旨を踏まえれば，長から独立した執行機関で所管されるものとされた社会教育施設が長部局に移管されることは，執行機関多元主義をとる地方自治法や，教育基本法の下に成立した社会教育法の本来的趣旨に沿うものかどうかの疑念は払拭されていないというべきである。

［図書館法 解説］

　図書館法は，組織法として図書館の設置者を明示するとともに，図書館に配置されるべき職員を規定し，特に，図書館の中核的職員というべき司書の資格を定めている。また，機能法として図書館において提供が予定されている図書館サービスを例示している。

　図書館は地域における知の宝庫であり，拠点であって，地域住民の知的要求に応じるべくさまざまなサービスを提供している。図書館法第3条はこれを例示しているが，図書館の取組みはこれに留まるものではない。図書館は社会教育施設として教育委員会の所管に属するが，最近では図書館法に基づかない，したがって教育委員会ではなく知事部局・市町村長部局の管理する「図書館」も散見される。加えて，地方公共団体が直営するほか，図書館に指定管理者を導入する事例も認められる。

　加えて，令和元年6月に公布されたいわゆる「第9次分権一括法」により図書館法が改正され，条例で定めるところにより，図書館も教育委員会から長部局に移管することが可能となった。

　上述のように，従前から長が管理運営する「図書館法に基づかない図書館（図書館同種施設）」も存在する。今後は図書館法改正に伴い新たに誕生する「特定図書館」と依然として教育委員会が所管する図書館法上の図書館と，制度的には三種の「図書館」が併存することとなる。

　しかし，前二種の「図書館」は長部局が所管することから，長の政治的・政策的方針に沿うように管理運営されることが想定され，従来のように政治的に独立した教育委員会による図書館の管理運営と同様の管理運営が制度的に保障されるわけではない。社会教育施設をわざわざ教育委員会から長部局に移管させるということは，当該施設を長の施策方針に沿うように管理運営する意思の表明そのものであるからである。

　また，図書館職員は，図書館が長部局に移管されたならば，長の指示が違法でない限り，地方公務員法上，長の職務命令に従わざるを得ず，当然のことながら教育委員会が所管していた時代の管理運営のあり様とは異なることとなる。政治的中立性・価値の多様性の確保が本来的役割の一つであった従来の図書館の機能が大きく変容する可能性を法的には否定できないものである。

図書館法施行規則（抄）

（　　　昭和25.9.6　文部省令第27号
　改正　平成23.12.1　文部科学省令第43号　）

第1章　図書館に関する科目

第1条　図書館法（昭和25年法律第118号。以下「法」という。）第5条第1項第1号に規定する図書館に関する科目は，次の表に掲げるものとし，司書となる資格を得ようとする者は，甲群に掲げるすべての科目及び乙群に掲げる科目のうち2以上の科目について，それぞれ単位数の欄に掲げる単位を修得しなければならない。

群	科　　　目	単位数
甲　群	生涯学習概論	2
	図書館概論	2
	図書館制度・経営論	2
	図書館情報技術論	2
	図書館サービス概論	2
	情報サービス論	2
	児童サービス論	2
	情報サービス演習	2
	図書館情報資源概論	2
	情報資源組織論	2
	情報資源組織演習	2
乙　群	図書館基礎特論	1
	図書館サービス特論	1
	図書館情報資源特論	1
	図書・図書館史	1
	図書館施設論	1
	図書館総合演習	1
	図書館実習	1

②　前項の規定により修得すべき科目の単位のうち，すでに大学において修得した科目の単位は，これをもって，前項の規定により修得すべき科目の単位に替えることができる。

第2章　司書及び司書補の講習

（趣旨）

第2条　法第6条に規定する司書及び司書補の講習については，この章の定めるところによる。

（司書の講習の受講資格者）

第3条　司書の講習を受けることができる者は，次の各号のいずれかに該当するものとする。

1　大学に2年以上在学して，62単位以上を修得した者又は高等専門学校若しくは法附則第10項の規定により大学に含まれる学校を卒業した者

2　法第5条第1項第3号イからハまでに掲げる職にあった期間が通算して2年以上になる者

3　法附則第8項の規定に該当する者

4　その他文部科学大臣が前3号に掲げる者と同等以上の資格を有すると認めた者

（司書補の講習の受講資格者）

第4条　司書補の講習を受けることができる者は，学校教育法（昭和22年法律第26号）第90条第1項の規定により大学に入学することのできる者（法附則第10項の規定により大学に入学することのできる者に含まれる者を含む。）とする。

（司書の講習の科目の単位）

第5条　司書の講習において司書となる資格を得ようとする者は，次の表の甲群に掲げるすべての科目及び乙群に掲げる科目のうち2以上の科目について，それぞれ単位数の欄に掲げる単位を修得しなければならない。

②　司書の講習を受ける者がすでに大学（法附則第10項の規定により大学に含まれる学校を含む。）において修得した科目の単位

群	科　目	単位数
甲　群	生涯学習概論	2
	図書館概論	2
	図書館制度・経営論	2
	図書館情報技術論	2
	図書館サービス概論	2
	情報サービス論	2
	児童サービス論	2
	情報サービス演習	2
	図書館情報資源概論	2
	情報資源組織論	2
	情報資源組織演習	2
乙　群	図書館基礎特論	1
	図書館サービス特論	1
	図書館情報資源特論	1
	図書・図書館史	1
	図書館施設論	1
	図書館総合演習	1
	図書館実習	1

であって，前項の科目の単位に相当するものとして文部科学大臣が認めたものは，これをもって前項の規定により修得した科目の単位とみなす。

③　司書の講習を受ける者がすでに文部科学大臣が別に定める学修で第1項に規定する科目の履修に相当するものを修了していると文部科学大臣が認めた場合には，当該学修をもってこれに相当する科目の単位を修得したものとみなす。

（司書補の講習の科目の単位）

第6条　司書補の講習において司書補となる資格を得ようとする者は，次の表に掲げるすべての科目について，それぞれ単位数の欄に掲げる単位を修得しなければならない。

②　司書補の講習を受ける者がすでに大学

科　目	単位数
生涯学習概論	1
図書館の基礎	2
図書館サービスの基礎	2
レファレンスサービス	1
レファレンス資料の解題	1
情報検索サービス	1
図書館の資料	2
資料の整理	2
資料の整理演習	1
児童サービスの基礎	1
図書館特講	1

（法附則第10項の規定により大学に含まれる学校を含む。）において修得した科目の単位であって，前項の科目の単位に相当するものとして文部科学大臣が認めたものは，これをもって前項の規定により修得した科目の単位とみなす。

③　司書補の講習を受ける者がすでに文部科学大臣が別に定める学修で第1項に規定する科目の履修に相当するものを修了していると文部科学大臣が認めた場合には，当該学修をもってこれに相当する科目の単位を修得したものとみなす。

（単位の計算方法）

第7条　講習における単位の計算方法は，大学設置基準（昭和31年文部省令第28号）第21条第2項各号及び大学通信教育設置基準（昭和56年文部省令第33号）第5条第1項第3号に定める基準によるものとする。

（単位修得の認定）

第8条　単位修得の認定は，講習を行う大学が，試験，論文，報告書その他による成績審査に合格した受講者に対して行う。

（修了証書の授与）

第9条　講習を行う大学の長は，第5条又は第6条の規定により，司書の講習又は司書補の講習について，所定の単位を修得した者に対して，それぞれの修了証書を与えるものとする。

② 講習を行う大学の長は，前項の規定により修了証書を与えたときは，修了者の氏名等を文部科学大臣に報告しなければならない。

（講習の委嘱）

第10条 法第5条第1項第1号の規定により文部科学大臣が大学に講習を委嘱する場合には，その職員組織，施設及び設備の状況等を勘案し，講習を委嘱するのに適当と認められるものについて，講習の科目，期間その他必要な事項を指定して行うものとする。

（実施細目）

第11条 受講者の人数，選定の方法，講習を行う大学，講習の期間その他講習実施の細目については，毎年官報で公告する。ただし，特別の事情がある場合には，適宜な方法によって公示するものとする。

┌ 第2章 公立図書館の最低基準 ┐
　　（第10条～20条）削除
└ （平成12.2.29 文部省令第6号） ┘

第3章 図書館協議会の委員の任命の基準を条例で定めるに当たって参酌すべき基準

第12条 法第16条の文部科学省令で定める基準は，学校教育及び社会教育の関係者，家庭教育の向上に資する活動を行う者並びに学識経験のある者の中から任命することとする。

第4章 準ずる学校

（大学に準ずる学校）

第13条 法附則第10項の規定による大学に準ずる学校は，次の各号に掲げるものとする。

1 大正7年旧文部省令第3号第2条第2号により指定した学校

2 その他文部科学大臣が大学と同等以上と認めた学校

（高等学校に準ずる学校）

第14条 法附則第10項の規定による中等学校，高等学校尋常科又は青年学校本科に準ずる学校は，次の各号に掲げるものとする。

1 旧専門学校入学者検定規程（大正12年文部省令第22号）第11条の規定により指定した学校

2 大正7年旧文部省令第3号第1条第5号により指定した学校

3 その他文部科学大臣が高等学校と同等以上と認めた学校

附 則

（平成21.4.30 文部科学省令第21号）

1 この省令は，平成22年4月1日から施行する。ただし，第4条第1項の表及び第3項を改正する規定，第5条第2項を改正する規定及び同条に第3項を追加する規定並びに附則第5項から第11項までの規定は平成24年4月1日から施行する。

2 平成22年4月1日から平成24年3月31日までの改正後の図書館法施行規則（以下「新規則」という。）第1条及び第5条の適用については，これらの規定中「

群	科　　目	単位数
甲 群	生涯学習概論	2
	図書館概論	2
	図書館制度・経営論	2
	図書館情報技術論	2
	図書館サービス概論	2
	情報サービス論	2
	児童サービス論	2
	情報サービス演習	2
	図書館情報資源概論	2
	情報資源組織論	2
	情報資源組織演習	2
乙 群	図書館基礎特論	1
	図書館サービス特論	1
	図書館情報資源特論	1
	図書・図書館史	1
	図書館施設論	1
	図書館総合演習	1
	図書館実習	1

」とあるのは,「

群	科　目	単位数
甲　群	生涯学習概論	1
	図書館概論	2
	図書館経営論	1
	図書館サービス論	2
	情報サービス概説	2
	児童サービス論	1
	レファレンスサービス演習	1
	情報検索演習	1
	図書館資料論	2
	専門資料論	1
	資料組織概説	2
	資料組織演習	2
乙　群	図書及び図書館史	1
	資料特論	1
	コミュニケーション論	1
	情報機器論	1
	図書館特論	1

」とする。

3　平成22年4月1日前に,社会教育法等の一部を改正する法律(平成20年法律第59号)第2条の規定による改正前の図書館法(第10項において「旧法」という。)第5条第1項第2号に規定する図書館に関する科目を修得した者は,当該科目に相当する前項の規定により読み替えて適用される新規則第1条第1項に規定する図書館に関する科目(以下「経過科目」という。)の単位を修得したものとみなす。

4　平成22年4月1日から平成24年3月31日までに,経過科目(前項の規定により修得したものとみなされた科目を含む。以下同じ。)の単位のうち,司書となる資格に必要なすべての単位を修得した者は,平成24年4月1日以後は,新規則第1条第1項に規定する図書館に関する科目(以下「新科目」という。)の単位のうち,司書となる資格に必要なすべての単位を修得したもの

とみなす。

5　平成24年4月1日前から引き続き大学に在学し,当該大学を卒業するまでに経過科目の単位のうち,司書となる資格に必要なすべての単位を修得した者は,新科目の単位のうち,司書となる資格に必要なすべての単位を修得したものとみなす。

6　平成24年4月1日前から引き続き大学に在学し,当該大学を卒業するまでに次の表中新科目の欄に掲げる科目の単位を修得した者は,当該科目に相当する経過科目の欄に掲げる科目の単位を修得したものとみなす。ただし,平成24年4月1日前に経過科目の「専門資料論」の単位を修得した者であって,新科目の「図書館情報資源特論」を修得した者はこの限りでない。

7　平成24年4月1日前から引き続き大学に在学し,当該大学を卒業するまでに新科目の乙群の欄に掲げる科目の単位を修得した者は,経過科目の乙群の科目の単位を修得したものとみなす。

新科目	単位数	経過科目	単位数
生涯学習概論	2	生涯学習概論	1
図書館概論	2	図書館概論	2
図書館制度・経営論	2	図書館経営論	1
図書館サービス概論	2	図書館サービス論	2
情報サービス論	2	情報サービス概説	2
児童サービス論	2	児童サービス論	1
情報サービス演習	2	レファレンスサービス演習	1
		情報検索演習	1
図書館情報資源概論	2	図書館資料論	2
情報資源組織論	2	資料組織概説	2
情報資源組織演習	2	資料組織演習	2
図書館情報資源特論	1	専門資料論	1

8 平成22年4月1日以後に附則第6項の表中経過科目の欄に掲げる科目の単位を修得した者が，平成24年4月1日以後に新たに司書となる資格を得ようとする場合には，既に修得した経過科目の単位は，当該科目に相当する新科目の単位とみなす。

9 平成22年4月1日以後に経過科目の乙群の欄に掲げる科目の単位を修得した者が，平成24年4月1日以後に新たに司書となる資格を得ようとする場合には，既に修得した経過科目の単位は，新科目の乙群の単位とみなす。

10 旧法第5条第1項第1号に規定する司書の講習を修了した者の司書となる資格については，なお従前の例による。

11 平成24年4月1日前にこの規則による改正前の図書館法施行規則第4条第1項に規定する司書の講習の科目の単位を修得した者については，附則第8項及び第9項の規定を準用する。

図書館法施行規則第5条第3項及び第6条第3項に規定する学修を定める件

（平成21.8.3 文部科学省告示第127号）

第1条 図書館法施行規則（以下「規則」という。）第5条第1項に規定する生涯学習概論に係る規則第5条第3項に規定する学修及び規則第6条第1項に規定する生涯学習概論に係る規則第6条第3項に規定する学修は，次の各号に定めるものとする。

1 社会教育主事講習等規程（昭和26年文部省令第12号）第3条に規定する社会教育主事の講習のうち生涯学習概論に係る学修

2 社会教育主事講習等規程第11条に規定する社会教育に関する科目のうち生涯学習概論に係る学修

3 博物館法施行規則（昭和30年文部省令第24号）第1条に規定する博物館に関する科目のうち生涯学習概論に係る学修

4 博物館法施行規則第6条に規定する試験認定において合格を得た生涯学習概論に係る学修

第2条 規則第5条第1項に規定する児童サービス論に係る規則第5条第3項に規定する学修及び規則第6条第1項に規定する児童サービスの基礎に係る規則第6条第3項に規定する学修は，学校図書館司書教諭講習規程（昭和29年文部省令第21号）第3条に規定する司書教諭の講習のうち読書と豊かな人間性に係る学修とする。

第3条 規則第5条第1項に規定する図書館実習に係る規則第5条第3項に規定する学修は，図書館法（昭和25年法律第118号）第5条第3号に掲げる職としての勤務に係る学修とする（2年以上当該職にあった場合に限る。）。

第4条 前3条に規定するもののほか，規則第5条第1項に規定する科目に係る規則第5条第3項に規定する学修及び規則第6条第1項に規定する科目に係る規則第6条第3項に規定する学修は，文部科学大臣が当該科目の履修に相当する水準を有すると認めた学修とする。

　　　　　　附　則

この告示は，平成24年4月1日から施行する。

［図書館法施行規則 解説］

　図書館法施行規則は，図書館法の委任を受けて，文部科学大臣が定めるものであり，図書館法を補って，図書館司書（司書補を含む。以下同じ。）の資格を得ようとする者が修得すべき科目及び単位数のほか，司書資格を得るための受講資格者に関する規定などが規定されている。

　なお，本則だけではなく，附則に当該規則の改正に伴う経過措置が規定されており，この部分を参照することも重要である。

国立国会図書館法

$$\left(\begin{array}{lll}\text{昭和23．2．9 法律第5号}\\ \text{改正 平成30．6．8 法律第41号}\end{array}\right)$$

国立国会図書館は，真理がわれらを自由にするという確信に立って，憲法の誓約する日本の民主化と世界平和とに寄与することを使命として，ここに設立される。

第1章　設立及び目的

第1条　この法律により国立国会図書館を設立し，この法律を国立国会図書館法と称する。

第2条　国立国会図書館は，図書及びその他の図書館資料を蒐集し，国会議員の職務の遂行に資するとともに，行政及び司法の各部門に対し，更に日本国民に対し，この法律に規定する図書館奉仕を提供することを目的とする。

第3条　国立国会図書館は，中央の図書館並びにこの法律に規定されている支部図書館及び今後設立される支部図書館で構成する。

第2章　館　長

第4条　国立国会図書館の館長は，一人とする。館長は，両議院の議長が，両議院の議院運営委員会と協議の後，国会の承認を得て，これを任命する。

②　館長は，職務の執行上過失がない限り在職する。館長は，政治活動を慎み，政治的理由により罷免されることはない。館長は，両議院の議長の共同提議によっては罷免されることがある。

第5条　館長は，図書館事務を統理し，所属職員及び雇傭人の職務執行を監督する。

②　館長は，事前に，時宜によっては事後に，両議院の議院運営委員会の承認を経て図書館管理上必要な諸規程を定める。

③　前項の規程は公示によって施行される。

第6条　館長は，毎会計年度の始めに両議院の議長に対し，前会計年度の図書館の経営及び財政状態につき報告する。

第7条　館長は，1年を超えない期間ごとに，前期間中に日本国内で刊行された出版物の目録又は索引を作成し，国民が利用しやすい方法により提供するものとする。

第8条　館長は，出版に適する様式で日本の法律の索引を作るものとする。

第3章　副館長並びにその他の職員及び雇傭人

第9条　国立国会図書館の副館長は，一人とする。副館長は，館長が両議院の議長の承認を得て，これを任免する。副館長は，図書館事務につき館長を補佐する。館長に事故があるとき，又は館長が欠けたときは，副館長が館長の職務を行う。

第10条　国立国会図書館のその他の職員及び雇傭人は，職務を行うに適当な者につき，国会職員法の規定により館長が，これを任命する。その職員及び雇傭人の職責は館長が，これを定める。

②　図書館の職員は，国会議員と兼ねることができない。又，行政若しくは司法の各部門の地位を兼ねることができない。但し，行政又は司法の各部門の支部図書館の館員となることは，これを妨げない。

第4章　議院運営委員会及び国立国会図書館連絡調整委員会

第11条　両議院の議院運営委員会は，少くとも6箇月に1回以上これを開会し，図書館の経過に関する館長の報告，図書館の管理上館長の定める諸規程，図書館の予算及びその他の事務につき審査する。

②　各議院の議院運営委員長は前項の審査の結果をその院に報告する。

第12条　国立国会図書館に連絡調整委員会を設ける。この委員会は，4人の委員でこれを組織し，各議院の議院運営委員長，最高裁判所長官の任命する最高裁判所裁判官一人及び内閣総理大臣が任命する国務大臣一人をこれに充てる。委員長は委員の互選とする。

②　委員長及び委員は，その職務につき報酬

を受けない。

③　館長は，委員会に出席できるが，表決に
加わることができない。

第13条　連絡調整委員会は，両議院の議院運
営委員会に対し，国会並びに行政及び司法
の各部門に対する国立国会図書館の奉仕の
改善につき勧告する。

第5章　図書館の部局

第14条　館長は，管理事務を効率化するに必
要とする部局及びその他の単位を図書館に
設ける。

第6章　調査及び立法考査局

第15条　館長は，国立国会図書館内に調査及
び立法考査局と名附ける一局を置く。この
局の職務は，左の通りである。

1　要求に応じ，両議院の委員会に懸案中
の法案又は内閣から国会に送付せられた
案件を，分析又は評価して，両議院の委
員会に進言し補佐するとともに，妥当な
決定のための根拠を提供して援助すること。

2　要求に応じ，又は要求を予測して自発
的に，立法資料又はその関連資料の蒐集，
分類，分析，翻訳，索引，摘録，編集，
報告及びその他の準備をし，その資料の
選択又は提出には党派的，官僚的偏見に
捉われることなく，両議院，委員会及び
議員に役立ち得る資料を提供すること。

3　立法の準備に際し，両議院，委員会及
び議員を補佐して，議案起草の奉仕を提
供すること。但し，この補佐は委員会又
は議員の要求ある場合に限って提供さ
れ，調査及び立法考査局職員はいかなる
場合にも立法の発議又は督促をしてはな
らない。

4　両議院，委員会及び議員の必要が妨げ
られない範囲において行政及び司法の各
部門又は一般公衆に蒐集資料を提供して
利用させること。

第16条　この局に必要な局長，次長及びその
他の職員は，政党に加入していても加入し
ていなくても，その職務を行うに適当な者
につき，国会職員法の規定により館長がこ

れを任命する。

②　館長は，更にこの局の職員に，両議院の
常任委員会の必要とする広汎な関連分野に
専門調査員を任命することができる。

第6章の2　関西館

第16条の2　中央の図書館に，関西館を置く。

②　関西館の位置及び所掌事務は，館長が定
める。

③　関西館に関西館長一人を置き，国立国会
図書館の職員のうちから，館長がこれを任
命する。

④　関西館長は，館長の命を受けて，関西館
の事務を掌理する。

第7章　行政及び司法の各部門への奉仕

第17条　館長は，行政及び司法の各部門に図
書館奉仕の連繋をしなければならない。こ
の目的のために館長は左の権能を有する。

1　行政及び司法の各部門の図書館長を，
これらの部門を各代表する連絡調整委員
会の委員の推薦によって任命する。但し，
国家公務員法の適用を受ける者について
は，同法の規定に従い，且つ，当該部門
の長官の同意を得なければならない。

2　行政及び司法の各部門の図書館で使用
に供するため，目録法，図書館相互間の
貸出及び資料の交換，総合目録及び総合
一覧表の作成等を含む図書館運営の方法
及び制度を定めることができる。これに
よって国の図書館資料を行政及び司法の
各部門のいかなる職員にも利用できるよ
うにする。

3　行政及び司法の各部門の図書館長に年
報又は特報の提出を要求することができる。

第18条　行政及び司法の各部門に在る図書館
の予算は当該各部門の予算の中に「図書館」
の費目の下に，明白に区分して計上する。
この費目の経費は，行政及び司法の各部門
を各々代表する連絡調整委員会の委員及び
館長の承認を得なければ他の費目に流用し
又は減額することができない。

第19条　行政及び司法の各部門の図書館長
は，当該各部門に充分な図書館奉仕を提

供しなければならない。当該各図書館長は，その職員を，国会職員法又は国家公務員法若しくは裁判所法の規定により任免することができる。当該各図書館長は，国立国会図書館長の定める規程に従い，図書及びその他の図書館資料を購入その他の方法による受入方を当該各部門の長官若しくは館長に勧告し，又は直接に購入若しくは受入をすることができる。

第20条　館長が最初に任命された後6箇月以内に行政及び司法の各部門に現存するすべての図書館は，本章の規定による国立国会図書館の支部図書館となる。なお，現に図書館を有しない各庁においては1箇年以内に支部図書館を設置するものとする。

第8章　一般公衆及び公立その他の図書館に対する奉仕

第21条　国立国会図書館の図書館奉仕は，直接に又は公立その他の図書館を経由して，両議院，委員会及び議員並びに行政及び司法の各部門からの要求を妨げない限り，日本国民がこれを最大限に享受することができるようにしなければならない。この目的のために，館長は次の権能を有する。

1　館長の定めるところにより，国立国会図書館の収集資料及びインターネットその他の高度情報通信ネットワークを通じて閲覧の提供を受けた図書館資料と同等の内容を有する情報を，国立国会図書館の建物内で若しくは図書館相互間の貸出しで，又は複写若しくは展示によって，一般公衆の使用及び研究の用に供する。かつ，時宜に応じて図書館奉仕の改善上必要と認めるその他の奉仕を提供する。

2　あらゆる適切な方法により，図書館の組織及び図書館奉仕の改善につき，都道府県の議会その他の地方議会，公務員又は図書館人を援助する。

3　国立国会図書館で作成した出版物を他の図書館及び個人が，購入しようとする際には，館長の定める価格でこれを売り渡す。

4　日本の図書館資料資源に関する総合目録並びに全国の図書館資料資源の連係ある使用を実現するために必要な他の目録及び一覧表の作成のために，あらゆる方策を講ずる。

② 館長は，前項第1号に規定する複写を行った場合には，実費を勘案して定める額の複写料金を徴収することができる。

③ 館長は，その定めるところにより，第1項第1号に規定する複写に関する事務の一部（以下「複写事務」という。）を，営利を目的としない法人に委託することができる。

④ 前項の規定により複写事務の委託を受けた法人から複写物の引渡しを受ける者は，当該法人に対し，第2項に規定する複写料金を支払わなければならない。

⑤ 第3項の規定により複写事務の委託を受けた法人は，前項の規定により収受した複写料金を自己の収入とし，委託に係る複写事務に要する費用を負担しなければならない。

第22条　おおむね18歳以下の者が主たる利用者として想定される図書及びその他の図書館資料に関する図書館奉仕を国際的な連携の下に行う支部図書館として，国際子ども図書館を置く。

② 国際子ども図書館に国際子ども図書館長一人を置き，国立国会図書館の職員のうちから，館長がこれを任命する。

③ 国際子ども図書館長は，館長の命を受けて，国際子ども図書館の事務を掌理する。

第9章　収集資料

第23条　館長は，国立国会図書館の収集資料として，図書及びその他の図書館資料を，次章及び第11章の規定による納入並びに第11章の2及び第11章の3の規定による記録によるほか，購入，寄贈，交換，遺贈その他の方法によって，又は行政及び司法の各部門からの移管によって収集することができる。行政及び司法の各部門の長官は，その部門においては必ずしも必要としない

が，館長が国立国会図書館においての使用には充て得ると認める図書及びその他の図書館資料を国立国会図書館に移管することができる。館長は，国立国会図書館では必ずしも必要としない図書及びその他の図書館資料を，行政若しくは司法の各部門に移管し，又は交換の用に供し，若しくは処分することができる。

第10章　国，地方公共団体，独立行政
法人等による出版物の納入

第24条　国の諸機関により又は国の諸機関のため，次の各号のいずれかに該当する出版物（機密扱いのもの及び書式，ひな形その他簡易なものを除く。以下同じ。）が発行されたときは，当該機関は，公用又は外国政府出版物との交換その他の国際的交換の用に供するために，館長の定めるところにより，30部以下の部数を直ちに国立国会図書館に納入しなければならない。

1　図　書
2　小冊子
3　逐次刊行物
4　楽　譜
5　地　図
6　映画フィルム
7　前各号に掲げるもののほか，印刷その他の方法により複製した文書又は図画
8　蓄音機用レコード
9　電子的方法，磁気的方法その他の人の知覚によっては認識することができない方法により文字，映像，音又はプログラムを記録した物

②　次に掲げる法人により又はこれらの法人のため，前項に規定する出版物が発行されたときは，当該法人は，同項に規定する目的のため，館長の定めるところにより，5部以下の部数を直ちに国立国会図書館に納入しなければならない。

1　独立行政法人通則法（平成11年法律第103号）第2条第1項に規定する独立行政法人
2　国立大学法人法（平成15年法律第112

号）第2条第1項に規定する国立大学法人又は同条第3項に規定する大学共同利用機関法人
3　特殊法人等（法律により直接に設立された法人若しくは特別の法律により特別の設立行為をもって設立された法人又は特別の法律により設立され，かつ，その設立に関し行政官庁の認可を要する法人をいう。以下同じ。）のうち，別表第1に掲げるもの

③　前2項の規定は，前2項に規定する出版物の再版についてもこれを適用する。ただし，その再版の内容が初版又は前版の内容に比し増減又は変更がなく，かつ，その初版又は前版がこの法律の規定により前に納入されている場合においては，この限りでない。

第24条の2　地方公共団体の諸機関により又は地方公共団体の諸機関のため，前条第1項に規定する出版物が発行されたときは，当該機関は，同項に規定する目的のため，館長の定めるところにより，都道府県又は市（特別区を含む。以下同じ。）（これらに準ずる特別地方公共団体を含む。以下同じ。）の機関にあっては5部以下の部数を，町村（これに準ずる特別地方公共団体を含む。以下同じ。）の機関にあっては3部以下の部数を，直ちに国立国会図書館に納入するものとする。

②　次に掲げる法人により又はこれらの法人のため，前条第1項に規定する出版物が発行されたときは，当該法人は，同項に規定する目的のため，館長の定めるところにより，都道府県又は市が設立した法人その他の都道府県又は市の諸機関に準ずる法人にあっては4部以下の部数を，町村が設立した法人その他の町村の諸機関に準ずる法人にあっては2部以下の部数を，直ちに国立国会図書館に納入するものとする。

1　港湾法（昭和25年法律第218号）第4条第1項に規定する港務局
2　地方住宅供給公社法（昭和40年法律第124号）第1条に規定する地方住宅供給

公社

 3 地方道路公社法(昭和45年法律第82号)第1条に規定する地方道路公社

 4 公有地の拡大の推進に関する法律（昭和47年法律第66号）第10条第1項に規定する土地開発公社

 5 地方独立行政法人法（平成15年法律第118号）第2条第1項に規定する地方独立行政法人

 6 特殊法人等のうち，別表第2に掲げるもの

③ 前条第3項の規定は，前2項の場合に準用する。

第11章 その他の者による出版物の納入

第25条 前2条に規定する者以外の者は，第24条第1項に規定する出版物を発行したときは，前2条の規定に該当する場合を除いて，文化財の蓄積及びその利用に資するため，発行の日から30日以内に，最良版の完全なもの1部を国立国会図書館に納入しなければならない。但し，発行者がその出版物を国立国会図書館に寄贈若しくは遺贈したとき，又は館長が特別の事由があると認めたときは，この限りでない。

② 第24条第3項の規定は，前項の場合に準用する。この場合において，同条第3項中「納入」とあるのは「納入又は寄贈若しくは遺贈」と読み替えるものとする。

③ 第1項の規定により出版物を納入した者に対しては，館長は，その定めるところにより，当該出版物の出版及び納入に通常要すべき費用に相当する金額を，その代償金として交付する。

第25条の2 発行者が正当の理由がなくて前条第1項の規定による出版物の納入をしなかったときは，その出版物の小売価額（小売価額のないときはこれに相当する金額）の5倍に相当する金額以下の過料に処する。

② 発行者が法人であるときは，前項の過料は，その代表者に対し科する。

 第11章の2 国，地方公共団体，独立行政法人等のインターネッ

ト資料の記録

第25条の3 館長は，公用に供するため，第24条及び第24条の2に規定する者が公衆に利用可能とし，又は当該者がインターネットを通じて提供する役務により公衆に利用可能とされたインターネット資料（電子的方法，磁気的方法その他の人の知覚によっては認識することができない方法により記録された文字，映像，音又はプログラムであって，インターネットを通じて公衆に利用可能とされたものをいう。以下同じ。）を国立国会図書館の使用に係る記録媒体に記録することにより収集することができる。

② 第24条及び第24条の2に規定する者は，自らが公衆に利用可能とし，又は自らがインターネットを通じて提供する役務により公衆に利用可能とされているインターネット資料（その性質及び公衆に利用可能とされた目的にかんがみ，前項の目的の達成に支障がないと認められるものとして館長の定めるものを除く。次項において同じ。）について，館長の定めるところにより，館長が前項の記録を適切に行うために必要な手段を講じなければならない。

③ 館長は，第24条及び第24条の2に規定する者に対し，当該者が公衆に利用可能とし，又は当該者がインターネットを通じて提供する役務により公衆に利用可能とされたインターネット資料のうち，第1項の目的を達成するため特に必要があるものとして館長が定めるものに該当するものについて，国立国会図書館に提供するよう求めることができる。この場合において，当該者は，正当な理由がある場合を除き，その求めに応じなければならない。

 第11章の3 オンライン資料の記録

第25条の4 第24条及び第24条の2に規定する者以外の者は，オンライン資料（電子的方法，磁気的方法その他の人の知覚によっては認識することができない方法により記録された文字，映像，音又はプログラムであつて，インターネットその他の送信手段

により公衆に利用可能とされ，又は送信されるもののうち，図書又は逐次刊行物（機密扱いのもの及び書式，ひな形その他簡易なものを除く。）に相当するものとして館長が定めるものをいう。以下同じ。）を公衆に利用可能とし，又は送信したときは，前条の規定に該当する場合を除いて，文化財の蓄積及びその利用に資するため，館長の定めるところにより，当該オンライン資料を国立国会図書館に提供しなければならない。

② 前項の規定は，次の各号に掲げる場合には，適用しない。

　1　館長が，第24条及び第24条の２に規定する者以外の者から，当該者が公衆に利用可能とし，又は送信したオンライン資料を，前項の規定による提供を経ずに，館長が国立国会図書館の使用に係る記録媒体に記録することを求める旨の申出を受け，かつ，これを承認した場合

　2　オンライン資料の内容がこの条の規定により前に収集されたオンライン資料の内容に比し増減又は変更がない場合

　3　オンライン資料の性質及び公衆に利用可能とされ，又は送信された目的に鑑み前項の目的の達成に支障がないと館長が認めた場合

　4　その他館長が特別の事由があると認めた場合

③ 館長は，第１項の規定による提供又は前項第一号の承認に係るオンライン資料を国立国会図書館の使用に係る記録媒体に記録することにより収集することができる。

④ 第１項の規定によりオンライン資料を提供した者（以下この項において「提供者」という。）に対しては，館長は，その定めるところにより，同項の規定による提供に関し通常要すべき費用に相当する金額を交付する。ただし，提供者からその交付を要しない旨の意思の表明があつた場合は，この限りでない。

第12章　金銭の受入及び支出並びに予算

第26条　館長は，国立国会図書館に関し，その奉仕又は蒐集資料に関連し，直ちに支払に供し得る金銭の寄贈を受けることができる。

② この場合には両議院の議院運営委員会の承認を得なければならない。

第27条　国立国会図書館に充当されているあらゆる経費は，館長の監督の下に，その任命した支出官によって支出される。

第28条　国立国会図書館の予算は，館長がこれを調製し，両議院の議院運営委員会に提出する。委員会はこの予算を審査して勧告を附し，又は勧告を附さないで，両議院の議長に送付する。

附　則

第29条　この法律は公布の日からこれを施行する。

② 昭和22年法律第84号国会図書館法は，これを廃止する。

第30条　この法律施行の日に，両議院の図書館は各々分離した図書館としての存在を終止し，その蒐集資料は，国立国会図書館に移管される。

第31条　国立国会図書館の各種の地位への任命に完全な有資格者が得られない場合には，館長は，２年を越えない期間内で，臨時にその職員を任命することができる。その期間終了の際，その地位に優れた有資格者が得られるならば，その臨時の任命は更新せられないものとする。

附　則

（平成24．6．22　法律第32号）抄

（施行期日）

第１条　この法律は，平成25年７月１日から施行する。ただし，別表第１の改正規定は，公布の日から施行する。

（提供の免除）

第２条　この法律による改正後の国立国会図書館法（次条において「新法」という。）第25条の４第１項に規定するオンライン資料のうち有償で公衆に利用可能とされ，又は送信されるもの及び技術的制限手段（電

子的方法，磁気的方法その他の人の知覚に
よっては認識することができない方法によ
りオンライン資料の閲覧又は記録を制限す
る手段であって，オンライン資料の閲覧若
しくは記録のために用いられる機器（以下
「閲覧等機器」という。）が特定の反応を
する信号をオンライン資料とともに記録媒
体に記録し，若しくは送信する方式又は閲
覧等機器が特定の変換を必要とするようオ
ンライン資料を変換して記録媒体に記録
し，若しくは送信する方式によるものをい
う。）が付されているものについては，当
分の間，館長の定めるところにより，同項
の規定にかかわらず，その提供を免ずるこ
とができる。

（経過措置）
第3条　新法第25条の4第1項の規定は，こ
の法律の施行後に公衆に利用可能とされ，
又は送信された同項に規定するオンライン
資料について適用する。

附　則

（平成26. 5. 21　法律第40号）抄

（施行期日）
第1条　この法律は，公布の日から起算して
3月を超えない範囲内において政令で定め
る日から施行する。

別表第1，別表第2（略）

[国立国会図書館法 解説]

国立国会図書館は，国立図書館であり，図
書館法で規定されている図書館ではなく，基
本的には国会議員の立法活動に奉仕するもの
である。その設置根拠としては，国会法第
130条の規定により「議員の調査研究に資す
るため」国会に国立国会図書館を設置するこ
とが規定されたことによる。これを受けて国
立国会図書館法が制定された。

戦前の国立図書館は，文部省所管の帝国図
書館であったが，戦後の国立図書館は国会に
属する図書館として衣替えしたことになる。
国立国会図書館は，国会に属する図書館であ
るため，それにふさわしく立法に関する調査
研究機能を有している（第6条）。

また，同法の第2条の目的規定では，「国
会議員の職務の遂行に資するとともに，行政
及び司法の各部門に対し，更に日本国民に対
し，……図書館奉仕を提供することを目的と
する」と規定しており，第一義的には国会議

員の活動に資することとし，第二義的に行政
及び司法の各部門と国民に対して奉仕するこ
ととしていると理解することができる。国立
国会図書館のそもそもの設置根拠が国会法に
あることも合わせ考えれば，当該図書館の原
則的機能は，国会議員の立法活動に奉仕する
ものと解することができよう。

一方，同法は，国立国会図書館に国立中央
図書館的な機能も付与している。すなわち，
国立国会図書館は，日本で唯一の法定納本図
書館である。国立国会図書館法の第10章，第
11章，第11章の3では納本制度を定め，国内
出版物の網羅的収集や全国書誌の作成を行う
ほか，第11章の2においては国，地方公共団
体，独立行政法人等のインターネット資料の
記録の収集を定めている。また，図書館協力
や国際協力にも力を入れている。国立国会図
書館法は，複合的な機能を有する国立国会図
書館に法的根拠を付与している。

学校図書館法

$$\left(\begin{array}{l}\text{昭和28. 8. 8　法律第185号}\\\text{改正　平成27. 6.24　法律第 46号}\end{array}\right)$$

（この法律の目的）

第1条　この法律は，学校図書館が，学校教育において欠くことのできない基礎的な設備であることにかんがみ，その健全な発達を図り，もって学校教育を充実することを目的とする。

（定義）

第2条　この法律において「学校図書館」とは，小学校（義務教育学校の前期課程及び特別支援学校の小学部を含む。），中学校（義務教育学校の後期課程，中等教育学校の前期課程及び特別支援学校の中学部を含む。）及び高等学校（中等教育学校の後期課程及び特別支援学校の高等部を含む。)(以下「学校」という。）において，図書，視覚聴覚教育の資料その他学校教育に必要な資料（以下「図書館資料」という。）を収集し，整理し，及び保存し，これを児童又は生徒及び教員の利用に供することによって，学校の教育課程の展開に寄与するとともに，児童又は生徒の健全な教養を育成することを目的として設けられる学校の設備をいう。

（設置義務）

第3条　学校には，学校図書館を設けなければならない。

（学校図書館の運営）

第4条　学校は，おおむね左の各号に掲げるような方法によって，学校図書館を児童又は生徒及び教員の利用に供するものとする。

1　図書館資料を収集し，児童又は生徒及び教員の利用に供すること。

2　図書館資料の分類排列を適切にし，及びその目録を整備すること。

3　読書会，研究会，鑑賞会，映写会，資料展示会等を行うこと。

4　図書館資料の利用その他学校図書館の利用に関し，児童又は生徒に対し指導を行うこと。

5　他の学校の学校図書館，図書館，博物館，公民館等と緊密に連絡し，及び協力

すること。

②　学校図書館は，その目的を達成するのに支障のない限度において，一般公衆に利用させることができる。

（司書教諭）

第5条　学校には，学校図書館の専門的職務を掌らせるため，司書教諭を置かなければならない。

②　前項の司書教諭は，主幹教諭（養護又は栄養の指導及び管理をつかさどる主幹教諭を除く。），指導教諭又は教諭（以下この項において「主幹教諭等」という。）をもって充てる。この場合において，当該主幹教諭等は，司書教諭の講習を修了した者でなければならない。

③　前項に規定する司書教諭の講習は，大学その他の教育機関が文部科学大臣の委嘱を受けて行う。

④　前項に規定するものを除くほか，司書教諭の講習に関し，履修すべき科目及び単位その他必要な事項は，文部科学省令で定める。

（学校司書）

第6条　学校には，前条第1項の司書教諭のほか，学校図書館の運営の改善及び向上を図り，児童又は生徒及び教員による学校図書館の利用の一層の促進に資するため，専ら学校図書館の職務に従事する職員（次項において「学校司書」という。）を置くよう努めなければならない。

②　国及び地方公共団体は，学校司書の資質の向上を図るため，研修の実施その他の必要な措置を講ずるよう努めなければならない。

（設置者の任務）

第7条　学校の設置者は，この法律の目的が十分に達成されるようその設置する学校の学校図書館を整備し，及び充実を図ることに努めなければならない。

（国の任務）

第8条　国は，第6条第2項に規定するもののほか，学校図書館を整備し，及びその充

32 ｜ Ⅰ 関係法令

実を図るため，次の各号に掲げる事項の実施に努めなければならない。

1　学校図書館の整備及び充実並びに司書教諭の養成に関する総合的計画を樹立すること。

2　学校図書館の設置及び運営に関し，専門的,技術的な指導及び勧告を与えること。

3　前2号に掲げるもののほか，学校図書館の整備及び充実のため必要と認められる措置を講ずること。

附　則（抄）

（施行期日）

1　この法律は昭和29年4月1日から施行する。

（司書教諭の設置の特例）

2　学校には,平成15年3月31日までの間（政令で定める規模以下の学校にあっては，当分の間），第5条第1項の規定にかかわらず，司書教諭を置かないことができる。

附　則

（平成26．6.27　法律第93号）

（施行期日）

1　この法律は，平成27年4月1日から施行

する。

（検討）

2　国は，学校司書（この法律による改正後の学校図書館法（以下この項において「新法」という。）第6条第1項に規定する学校司書をいう。以下この項において同じ。）の職務の内容が専門的知識及び技能を必要とするものであることに鑑み，この法律の施行後速やかに，新法の施行の状況等を勘案し，学校司書としての資格の在り方，その養成の在り方等について検討を行い，その結果に基づいて必要な措置を講ずるものとする。

学校図書館法附則第2項の学校の規模を定める政令

（平成9.6.11　政令第189号）

学校図書館法附則第2項の政令で定める規模以下の学校は，学級の数（通信制の課程を置く高等学校にあっては，学級の数と通信制の課程の生徒の数を300で除して得た数（1未満の端数を生じたときは，1に切り上げる。）とを合計した数）が11以下の学校とする。

学校図書館司書教諭講習規程

昭和29．8．6　文部省令第21号
改正　平成19．3.30　文部科学省令第5号

（この省令の趣旨）

第1条　学校図書館法第5条に規定する司書教諭の講習（以下「講習」という。）については，この省令の定めるところによる。

（受講資格）

第2条　講習を受けることができる者は，教育職員免許法（昭和24年法律第147号）に定める小学校，中学校，高等学校若しくは特別支援学校の教諭の免許状を有する者又は大学に2年以上在学する学生で62単位以上を修得した者とする。

（履修すべき科目及び単位）

第3条　司書教諭の資格を得ようとする者は，講習において，次の表の上欄に掲げる科目について，それぞれ，同表の下欄に掲げる数の単位を修得しなければならない。

科　　目	単位数
学校経営と学校図書館	2
学校図書館メディアの構成	2
学習指導と学校図書館	2
読書と豊かな人間性	2
情報メディアの活用	2

2　講習を受ける者が大学において修得した科目の単位又は図書館法（昭和25年法律第118号）第6条に規定する司書の講習において修得した科目の単位であって，前項に規定する科目の単位に相当するものとして文部科学大臣が認めたものは，これをもって前項の規定により修得した科目の単位とみなす。

学校図書館司書教諭講習規程 | *33*

（単位計算の基準）
第4条　前条に規定する単位の計算方法は，大学設置基準（昭和31年文部省令第28号）第21条第2項に定める基準によるものとする。
（単位修得の認定）
第5条　単位修得の認定は，講習を行う大学その他の教育機関が，試験，論文，報告書その他による成績審査に合格した受講者に対して行う。
（修了証書の授与）
第6条　文部科学大臣は，第3条の定めるところにより10単位を修得した者に対して，講習の修了証書を与えるものとする。
（雑則）
第7条　受講者の人数，選定の方法並びに講習を行う大学その他の教育機関，講習の期間その他講習実施の細目については，毎年官報で公告する。但し，特別の事情がある場合には，適宜な方法によって公示するものとする。

　　　　　　附　　則
　　　（平成10.3.18　文部省令第1号）

1　この省令は，平成11年4月1日から施行する。ただし，第2条の改正規定は，平成10年4月1日から施行する。
2　この省令の施行の日（以下「施行日」という。）前に，改正前の学校図書館司書教諭講習規程（以下「旧規程」という。）の規定により講習を修了した者は，改正後の学校図書館司書教諭講習規程（以下「新規程」という。）の規定により講習を修了したものとみなす。
3　文部科学大臣は，平成15年3月31日までは，施行日前に旧規程第3条第1項に規定する科目のうち一部の科目の単位を

修得した者，平成9年3月31日以前に図書館法（昭和25年法律第118号）第6条に規定する司書の講習の科目の単位を修得した者（図書館法施行規則の一部を改正する省令（昭和43年文部省令第5号）による改正前の図書館法施行規則（昭和25年文部省令第27号）附則第2項の規定により修得を要しないものとされた者を含む。），昭和24年度から昭和29年度までの間において文部省主催初等教育若しくは中等教育の研究集会に参加して学校図書館に関する課程を修了した者又は昭和24年4月1日以降，小学校，中学校，高等学校，中等教育学校，盲学校，聾学校若しくは養護学校（海外に在留する邦人の子女のための在外教育施設で，文部大臣が小学校，中学校又は高等学校の課程と同様の課程を有するものとして認定したものを含む。）において2年若しくは4年以上良好な成績で司書教諭に相当する職務に従事した旨の所轄庁の証明を有する者については，新規程第6条の規定による修了証書の授与に関しては，修得した単位その他の事項を勘案して，新規程第3条第1項に規定する科目の単位の一部又は全部を同項の規定により修得したものとみなすことができる。

　　　　　　附　　則
　　　（平成19.3.30　文部科学省令第5号）抄

（施行期日）
第1条　この省令は，学校教育法等の一部を改正する法律（以下「改正法」という。）の施行の日（平成19年4月1日）から施行する。

[学校図書館法・学校図書館司書教諭講習規程　解説]

　学校図書館は，学校の教育課程の展開に寄与すると同時に，児童生徒が読書に親しむことにより健全な教養を得るために不可欠な設備である。学校図書館法は，このような学校図書館の設置根拠となる法であり，学校設置者に設置義務が課せられている。

　学校図書館では従来，学校図書館の専門的職務を担当するのは司書教諭とされてきたが，平成26年6月の法改正により，これまで法的に認められてこなかった学校司書に明確な根拠と役割を付与した。すなわち，学校司書が司書教諭と並んで，「学校図書館の運営

（p.35へ続く）

子どもの読書活動の推進に関する法律

(平成13.12.12　法律第154号)

（目的）

第1条　この法律は，子どもの読書活動の推進に関し，基本理念を定め，並びに国及び地方公共団体の責務等を明らかにするとともに，子どもの読書活動の推進に関する必要な事項を定めることにより，子どもの読書活動の推進に関する施策を総合的かつ計画的に推進し，もって子どもの健やかな成長に資することを目的とする。

（基本理念）

第2条　子ども（おおむね18歳以下の者をいう。以下同じ。）の読書活動は，子どもが，言葉を学び，感性を磨き，表現力を高め，創造力を豊かなものにし，人生をより深く生きる力を身に付けていく上で欠くことのできないものであることにかんがみ，すべての子どもがあらゆる機会とあらゆる場所において自主的に読書活動を行うことができるよう，積極的にそのための環境の整備が推進されなければならない。

（国の責務）

第3条　国は，前条の基本理念（以下「基本理念」という。）にのっとり，子どもの読書活動の推進に関する施策を総合的に策定し，及び実施する責務を有する。

（地方公共団体の責務）

第4条　地方公共団体は，基本理念にのっとり，国との連携を図りつつ，その地域の実情を踏まえ，子どもの読書活動の推進に関する施策を策定し，及び実施する責務を有する。

（事業者の努力）

第5条　事業者は，その事業活動を行うに当たっては，基本理念にのっとり，子どもの読書活動が推進されるよう，子どもの健やかな成長に資する書籍等の提供に努めるものとする。

（保護者の役割）

第6条　父母その他の保護者は，子どもの読書活動の機会の充実及び読書活動の習慣化に積極的な役割を果たすものとする。

（関係機関等との連携強化）

第7条　国及び地方公共団体は，子どもの読書活動の推進に関する施策が円滑に実施されるよう，学校，図書館その他の関係機関及び民間団体との連携の強化その他必要な体制の整備に努めるものとする。

（子ども読書活動推進基本計画）

第8条　政府は，子どもの読書活動の推進に関する施策の総合的かつ計画的な推進を図るため，子どもの読書活動の推進に関する基本的な計画（以下「子ども読書活動推進基本計画」という。）を策定しなければならない。

②　政府は，子ども読書活動推進基本計画を策定したときは，遅滞なく，これを国会に報告するとともに，公表しなければならない。

③　前項の規定は，子ども読書活動推進基本計画の変更について準用する。

（都道府県子ども読書活動推進計画等）

第9条　都道府県は，子ども読書活動推進基本計画を基本とするとともに，当該都道府県における子どもの読書活動の推進の状況等を踏まえ，当該都道府県における子どもの読書活動の推進に関する施策についての計画（以下「都道府県子ども読書活動推進計画」という。）を策定するよう努めなければならない。

②　市町村は，子ども読書活動推進基本計画（都道府県子ども読書活動推進計画が策定されているときは，子ども読書活動推進基本計画及び都道府県子ども読書活動推進計画）を基本とするとともに，当該市町村における子どもの読書活動の推進の状況等を踏まえ，当該市町村における子どもの読書活動の推進に関する施策についての計画（以下「市町村子ども読書活動推進計画」

子どもの読書活動の推進に関する法律 | *35*

という。）を策定するよう努めなければならない。

③ 都道府県又は市町村は，都道府県子ども読書活動推進計画又は市町村子ども読書活動推進計画を策定したときは，これを公表しなければならない。

④ 前項の規定は，都道府県子ども読書活動推進計画又は市町村子ども読書活動推進計画の変更について準用する。

（子ども読書の日）

第10条　国民の間に広く子どもの読書活動についての関心と理解を深めるとともに，子どもが積極的に読書活動を行う意欲を高め

るため，子ども読書の日を設ける。

② 子ども読書の日は，４月23日とする。

③ 国及び地方公共団体は，子ども読書の日の趣旨にふさわしい事業を実施するよう努めなければならない。

（財政上の措置等）

第11条　国及び地方公共団体は，子どもの読書活動の推進に関する施策を実施するため必要な財政上の措置その他の措置を講ずるよう努めるものとする。

附　　則

この法律は，公布の日から施行する。

---

p.33［学校図書館法・学校図書館司書教諭講習規程　解説］の続き――――――

の改善及び向上を図り，児童生徒及び教員による学校図書館の利用の一層の促進に資す

る」ために置かれることとなる。

［子どもの読書活動の推進に関する法律　解説］――――――

　近時，児童生徒の読書離れが著しいと懸念されている。このため，義務教育諸学校を中心に，読書機会を確保するために「朝の読書タイム」を取り入れる学校が認められるが，それはこの法律の成立が後押ししていると思われる。

　この法律においては，政府が子ども読書活動推進基本計画を策定し，これを受けて地方公共団体は，同趣旨の子ども読書活動推進計画を策定する努力義務を負うこととなる。また，国及び地方公共団体は，子どもの読書活動の推進に関する施策を実施するために必要

な財政上の措置等を講ずる努力義務を負うこととなる。

　この法律の成立により，独立行政法人国立青少年教育振興機構が受け皿となって，児童生徒の読書推進等に関する補助金の分配にあたる「子どもゆめ基金」が制度化された。この法律は，罰則などを規定している法律ではなく，その意味で強行性に欠け，いわゆる「理念法」と呼ばれる分野の法である。

　なお，この法律は，超党派の議員立法によって成立したものである。

文字・活字文化振興法

(平成17.7.29　法律第91号)

（目的）

第1条　この法律は，文字・活字文化が，人類が長い歴史の中で蓄積してきた知識及び知恵の継承及び向上，豊かな人間性の涵養並びに健全な民主主義の発達に欠くことのできないものであることにかんがみ，文字・活字文化の振興に関する基本理念を定め，並びに国及び地方公共団体の責務を明らかにするとともに，文字・活字文化の振興に関する必要な事項を定めることにより，我が国における文字・活字文化の振興に関する施策の総合的な推進を図り，もって知的で心豊かな国民生活及び活力ある社会の実現に寄与することを目的とする。

（定義）

第2条　この法律において「文字・活字文化」とは，活字その他の文字を用いて表現されたもの（以下この条において「文章」という。）を読み，及び書くことを中心として行われる精神的な活動，出版活動その他の文章を人に提供するための活動並びに出版物その他のこれらの活動の文化的所産をいう。

（基本理念）

第3条　文字・活字文化の振興に関する施策の推進は，すべての国民が，その自主性を尊重されつつ，生涯にわたり，地域，学校，家庭その他の様々な場において，居住する地域，身体的な条件その他の要因にかかわらず，等しく豊かな文字・活字文化の恵沢を享受できる環境を整備することを旨として，行われなければならない。

②　文字・活字文化の振興に当たっては，国語が日本文化の基盤であることに十分配慮されなければならない。

③　学校教育においては，すべての国民が文字・活字文化の恵沢を享受することができるようにするため，その教育の課程の全体を通じて，読む力及び書く力並びにこれら

の力を基礎とする言語に関する能力（以下「言語力」という。）の涵養に十分配慮されなければならない。

（国の責務）

第4条　国は，前条の基本理念（次条において「基本理念」という。）にのっとり，文字・活字文化の振興に関する施策を総合的に策定し，及び実施する責務を有する。

（地方公共団体の責務）

第5条　地方公共団体は，基本理念にのっとり，国との連携を図りつつ，その地域の実情を踏まえ，文字・活字文化の振興に関する施策を策定し，及び実施する責務を有する。

（関係機関等との連携強化）

第6条　国及び地方公共団体は，文字・活字文化の振興に関する施策が円滑に実施されるよう，図書館，教育機関その他の関係機関及び民間団体との連携の強化その他必要な体制の整備に努めるものとする。

（地域における文字・活字文化の振興）

第7条　市町村は，図書館奉仕に対する住民の需要に適切に対応できるようにするため，必要な数の公立図書館を設置し，及び適切に配置するよう努めるものとする。

②　国及び地方公共団体は，公立図書館が住民に対して適切な図書館奉仕を提供することができるよう，司書の充実等の人的体制の整備，図書館資料の充実，情報化の推進等の物的条件の整備その他の公立図書館の運営の改善及び向上のために必要な施策を講ずるものとする。

③　国及び地方公共団体は，大学その他の教育機関が行う図書館の一般公衆への開放，文字・活字文化に係る公開講座の開設その他の地域における文字・活字文化の振興に貢献する活動を促進するため，必要な施策を講ずるよう努めるものとする。

④　前3項に定めるもののほか，国及び地方

公共団体は，地域における文字・活字文化の振興を図るため，文字・活字文化の振興に資する活動を行う民間団体の支援その他の必要な施策を講ずるものとする。

（学校教育における言語力の涵養）

第8条　国及び地方公共団体は，学校教育において言語力の涵養が十分に図られるよう，効果的な手法の普及その他の教育方法の改善のために必要な施策を講ずるとともに，教育職員の養成及び研修の内容の充実その他のその資質の向上のために必要な施策を講ずるものとする。

② 国及び地方公共団体は，学校教育における言語力の涵養に資する環境の整備充実を図るため，司書教諭及び学校図書館に関する業務を担当するその他の職員の充実等の人的体制の整備，学校図書館の図書館資料の充実及び情報化の推進等の物的条件の整備等に関し必要な施策を講ずるものとする。

（文字・活字文化の国際交流）

第9条　国は，できる限り多様な国の文字・活字文化が国民に提供されるようにするとともに我が国の文字・活字文化の海外への発信を促進するため，我が国においてその文化が広く知られていない外国の出版物の日本語への翻訳の支援，日本語の出版物の外国語への翻訳の支援その他の文字・活字文化の国際交流を促進するために必要な施策を講ずるものとする。

（学術的出版物の普及）

第10条　国は，学術的出版物の普及が一般に困難であることにかんがみ，学術研究の成果についての出版の支援その他の必要な施策を講ずるものとする。

（文字・活字文化の日）

第11条　国民の間に広く文字・活字文化についての関心と理解を深めるようにするため，文字・活字文化の日を設ける。

② 文字・活字文化の日は，10月27日とする。

③ 国及び地方公共団体は，文字・活字文化の日には，その趣旨にふさわしい行事が実施されるよう努めるものとする。

（財政上の措置等）

第12条　国及び地方公共団体は，文字・活字文化の振興に関する施策を実施するため必要な財政上の措置その他の措置を講ずるよう努めるものとする。

附　則

この法律は，公布の日から施行する。

［文字・活字文化振興法 解説］

　超党派の議員立法によって成立した本法律は，文字・活字が人類の長い歴史の中で果たしてきた役割（文字・活字による人類の知識経験の集積・伝達）にかんがみ，文字・活字の振興を図る目的で制定されたものである。制定目的を「我が国における文字・活字文化の振興に関する施策の総合的な推進を図り，もって知的で心豊かな国民生活及び活力ある社会の実現に寄与する」としているが，第2条の定義規定では「文字・活字文化」を「文章を読み，及び書くことを中心として行われる精神的な活動，出版活動その他の文章を人に提供するための活動並びに出版物その他のこれらの活動の文化的所産をいう」と定義しており，活字離れによって不況にあるとされる出版業者の救済を目的としているようにも読める。

　デジタル社会の到来により，紙ベースの出版は苦境にあるといわれているが，活字による書籍・雑誌の需要が皆無になるとは考えられない。その意味で，改めて活字文化を見直す契機になるとすれば，無意味な法律とはいえないであろう。特に，学校教育における言語力の涵養の必要性を強調し，司書教諭や学校司書の役割について言及したのは適切というべきである。

著 作 権 法（抄）

（改正　昭和45．5．6　法律第48号
　　　平成30．7．13　法律第72号）

（目的）

第1条　この法律は，著作物並びに実演，レコード，放送及び有線放送に関し著作者の権利及びこれに隣接する権利を定め，これらの文化的所産の公正な利用に留意しつつ，著作者等の権利の保護を図り，もって文化の発展に寄与することを目的とする。

（定義）

第2条　この法律において，次の各号に掲げる用語の意義は，当該各号に定めるところによる。

1　著作物　思想又は感情を創作的に表現したものであって，文芸，学術，美術又は音楽の範囲に属するものをいう。

2　著作者　著作物を創作する者をいう。

11　二次的著作物　著作物を翻訳し，編曲し，若しくは変形し，又は脚色し，映画化し，その他翻案することにより創作した著作物をいう。

13　録音　音を物に固定し，又はその固定物を増製することをいう。

14　録画　影像を連続して物に固定し，又はその固定物を増製することをいう。

15　複製　印刷，写真，複写，録音，録画その他の方法により有形的に再製することをいい，次に掲げるものについては，それぞれ次に掲げる行為を含むものとする。

イ　脚本その他これに類する演劇用の著作物　当該著作物の上演，放送又は有線放送を録音し，又は録画すること。

ロ　建築の著作物　建築に関する図面に従って建築物を完成すること。

17　上映　著作物（公衆送信されるものを除く。）を映写幕その他の物に映写することをいい，これに伴って映画の著作物において固定されている音を再生することを含むものとする。

18　口述　朗読その他の方法により著作物

を口頭で伝達すること（実演に該当するものを除く。）をいう。

19　頒布　有償であるか又は無償であるかを問わず，複製物を公衆に譲渡し，又は貸与することをいい，映画の著作物又は映画の著作物において複製されている著作物にあっては，これらの著作物を公衆に提示することを目的として当該映画の著作物の複製物を譲渡し，又は貸与することを含むものとする。

（保護を受ける著作物）

第6条　著作物は，次の各号のいずれかに該当するものに限り，この法律による保護を受ける。

1　日本国民（わが国の法令に基づいて設立された法人及び国内に主たる事務所を有する法人を含む。以下同じ。）の著作物

2　最初に国内において発行された著作物（最初に国外において発行されたが，その発行の日から30日以内に国内において発行されたものを含む。）

3　前2号に掲げるもののほか，条約によりわが国が保護の義務を負う著作物

（著作物の例示）

第10条　この法律にいう著作物を例示すると，おおむね次のとおりである。

1　小説，脚本，論文，講演その他の言語の著作物

2　音楽の著作物

3　舞踊又は無言劇の著作物

4　絵画，版画，彫刻その他の美術の著作物

5　建築の著作物

6　地図又は学術的な性質を有する図面，図表，模型その他の図形の著作物

7　映画の著作物

8　写真の著作物

9　プログラムの著作物

②　事実の伝達にすぎない雑報及び時事の報

道は，前項第1号に掲げる著作物に該当しない。

③ 第1項第9号に掲げる著作物に対するこの法律による保護は，その著作物を作成するために用いるプログラム言語，規約及び解法に及ばない。この場合において，これらの用語の意義は，次の各号に定めるところによる。

1 プログラム言語 プログラムを表現する手段としての文字その他の記号及びその体系をいう。

2 規約 特定のプログラムにおける前号のプログラム言語の用法についての特別の約束をいう。

3 解法 プログラムにおける電子計算機に対する指令の組合せの方法をいう。

（二次的著作物）

第11条 二次的著作物に対するこの法律による保護は，その原著作物の著作者の権利に影響を及ぼさない。

（編集著作物）

第12条 編集物（データベースに該当するものを除く。以下同じ。）でその素材の選択又は配列によって創作性を有するものは，著作物として保護する。

② 前項の規定は，同項の編集物の部分を構成する著作物の著作者の権利に影響を及ぼさない。

（データベースの著作物）

第12条の2 データベースでその情報の選択又は体系的な構成によって創作性を有するものは，著作物として保護する。

② 前項の規定は，同項のデータベースの部分を構成する著作物の著作者の権利に影響を及ぼさない。

（権利の目的とならない著作物）

第13条 次の各号のいずれかに該当する著作物は，この章の規定による権利の目的となることができない。

1 憲法その他の法令

2 国若しくは地方公共団体の機関，独立行政法人（独立行政法人通則法（平成11年法律第103号）第2条第1項に規定する独立行政法人をいう。以下同じ。）又は地方独立行政法人（地方独立行政法人法（平成15年法律第118号）第2条第1項に規定する地方独立行政法人をいう。以下同じ。）が発する告示，訓令，通達その他これらに類するもの

3 裁判所の判決，決定，命令及び審判並びに行政庁の裁決及び決定で裁判に準ずる手続により行なわれるもの

4 前3号に掲げるものの翻訳物及び編集物で，国若しくは地方公共団体の機関，独立行政法人又は地方独立行政法人が作成するもの

（著作者の権利）

第17条 著作者は，次条第1項，第19条第1項及び第20条第1項に規定する権利（以下「著作者人格権」という。）並びに第21条から第28条までに規定する権利（以下「著作権」という。）を享有する。

② 著作者人格権及び著作権の享有には，いかなる方式の履行をも要しない。

（公表権）

第18条 著作者は，その著作物でまだ公表されていないもの（その同意を得ないで公表された著作物を含む。以下この条において同じ。）を公衆に提供し，又は提示する権利を有する。当該著作物を原著作物とする二次的著作物についても，同様とする。

② 著作者は，次の各号に掲げる場合には，当該各号に掲げる行為について同意したものと推定する。

1 その著作物でまだ公表されていないものの著作権を譲渡した場合 当該著作物をその著作権の行使により公衆に提供し，又は提示すること。

2 その美術の著作物又は写真の著作物でまだ公表されていないものの原作品を譲渡した場合 これらの著作物をその原作品による展示の方法で公衆に提示すること。

3 第29条の規定によりその映画の著作物の著作権が映画製作者に帰属した場合

当該著作物をその著作権の行使により公衆に提供し，又は提示すること。

③ 著作者は，次の各号に掲げる場合には，当該各号に掲げる行為について同意したものとみなす。

1 その著作物でまだ公表されていないものを行政機関（行政機関の保有する情報の公開に関する法律（平成11年法律第42号。以下「行政機関情報公開法」という。）第2条第1項に規定する行政機関をいう。以下同じ。）に提供した場合（行政機関情報公開法第9条第1項の規定による開示する旨の決定の時までに別段の意思表示をした場合を除く。）行政機関情報公開法の規定により行政機関の長が当該著作物を公衆に提供し，又は提示すること（当該著作物に係る歴史公文書等（公文書等の管理に関する法律（平成21年法律第66号。以下「公文書管理法」という。）第2条第6項に規定する歴史公文書等をいう。以下同じ。）が行政機関の長から公文書管理法第8条第1項の規定により国立公文書館等（公文書管理法第2条第3項に規定する国立公文書館等をいう。以下同じ。）に移管された場合（公文書管理法第16条第1項の規定による利用をさせる旨の決定の時までに当該著作物の著作者が別段の意思表示をした場合を除く。）にあっては，公文書管理法第16条第1項の規定により国立公文書館等の長（公文書管理法第15条第1項に規定する国立公文書館等の長をいう。以下同じ。）が当該著作物を公衆に提供し，又は提示することを含む。）。

2 その著作物でまだ公表されていないものを独立行政法人等（独立行政法人等の保有する情報の公開に関する法律（平成13年法律第140号。以下「独立行政法人等情報公開法」という。）第2条第1項に規定する独立行政法人等をいう。以下同じ。）に提供した場合（独立行政法人等情報公開法第9条第1項の規定による開示する旨の決定の時までに別段の意思表示をした場合を除く。）独立行政法人等情報公開法の規定により当該独立行政法人等が当該著作物を公衆に提供し，又は提示すること（当該著作物に係る歴史公文書等が当該独立行政法人等から公文書管理法第11条第4項の規定により国立公文書館等に移管された場合（公文書管理法第16条第1項の規定による利用をさせる旨の決定の時までに当該著作物の著作者が別段の意思表示をした場合を除く。）にあっては，公文書管理法第16条第1項の規定により国立公文書館等の長が当該著作物を公衆に提供し，又は提示することを含む。）。

3 その著作物でまだ公表されていないものを地方公共団体又は地方独立行政法人に提供した場合（開示する旨の決定の時までに別段の意思表示をした場合を除く。）情報公開条例（地方公共団体又は地方独立行政法人の保有する情報の公開を請求する住民等の権利について定める当該地方公共団体の条例をいう。以下同じ。）の規定により当該地方公共団体の機関又は地方独立行政法人が当該著作物を公衆に提供し，又は提示すること（当該著作物に係る歴史公文書等が当該地方公共団体又は地方独立行政法人から公文書管理条例（地方公共団体又は地方独立行政法人の保有する歴史公文書等の適切な保存及び利用について定める当該地方公共団体の条例をいう。以下同じ。）に基づき地方公文書館等（歴史公文書等の適切な保存及び利用を図る施設として公文書管理条例が定める施設をいう。以下同じ。）に移管された場合（公文書管理条例の規定（公文書管理法第16条第1項の規定に相当する規定に限る。以下この条において同じ。）による利用をさせる旨の決定の時までに当該著作物の著作者が別段の意思表示をした場合を除く。）にあっては，公文書管理条例の規定によ

り地方公文書館等の長（地方公文書館等が地方公共団体の施設である場合にあってはその属する地方公共団体の長をいい，地方公文書館等が地方独立行政法人の施設である場合にあってはその施設を設置した地方独立行政法人をいう。以下同じ。）が当該著作物を公衆に提供し，又は提示することを含む。）。

4　その著作物でまだ公表されていないものを国立公文書館等に提供した場合（公文書管理法第16条第1項の規定による利用をさせる旨の決定の時までに別段の意思表示をした場合を除く。）同項の規定により国立公文書館等の長が当該著作物を公衆に提供し，又は提示すること。

5　その著作物でまだ公表されていないものを地方公文書館等に提供した場合（公文書管理条例の規定による利用をさせる旨の決定の時までに別段の意思表示をした場合を除く。）公文書管理条例の規定により地方公文書館等の長が当該著作物を公衆に提供し，又は提示すること。

④　第1項の規定は，次の各号のいずれかに該当するときは，適用しない。

1　行政機関情報公開法第5条の規定により行政機関の長が同条第1号ロ若しくはハ若しくは同条第2号ただし書に規定する情報が記録されている著作物でまだ公表されていないものを公衆に提供し，若しくは提示するとき，又は行政機関情報公開法第7条の規定により行政機関の長が著作物でまだ公表されていないものを公衆に提供し，若しくは提示するとき。

2　独立行政法人等情報公開法第5条の規定により独立行政法人等が同条第1号ロ若しくはハ若しくは同条第2号ただし書に規定する情報が記録されている著作物でまだ公表されていないものを公衆に提供し，若しくは提示するとき，又は独立行政法人等情報公開法第7条の規定により独立行政法人等が著作物でまだ公表されていないものを公衆に提供し，若しく

は提示するとき。

3　情報公開条例（行政機関情報公開法第13条第2項及び第3項の規定に相当する規定を設けているものに限る。第5号において同じ。）の規定により地方公共団体の機関又は地方独立行政法人が著作物でまだ公表されていないもの（行政機関情報公開法第5条第1号ロ又は同条第2号ただし書に規定する情報に相当する情報が記録されているものに限る。）を公衆に提供し，又は提示するとき。

4　情報公開条例の規定により地方公共団体の機関又は地方独立行政法人が著作物でまだ公表されていないもの（行政機関情報公開法第5条第1号ハに規定する情報に相当する情報が記録されているものに限る。）を公衆に提供し，又は提示するとき。

5　情報公開条例の規定で行政機関情報公開法第7条の規定に相当するものにより地方公共団体の機関又は地方独立行政法人が著作物でまだ公表されていないものを公衆に提供し，又は提示するとき。

6　公文書管理法第16条第1項の規定により国立公文書館等の長が行政機関情報公開法第5条第1号ロ若しくはハ若しくは同条第2号ただし書に規定する情報又は独立行政法人等情報公開法第5条第1号ロ若しくはハ若しくは同条第2号ただし書に規定する情報が記録されている著作物でまだ公表されていないものを公衆に提供し，又は提示するとき。

7　公文書管理条例（公文書管理法第18条第2項及び第4項の規定に相当する規定を設けているものに限る。）の規定により地方公文書館等の長が著作物でまだ公表されていないもの（行政機関情報公開法第5条第1号ロ又は同条第2号ただし書に規定する情報に相当する情報が記録されているものに限る。）を公衆に提供し，又は提示するとき。

8　公文書管理条例の規定により地方公文

書館等の長が著作物でまだ公表されていないもの（行政機関情報公開法第五条第１号ハに規定する情報に相当する情報が記録されているものに限る。）を公衆に提供し，又は提示するとき。

（氏名表示権）

第19条 著作者は，その著作物の原作品に，又はその著作物の公衆への提供若しくは提示に際し，その実名若しくは変名を著作者名として表示し，又は著作者名を表示しないこととする権利を有する。その著作物を原著作物とする二次的著作物の公衆への提供又は提示に際しての原著作物の著作者名の表示についても，同様とする。

④　第１項の規定は，次の各号のいずれかに該当するときは，適用しない。

　３　公文書管理法第16条第１項の規定又は公文書管理条例の規定（同項の規定に相当する規定に限る。）により国立公文書館等の長又は地方公文書館等の長が著作物を公衆に提供し，又は提示する場合において，当該著作物につき既にその著作者が表示しているところに従って著作者名を表示するとき。

（同一性保持権）

第20条 著作者は，その著作物及びその題号の同一性を保持する権利を有し，その意に反してこれらの変更，切除その他の改変を受けないものとする。

②　前項の規定は，次の各号のいずれかに該当する改変については，適用しない。

　１　第33条第１項（同条第４項において準用する場合を含む。），第33条の２第１項，第33条の３第１項又は第34条第１項の規定により著作物を利用する場合における用字又は用語の変更その他の改変で，学校教育の目的上やむを得ないと認められるもの

　２　建築物の増築，改築，修繕又は模様替えによる改変

　３　特定の電子計算機においては実行し得ないプログラムの著作物を当該電子計算機において実行し得るようにするため，又はプログラムの著作物を電子計算機においてより効果的に実行し得るようにするために必要な改変

　４　前３号に掲げるもののほか，著作物の性質並びにその利用の目的及び態様に照らしやむを得ないと認められる改変

（複製権）

第21条 著作者は，その著作物を複製する権利を専有する。

（公衆送信権等）

第23条 著作者は，その著作物について，公衆送信（自動公衆送信の場合にあっては，送信可能化を含む。）を行う権利を専有する。

②　著作者は，公衆送信されるその著作物を受信装置を用いて公に伝達する権利を専有する。

（譲渡権）

第26条の２ 著作者は，その著作物（映画の著作物を除く。以下この条において同じ。）をその原作品又は複製物（映画の著作物において複製されている著作物にあっては，当該映画の著作物の複製物を除く。以下この条において同じ。）の譲渡により公衆に提供する権利を専有する。

②　前項の規定は，著作物の原作品又は複製物で次の各号のいずれかに該当するものの譲渡による場合には，適用しない。

　１　前項に規定する権利を有する者又はその許諾を得た者により公衆に譲渡された著作物の原作品又は複製物

　２　第67条第１項若しくは第69条の規定による裁定又は万国著作権条約の実施に伴う著作権法の特例に関する法律（昭和31年法律第86号）第５条第１項の規定による許可を受けて公衆に譲渡された著作物の複製物

　３　第67条の２第１項の規定の適用を受けて公衆に譲渡された著作物の複製物

　４　前項に規定する権利を有する者又はその承諾を得た者により特定かつ少数の者に譲渡された著作物の原作品又は複製物

5 国外において，前項に規定する権利に相当する権利を害することなく，又は同項に規定する権利に相当する権利を有する者若しくはその承諾を得た者により譲渡された著作物の原作品又は複製物

（貸与権）

第26条の3 著作者は，その著作物（映画の著作物を除く。）をその複製物（映画の著作物において複製されている著作物にあっては，当該映画の著作物の複製物を除く。）の貸与により公衆に提供する権利を専有する。

（私的使用のための複製）

第30条 著作権の目的となっている著作物（以下この款において単に「著作物」という。）は，個人的に又は家庭内その他これに準ずる限られた範囲内において使用すること（以下「私的使用」という。）を目的とするときは，次に掲げる場合を除き，その使用する者が複製することができる。

1 公衆の使用に供することを目的として設置されている自動複製機器（複製の機能を有し，これに関する装置の全部又は主要な部分が自動化されている機器をいう。）を用いて複製する場合

2 技術的保護手段の回避（第2条第1項第20号に規定する信号の除去若しくは改変（記録又は送信の方式の変換に伴う技術的な制約による除去又は改変を除く。）を行うこと又は同号に規定する特定の変換を必要とするよう変換された著作物，実演，レコード若しくは放送若しくは有線放送に係る音若しくは影像の復元（著作権等を有する者の意思に基づいて行われるものを除く。）を行うことにより，当該技術的保護手段によって防止される行為を可能とし，又は当該技術的保護手段によって抑止される行為の結果に障害を生じないようにすることをいう。第120条の2第1号及び第2号において同じ。）により可能となり，又はその結果に障害が生じないようになった複製を，その事実を知りながら行う場合

3 著作権を侵害する自動公衆送信（国外で行われる自動公衆送信であって，国内で行われたとしたならば著作権の侵害となるべきものを含む。）を受信して行うデジタル方式の録音又は録画を，その事実を知りながら行う場合

② 私的使用を目的として，デジタル方式の録音又は録画の機能を有する機器（放送の業務のための特別の性能その他の私的使用に通常供されない特別の性能を有するもの及び録音機能付きの電話機その他の本来の機能に附属する機能として録音又は録画の機能を有するものを除く。）であって政令で定めるものにより，当該機器によるデジタル方式の録音又は録画の用に供される記録媒体であって政令で定めるものに録音又は録画を行う者は，相当な額の補償金を著作権者に支払わなければならない。

（図書館等における複製等）

第31条 国立国会図書館及び図書，記録その他の資料を公衆の利用に供することを目的とする図書館その他の施設で政令で定めるもの（以下この項及び第3項において「図書館等」という。）においては，次に掲げる場合には，その営利を目的としない事業として，図書館等の図書，記録その他の資料（以下この条において「図書館資料」という。）を用いて著作物を複製することができる。

1 図書館等の利用者の求めに応じ，その調査研究の用に供するために，公表された著作物の一部分（発行後相当期間を経過した定期刊行物に掲載された個々の著作物にあっては，その全部。第3項において同じ。）の複製物を1人につき1部提供する場合

2 図書館資料の保存のため必要がある場合

3 他の図書館等の求めに応じ，絶版その他これに準ずる理由により一般に入手することが困難な図書館資料（以下この条において「絶版等資料」という。）の複製物を提供する場合

② 前項各号に掲げる場合のほか，国立国会図書館においては，図書館資料の原本を公衆の利用に供することによるその滅失，損傷若しくは汚損を避けるために当該原本に代えて公衆の利用に供するため，又は絶版等資料に係る著作物を次項の規定により自動公衆送信（送信可能化を含む。同項において同じ。）に用いるため，電磁的記録（電子的方式，磁気的方式その他人の知覚によっては認識することができない方式で作られる記録であって，電子計算機による情報処理の用に供されるものをいう。以下同じ。）を作成する場合には，必要と認められる限度において，当該図書館資料に係る著作物を記録媒体に記録することができる。

③ 国立国会図書館は，絶版等資料に係る著作物について，図書館等又はこれに類する外国の施設で定めるものにおいて公衆に提示することを目的とする場合には，前項の規定により記録媒体に記録された当該著作物の複製物を用いて自動公衆送信を行うことができる。この場合において，当該図書館等においては，その営利を目的としない事業として，当該図書館等の利用者の求めに応じ，その調査研究の用に供するために，自動公衆送信される当該著作物の一部分の複製物を作成し，当該複製物を一人につき一部提供することができる。

（引用）

第32条　公表された著作物は，引用して利用することができる。この場合において，その引用は，公正な慣行に合致するものであり，かつ，報道，批評，研究その他の引用の目的上正当な範囲内で行なわれるものでなければならない。

② 国若しくは地方公共団体の機関，独立行政法人又は地方独立行政法人が一般に周知させることを目的として作成し，その著作の名義の下に公表する広報資料，調査統計資料，報告書その他これらに類する著作物は，説明の材料として新聞紙，雑誌その他の刊行物に転載することができる。ただし，

これを禁止する旨の表示がある場合は，この限りでない。

（学校その他の教育機関における複製等）

第35条　学校その他の教育機関（営利を目的として設置されているものを除く。）において教育を担任する者及び授業を受ける者は，その授業の過程における利用に供することを目的とする場合には，その必要と認められる限度において，公表された著作物を複製し，若しくは公衆送信（自動公衆送信の場合にあっては，送信可能化を含む。以下この条において同じ。）を行い，又は公表された著作物であって公衆送信されるものを受信装置を用いて公に伝達することができる。ただし，当該著作物の種類及び用途並びに当該複製の部数及び当該複製，公衆送信又は伝達の態様に照らし著作権者の利益を不当に害することとなる場合は，この限りでない。

② 前項の規定により公衆送信を行う場合には，同項の教育機関を設置する者は，相当な額の補償金を著作権者に支払わなければならない。

③ 前項の規定は公表された著作物について，第1項の教育機関における授業の過程において，当該授業を直接受ける者に対して当該著作物をその原作品若しくは複製物を提供し，若しくは提示して利用する場合又は当該著作物を第38条第1項の規定により上演し，演奏し，上映し，若しくは口述して利用する場合において，当該授業が行われる場所以外の場所において当該授業を同時に受ける者に対して公衆送信を行うときには，適用しない。

（視覚障害者等のための複製等）

第37条　公表された著作物は，点字により複製することができる。

② 公表された著作物については，電子計算機を用いて点字を処理する方式により，記録媒体に記録し，又は公衆送信（放送又は有線放送を除き，自動公衆送信の場合にあっては送信可能化を含む。次項において同

じ。）を行うことができる。

③　視覚障害その他の障害により視覚による表現の認識が困難な者（以下この項及び第102条第4項において「視覚障害者等」という。）の福祉に関する事業を行う者で政令で定めるものは，公表された著作物であって，視覚によりその表現が認識される方式（視覚及び他の知覚により認識される方式を含む。）により公衆に提供され，又は提示されているもの（当該著作物以外の著作物で，当該著作物において複製されているものその他当該著作物と一体として公衆に提供され，又は提示されているものを含む。以下この項及び同条第4項において「視覚著作物」という。）について，専ら視覚障害者等で当該方式によっては当該視覚著作物を利用することが困難な者の用に供するために必要と認められる限度において，当該視覚著作物に係る文字を音声にすることその他当該視覚障害者等が利用するために必要な方式により，複製し，又は公衆送信を行うことができる。ただし，当該視覚著作物について，著作権者又はその許諾を得た者若しくは第79条の出版権の設定を受けた者若しくはその複製許諾若しくは公衆送信許諾を得た者により，当該方式による公衆への提供又は提示が行われている場合は，この限りでない。

（聴覚障害者等のための複製等）

第37条の2　聴覚障害その他聴覚による表現の認識に障害のある者（以下この条及び次条第5項において「聴覚障害者等」という。）の福祉に関する事業を行う者で次の各号に掲げる利用の区分に応じて政令で定めるものは，公表された著作権であって，聴覚によりその表現が認識される方式（聴覚及び他の知覚により認識される方式を含む。）により公衆に提供され，又は提示されているもの（当該著作物以外の著作物で，当該著作物において複製されているものその他当該著作物と一体として公衆に提供され，又は提示されているものを含む。以下

この条において「聴覚著作物」という。）について，専ら聴覚障害者等で当該方式によっては当該聴覚著作物を利用することが困難な者の用に供するために必要と認められる限度において，それぞれ当該各号に掲げる利用を行うことができる。ただし，当該聴覚著作物について，著作権者又はその許諾を得た者若しくは第79条の出版権の設定を受けた者により，当該聴覚障害者等が利用するために必要な方式による公衆への提供又は提示が行われている場合は，この限りでない。

1　当該聴覚著作物に係る音声について，これを文字にすることその他当該聴覚障害者等が利用するために必要な方式により，複製し，又は自動公衆送信（送信可能化を含む。）を行うこと。

2　専ら当該聴覚障害者等向けの貸出しの用に供するため，複製すること（当該聴覚著作物に係る音声を文字にすることその他当該聴覚障害者等が利用するために必要な方式による当該音声の複製と併せて行うものに限る。）。

（営利を目的としない上演等）

第38条　公表された著作物は，営利を目的とせず，かつ，聴衆又は観衆から料金（いずれの名義をもつてするかを問わず，著作物の提供又は提示につき受ける対価をいう。以下この条において同じ。）を受けない場合には，公に上演し，演奏し，上映し，又は口述することができる。ただし，当該上演，演奏，上映又は口述について実演家又は口述を行う者に対し報酬が支払われる場合は，この限りでない。

②　放送される著作物は，営利を目的とせず，かつ，聴衆又は観衆から料金を受けない場合には，有線放送し，又は専ら当該放送に係る放送対象地域において受信されることを目的として自動公衆送信（送信可能化のうち，公衆の用に供されている電気通信回線に接続している自動公衆送信装置に情報を入力することによるものを含む。）を行

うことができる。

③ 放送され，又は有線放送される著作物（放送される著作物が自動公衆送信される場合の当該著作物を含む。）は，営利を目的とせず，かつ，聴衆又は観衆から料金を受けない場合には，受信装置を用いて公に伝達することができる。通常の家庭用受信装置を用いてする場合も，同様とする。

④ 公表された著作物（映画の著作物を除く。）は，営利を目的とせず，かつ，その複製物の貸与を受ける者から料金を受けない場合には，その複製物（映画の著作物において複製されている著作物にあっては，当該映画の著作物の複製物を除く。）の貸与により公衆に提供することができる。

⑤ 映画フィルムその他の視聴覚資料を公衆の利用に供することを目的とする視聴覚教育施設その他の施設（営利を目的として設置されているものを除く。）で政令で定めるもの及び聴覚障害者等の福祉に関する事業を行う者で前条の政令で定めるもの（同条第2号に係るものに限り，営利を目的として当該事業を行うものを除く。）は，公表された映画の著作物を，その複製物の貸与を受ける者から料金を受けない場合には，その複製物の貸与により頒布することができる。この場合において，当該頒布を行う者は，当該映画の著作物又は当該映画の著作物において複製されている著作物につき第26条に規定する権利を有する者（第28条の規定により第26条に規定する権利と同一の権利を有する者を含む。）に相当な額の補償金を支払わなければならない。

（公文書管理法等による保存等のための利用）

第42条の3 国立公文書館等の長又は地方公文書館等の長は，公文書管理法第15条第1項の規定又は公文書管理条例の規定（同項の規定に相当する規定に限る。）により歴史公文書等を保存することを目的とする場合には，必要と認められる限度において，当該歴史公文書等に係る著作物を複製する

ことができる。

② 国立公文書館等の長又は地方公文書館等の長は，公文書管理法第16条第1項の規定又は公文書管理条例の規定（同項の規定に相当する規定に限る。）により著作物を公衆に提供し，又は提示することを目的とする場合には，それぞれ公文書管理法第19条（同条の規定に基づく政令の規定を含む。以下この項において同じ。）に規定する方法又は公文書管理条例で定める方法（同条に規定する方法以外のものを除く。）により利用をさせるために必要と認められる限度において，当該著作物を利用することができる。

（国立国会図書館法によるインターネット資料及びオンライン資料の収集のための複製）

第43条 国立国会図書館の館長は，国立国会図書館法（昭和23年法律第5号）第25条の3第1項の規定により同項に規定するインターネット資料（以下この条において「インターネット資料」という。）又は同法第25条の4第3項の規定により同項に規定するオンライン資料を収集するために必要と認められる限度において，当該インターネット資料又は当該オンライン資料に係る著作物を国立国会図書館の使用に係る記録媒体に記録することができる。

② 次の各号に掲げる者は，当該各号に掲げる資料を提供するために必要と認められる限度において，当該各号に掲げる資料に係る著作物を複製することができる。

1 国立国会図書館法第24条及び第24条の2に規定する者同法第25条の3第3項の求めに応じ提供するインターネット資料

2 国立国会図書館法第24条及び第24条の2に規定する者以外の者同法第25条の4第1項の規定により提供する同項に規定するオンライン資料

（電子計算機による情報処理及びその結果の提供に付随する軽微利用等）

第47条の5 電子計算機を用いた情報処理により新たな知見又は情報を創出すること

よって著作物の利用の促進に資する次の各号に掲げる行為を行う者（当該行為の一部を行う者を含み，当該行為を政令で定める基準に従って行う者に限る。）は，公衆への提供又は提示（送信可能化を含む。以下この条において同じ。）が行われた著作物（以下この条及び次条第2項第2号において「公衆提供提示著作物」という。）（公表された著作物又は送信可能化された著作物に限る。）について，当該各号に掲げる行為の目的上必要と認められる限度において，当該行為に付随して，いずれの方法によるかを問わず，利用（当該公衆提供提示著作物のうちその利用に供される部分の占める割合，その利用に供される部分の量，その利用に供される際の表示の精度その他の要素に照らし軽微なものに限る。以下この条において「軽微利用」という。）を行うことができる。ただし，当該公衆提供提示著作物に係る公衆への提供又は提示が著作権を侵害するものであること（国外で行われた公衆への提供又は提示にあっては，国内で行われたとしたならば著作権の侵害となるべきものであること）を知りながら当該軽微利用を行う場合その他当該公衆提供提示著作物の種類及び用途並びに当該軽微利用の態様に照らし著作権者の利益を不当に害することとなる場合は，この限りでない。

1　電子計算機を用いて，検索により求める情報（以下この号において「検索情報」という。）が記録された著作物の題号又は著作者名，送信可能化された検索情報に係る送信元識別符号（自動公衆送信の送信元を識別するための文字，番号，記号その他の符号をいう。）その他の検索情報の特定又は所在に関する情報を検索し，及びその結果を提供すること。

2　電子計算機による情報解析を行い，及びその結果を提供すること。

3　前2号に掲げるもののほか，電子計算機による情報処理により，新たな知見又は情報を創出し，及びその結果を提供する行為であって，国民生活の利便性の向上に寄与するものとして政令で定めるもの

②　前項各号に掲げる行為の準備を行う者（当該行為の準備のための情報の収集，整理及び提供を政令で定める基準に従って行う者に限る。）は，公衆提供提示著作物について，同項の規定による軽微利用の準備のために必要と認められる限度において，複製若しくは公衆送信（自動公衆送信の場合にあっては，送信可能化を含む。以下この項及び次条第2項第2号において同じ。）を行い，又はその複製物による頒布を行うことができる。ただし，当該公衆提供提示著作物の種類及び用途並びに当該複製又は頒布の部数及び当該複製，公衆送信又は頒布の態様に照らし著作権者の利益を不当に害することとなる場合は，この限りでない。

（複製物の目的外使用等）

第49条　次に掲げる者は，第21条の複製を行ったものとみなす。

1　第30条第1項，第30条の3，第31条第1項第1号若しくは第3項後段，第33条の2第1項，第33条の3第1項若しくは第4項，第35条第1項，第37条第3項，第37条の2本文（同条第2号に係る場合にあっては，同号。次項第1号において同じ。），第41条から第42条の3まで，第43条第2項，第44条第1項若しくは第2項，第47条第1項若しくは第3項，第47条の2又は第47条の5第1項に定める目的以外の目的のために，これらの規定の適用を受けて作成された著作物の複製物（次項第1号又は第2号の複製物に該当するものを除く。）を頒布し，又は当該複製物によって当該著作物の公衆への提示（送信可能化を含む。以下同じ。）を行った者

（保護期間の原則）

第51条　著作権の存続期間は，著作物の創作の時に始まる。

②　著作権は，この節に別段の定めがある場

合を除き，著作者の死後（共同著作物にあっては，最終に死亡した著作者の死後。次条第1項において同じ。）70年を経過するまでの間，存続する。

（著作隣接権の制限）

第102条　第30条第1項，第30条の2から第32条まで，第35条，第36条，第37条第3項，第37条の2（第1号を除く。次項において同じ。），第38条第2項及び第4項，第41条から第43条まで，第44条（第2項を除く。），第46条から第47条の2まで，第47条の4並びに第47条の5の規定は，著作隣接権の目的となっている実演，レコード，放送又は有線放送の利用について準用し，第30条第2項及び第47条の7の規定は，著作隣接権の目的となっている実演又はレコードの利用について準用し，第33条から第33条の3までの規定は，著作隣接権の目的となっている放送又は有線放送の利用について準用し，第44条第2項の規定は，著作隣接権の目的となっている実演，レコード又は有線放送の利用について準用する。この場合において，同条第1項中「第23条第1項」とあるのは「第92条第1項，第99条第1項又は第100条の3」と，同条第2項中「第23条第1項」とあるのは「第92条第1項又は第100条の3」と読み替えるものとする。

⑨　次に掲げる者は，第91条第1項，第96条，第98条又は第100条2の録音，録画又は複製を行ったものとみなす。

1　第1項において準用する第30条第1項，第30条の3，第31条第1項第1号若しくは第3項後段，第33条の2第1項，第33条の3第1項若しくは第4項，第35条第1項，第37条第3項，第37条の2第2号，第41条から第42条の3まで，第43条第2項，第44条第1項若しくは第2項に定める目的以外の目的のために，これらの規定の適用を受けて作成された実演等の複製物を頒布し，又は当該複製物によって当該実演，当該レコードに係る音若しくは当該放送若しくは有線放送に係

る音若しくは影像の公衆への提示を行った者

罰　則

第119条　著作権，出版権又は著作隣接権を侵害した者（第30条第1項（第102条第1項において準用する場合を含む。第3項において同じ。）に定める私的使用の目的をもって自ら著作物若しくは実演等の複製を行った者，第113条第3項の規定により著作権，出版権若しくは著作隣接権を侵害する行為とみなされる行為を行った者，同条第4項の規定により著作権若しくは著作隣接権（同条第5項の規定により著作隣接権とみなされる権利を含む。第120条の2第3号において同じ。）を侵害する行為とみなされる行為を行った者，第113条第6項の規定により著作権若しくは著作隣接権を侵害する行為とみなされる行為を行った者又は次項第3号若しくは第4号に掲げる者を除く。）は，10年以下の懲役若しくは1,000万円以下の罰金に処し，又はこれに併科する。

②　次の各号のいずれかに該当する者は，5年以下の懲役若しくは500万円以下の罰金に処し，又はこれを併科する。

1　著作者人格権又は実演家人格権を侵害した者（第113条第4項の規定により著作者人格権又は実演家人格権を侵害する行為とみなされる行為を行った者を除く。）

2　営利を目的として，第30条第1項第1号に規定する自動複製機器を著作権，出版権又は著作隣接権の侵害となる著作物又は実演等の複製に使用させた者

3　第113条第1項の規定により著作権，出版権又は著作隣接権を侵害する行為とみなされる行為を行った者

4　第113条第2項の規定により著作権を侵害する行為とみなされる行為を行った者

附　則

（平成24. 6.27　法律第43号）抄

（施行期日）

第1条　この法律は，平成25年1月1日から施行する。ただし，次の各号に掲げる規定は，当該各号に定める日から施行する。

② 　第2条第1項第20号並びに第18条第3項及び第4項の改正規定，第19条第4項に1号を加える改正規定，第30条第1項第2号の改正規定，第42条の3を第42条の4とし，第42条の2の次に1条を加える改正規定，第47条の9の改正規定（「又は第46条」を「，第42条の3第2項又は第46条」に改める部分に限る。），同条ただし書の改正規定（「第42条の2まで」の下に「，第42条の3第2項」を加える部分に限る。），第49条第1項第1号の改正規定（「第42条の2」を「第42条の3」に，「第42条の3第2項」を「第42条の4第2項」に改める部分に限る。），第86条第1項及び第2項の改正規定（「第42条の2まで」の下に「，第42条の3第2項」を加える部分に限る。），第90条の2第4項に1号を加える改正規定，第102条第1項の改正規定（「第42条の3」を「第42条の4」に改める部分に限る。），同条第九項第1号の改正規定（「第42条の2」を「第42条の3」に，「第42条の3第2項」を「第42条の4第2項」に改める部分に限る。），第119条第1項の改正規定，同条に1項を加える改正規定並びに第120条の2第1号の改正規定並びに次条並びに附則第4条から第6条まで及び第9条の規定　平成24年10月1日

（経過措置）

第2条　この法律の施行前による改正後の著作権法（以下「新法」という。）第18条第3項第1号から第3号までの規定は，前条第2号に掲げる規定の施行前に著作者が行政機関（行政機関の保有する情報の公開に関する法律（平成11年法律第42号）第2条第1項に規定する行政機関をいう。），独立行政法人等（独立行政法人等の保有する情報の公開に関する法律（平成13年法律第140号）第2条第1項に規定する独立行政法人等をいう。）又は地方公共団体若しくは地方独立行政法人（地方独立行政法人法（平成15年法律第118号）第2条第1項に規定する地方独立行政法人をいう。以下この項において同じ。）に提供した著作物でまだ公表されていないもの（その著作者の同意を得ないで公表された著作物を含む。）であって，公文書等の管理に関する法律（平成21年法律第六66号。以下この項において「公文書管理法」という。）第8条第1項若しくは第11条第4項の規定により国立公文書館等（公文書管理法第2条第3項に規定する国立公文書館等をいう。次項において同じ。）に移管されたもの又は公文書管理条例（地方公共団体又は地方独立行政法人の保有する歴史公文書等（公文書管理法第2条第6項に規定する歴史公文書等をいう。以下この項において同じ。）の適切な保存及び利用について定める当該地方公共団体の条例をいう。以下この項において同じ。）に基づき地方公文書館等（歴史公文書等の適切な保存及び利用を図る施設として公文書管理条例が定める施設をいう。次項において同じ。）に移管されたものについては，適用しない。

② 　新法第18条第3項第4号及び第5号の規定は，前条第2号に掲げる規定の施行前に著作者が国立公文書館等又は地方公文書館等に提供した著作物でまだ公表されていないもの（その著作者の同意を得ないで公表された著作物を含む。）については，適用しない。

第3条　この法律の施行の際現にこの法律による改正前の著作権法第31条第2項の規定により記録媒体に記録されている著作物であって，絶版等資料（新法第31条第1項第3号に規定する「絶版等資料」をいう。）に係るものについては，新法第31条第3項の規定により当該著作物の複製物を用いて自動公衆送信（送信可能化を含む。）を行うことができる。

（罰則の適用に関する経過措置）

第4条　この法律（附則第1条第2号に掲げ

50 ｜ Ⅰ 関係法令

る規定については，当該規定）の施行前に
した行為に対する罰則の適用については，

なお従前の例による。

著作権法施行令(抄)

$$\left(\begin{array}{ll} 昭和45.12.10 & 政令第335号 \\ 改正\quad 令和\ 1.\ 6.28 & 政令第\ 44号 \end{array}\right)$$

（図書館資料の複製が認められる図書館等）

第1条の3 法第31条第1項（法第86条第1
項及び第102条第1項において準用する場
合を含む。）の政令で定める図書館その他
の施設は，次に掲げる施設で図書館法（昭
和25年法律第118号）第4条第1項の司書
又はこれに相当する職員として文部科学省
令で定める職員（以下「司書等」という。）
が置かれているものとする。

1　図書館法第2条第1項の図書館
2　学校教育法（昭和22年法律第26号）第
　1条の大学又は高等専門学校（以下「大
　学等」という。）に設置された図書館及
　びこれに類する施設
3　大学等における教育に類する教育を行
　う教育機関で当該教育を行うにつき学校
　教育法以外の法律に特別の規定があるも
　のに設置された図書館
4　図書，記録その他著作物の原作品又は
　複製物を収集し，整理し，保存して一般
　公衆の利用に供する業務を主として行う
　施設で法令の規定によって設置されたもの
5　学術の研究を目的とする研究所，試験
　所その他の施設で法令の規定によって設
　置されたもののうち，その保存する図書，
　記録その他の資料を一般公衆の利用に供
　する業務を行うもの
6　前各号に掲げるもののほか，国，地方
　公共団体又は一般社団法人若しくは一般
　財団法人その他の営利を目的としない法
　人（第2条から第3条までにおいて「一
　般社団法人等」という。）が設置する施
　設で前2号に掲げる施設と同種のものの
　うち，文化庁長官が指定するもの
② 　文化庁長官は，前項第6号の規定による
　指定をしたときは，その旨をインターネッ

トの利用その他の適切な方法により公表す
るものとする。

**（視覚障害者等のための複製等が認められ
る者）**

第2条 法第37条第3項（法第86条第1項及
び第3項並びに第102条第1項において準
用する場合を含む。）の政令で定める者は，
次に掲げる者とする。

1　次に掲げる施設を設置して視覚障害者
　等のために情報を提供する事業を行う者
　（イ，ニ又はチに掲げる施設を設置する
　者にあつては国，地方公共団体又は一般
　社団法人等，ホに掲げる施設を設置する
　者にあつては地方公共団体，公益社団法
　人又は公益財団法人に限る。）
　イ　児童福祉法（昭和22年法律第164号）
　　第7条第1項の障害児入所施設及び児
　　童発達支援センター
　ロ　大学等の図書館及びこれに類する施設
　ハ　国立国会図書館
　ニ　身体障害者福祉法（昭和24年法律第
　　283号）第5条第1項の視聴覚障害者
　　情報提供施設
　ホ　図書館法第2条第1項の図書館（司
　　書等が置かれているものに限る。）
　ヘ　学校図書館法（昭和28年法律第185
　　号）第2条の学校図書館
　ト　老人福祉法（昭和38年法律第133号）
　　第5条の3の養護老人ホーム及び特別
　　養護老人ホーム
　チ　障害者自立支援法（平成17年法律第
　　123号）第5条第11項に規定する障害
　　者支援施設及び同条第1項に規定する
　　障害福祉サービス事業（同条第7項に
　　規定する生活介護，同条第12項に規定
　　する自立訓練，同条第13項に規定する

就労移行支援又は同条第14項に規定する就労継続支援を行う事業に限る。）を行う施設

2　前号に掲げる者のほか，視覚障害者等のために情報を提供する事業を行う法人（法第2条第6項に規定する法人をいう。以下同じ。）で次に掲げる要件を満たすもの

イ　視覚障害者等のための複製又は公衆送信（放送又は有線放送を除き，自動公衆送信の場合にあっては送信可能化を含む。ロにおいて同じ。）を的確かつ円滑に行うことができる技術的能力及び経理的基礎を有していること。

ロ　視覚障害者等のための複製又は公衆送信を適正に行うために必要な法に関する知識を有する職員が置かれていること。

ハ　情報を提供する視覚障害者等の名簿を作成していること（当該名簿を作成している第三者を通じて情報を提供する場合にあっては，当該名簿を確認していること）。

ニ　法人の名称並びに代表者（法人格を有しない社団又は財団の管理人を含む。以下同じ。）の氏名及び連絡先その他文部科学省令で定める事項について，文部科学省令で定めるところにより，公表していること。

3　視覚障害者等のために情報を提供する事業を行う法人のうち，当該事業の実施体制が前号イからハまでに掲げるものに準ずるものとして文化庁長官が指定するもの

②　文化庁長官は，前項第3号の規定による指定をしたときは，その旨をインターネットの利用その他の適切な方法により公表するものとする。

（聴覚障害者等のための複製等が認められる者）

第2条の2　法第37条の2（法第86条第1項及び第3項並びに第102条第1項において準用する場合を含む。）の政令で定める者は，次の各号に掲げる利用の区分に応じて当該各号に定める者とする。

1　法第37条の2第1号（法第86条第1項及び第3項において準用する場合を含む。）に掲げる利用　次に掲げる者

イ　身体障害者福祉法第5条第1項の視聴覚障害者情報提供施設を設置して聴覚障害者等のために情報を提供する事業を行う者（国，地方公共団体又は一般社団法人等に限る。）

ロ　イに掲げる者のほか，聴覚障害者等のために情報を提供する事業を行う法人のうち，聴覚障害者等のための複製又は自動公衆送信（送信可能化を含む。）を的確かつ円滑に行うことができる技術的能力，経理的基礎その他の体制を有するものとして文化庁長官が指定するもの

2　法第37条の2第2号（法第86条第1項及び第102条第1項において準用する場合を含む。以下この号において同じ）に掲げる利用　次に掲げる者（法第37条の2第2号の規定の適用を受けて作成された複製物の貸出しを文部科学省令で定める基準に従って行う者に限る。）

イ　次に掲げる施設を設置して聴覚障害者等のために情報を提供する事業を行う者（(2)に掲げる施設を設置する者にあっては国，地方公共団体又は一般社団法人等，(3)に掲げる施設を設置する者にあっては地方公共団体，公益社団法人又は公益財団法人に限る。）

(1)　大学等の図書館及びこれに類する施設

(2)　身体障害者福祉法第5条第1項の視聴覚障害者情報提供施設

(3)　図書館法第2条第1項の図書館（司書等が置かれているものに限る。）

(4)　学校図書館法第2条の学校図書館

ロ　イに掲げる者のほか，聴覚障害者等のために情報を提供する事業を行う法人のうち，聴覚障害者等のための複製

を的確かつ円滑に行うことができる技術的能力，経理的基礎その他の体制を有するものとして文化庁長官が指定するもの

② 文化庁長官は，前項第1号ロ又は第2号ロの規定による指定をしたときは，その旨をインターネットの利用その他の適切な方法により公表するものとする。

（映画の著作物の複製物の貸与が認められる施設）

第2条の3 法第38条第5項の政令で定める施設は，次に掲げるものとする。

1 国又は地方公共団体が設置する視聴覚教育施設

2 図書館法第2条第1項の図書館

3 前2号に掲げるもののほか，国，地方公共団体又は一般社団法人等が設置する施設で，映画フィルムその他の視聴覚資料を収集し，整理し，保存して公衆の利用に供する業務を行うもののうち，文化庁長官が指定するもの

② 文化庁長官は，前項第3号の規定による指定をしたときは，その旨をインターネットの利用その他の適切な方法により公表するものとする。

附　則

（平成26.8.20　政令第285号）抄

（施行期日）

1 この政令は，平成27年1月1日から施行する。

別表（略）

[著作権法・著作権法施行令 解説]

　図書館で扱う情報資源の多くが著作物であることから，図書館サービスを提供する司書は，著作権法や著作権法施行令等に精通していなければならない。

　また，この法律が図書館資料の複製に関し多くの規定を割いているのは，著作権の問題も著作物の複製を巡って生ずるという現状を表している。例えば，図書館資料の複製は第31条の要件に該当する場合に許容されるが，図書館におけるデジタルカメラによる撮影も図書館資料の複製行為であるにもかかわらず，第31条の制約を超えて，第30条の私的使用の一環としてこれを認めるとする見解もある。しかしながら，図書館資料を対象として，図書館が主体となって行う複製であれば，デジタルカメラによる撮影であってもこれを複製の概念に含めることができる以上，同法第31条が優先的に適用されるべきである。

　著作権法は，もともと著作物に関し著作権及びその隣接権を保護し，併せてこれらの公正利用を定めており，社会の変遷に伴い，著作権の保護の必要性と公正利用とのバランスの中で，毎年のように改正されている。

地方自治法(抄)

(　昭和22. 4.17　法律第67号　)
(　改正　令和 1.12. 4　法律第63号　)

第9章　財産

(住民監査請求)

第242条　普通地方公共団体の住民は，当該普通地方公共団体の長若しくは委員会若しくは委員又は当該普通地方公共団体の職員について，違法若しくは不当な公金の支出，財産の取得，管理若しくは処分，契約の締結若しくは履行若しくは債務その他の義務の負担がある（当該行為がなされることが相当の確実さをもって予測される場合を含む。）と認めるとき，又は違法若しくは不当に公金の賦課若しくは徴収若しくは財産の管理を怠る事実（以下「怠る事実」という。）があると認めるときは，これらを証する書面を添え，監査委員に対し，監査を求め，当該行為を防止し，若しくは是正し，若しくは当該怠る事実を改め，又は当該行為若しくは怠る事実によって当該普通地方公共団体の被った損害を補填するために必要な措置を講ずべきことを請求することができる。

⑤　第1項の規定による請求があった場合には，監査委員は，監査を行い，当該請求に理由がないと認めるときは，理由を付してその旨を書面により請求人に通知するとともに，これを公表し，当該請求に理由があると認めるときは，当該普通地方公共団体の議会，長その他の執行機関又は職員に対し期間を示して必要な措置を講ずべきことを勧告するとともに，当該勧告の内容を請求人に通知し，かつ，これを公表しなければならない。

(住民訴訟)

第242条の2　普通地方公共団体の住民は，前条第1項の規定による請求をした場合において，同条第4項の規定による監査委員の監査の結果若しくは勧告若しくは同条第9項の規定による普通地方公共団体の議会，長その他の執行機関若しくは職員の措置に不服があるとき，又は監査委員が同条第5項の規定による監査若しくは勧告を同条第6項の期間内に行わないとき，若しくは議会，長その他の執行機関若しくは職員が同条第9項の規定による措置を講じないときは，裁判所に対し，同条第1項の請求に係る違法な行為又は怠る事実につき，訴えをもって次に掲げる請求をすることができる。

1　当該執行機関又は職員に対する当該行為の全部又は一部の差止めの請求

2　行政処分たる当該行為の取消し又は無効確認の請求

3　当該執行機関又は職員に対する当該怠る事実の違法確認の請求

4　当該職員又は当該行為若しくは怠る事実に係る相手方に損害賠償又は不当利得返還の請求をすることを当該普通地方公共団体の執行機関又は職員に対して求める請求。ただし，当該職員又は当該行為若しくは怠る事実に係る相手方が第243条の2の2第3項の規定による賠償の命令の対象となる者である場合には，当該賠償の命令をすることを求める請求

第10章　公の施設

(公の施設)

第244条　普通地方公共団体は，住民の福祉を増進する目的をもってその利用に供するための施設（これを公の施設という。）を設けるものとする。

②　普通地方公共団体（次条第3項に規定する指定管理者を含む。次項において同じ。）は，正当な理由がない限り，住民が公の施設を利用することを拒んではならない。

③　普通地方公共団体は，住民が公の施設を利用することについて，不当な差別的取扱いをしてはならない。

（公の施設の設置，管理及び廃止）

第244条の2　普通地方公共団体は，法律又はこれに基づく政令に特別の定めがあるものを除くほか，公の施設の設置及びその管理に関する事項は，条例でこれを定めなければならない。

③　普通地方公共団体は，公の施設の設置の目的を効果的に達成するため必要があると認めるときは，条例の定めるところにより，法人その他の団体であって当該普通地方公共団体が指定するもの（以下本条及び第244条の4において「指定管理者」という。）に，当該公の施設の管理を行わせることができる。

⑥　普通地方公共団体は，指定管理者の指定をしようとするときは，あらかじめ，当該普通地方公共団体の議会の議決を経なければならない。

[地方自治法 解説]

公立図書館の設置主体は地方公共団体であり，大別すれば都道府県立図書館及び市町村立図書館となる。公立図書館は，地方自治法第244条に規定する「公の施設」として設置される。不平等取扱いや差別的取扱いが禁じられるが，そのことは図書館法には規定がなく，地方自治法第244条が直接の根拠となる。図書館は「公の施設」である以上住民に利用権が当然に発生することとなり，したがって当該図書館の設置自治体以外の住民には当然には発生しない。しかし，従来，公立図書館の利用について，貸出は住民であることの確認を求めてきたが，閲覧等については必ずしも厳格な住民性を要求してこなかった。このことを，「公の施設」との関係でどう整理するか，あるいは通勤通学者にも図書館利用権を拡大してきたこととどのような整合性を取るかの説明が求められることとなろう。

また，図書館において資料を貸し出したまま漫然と返還のための措置を講じない場合には，同法第242条による住民監査請求，同法第242条の2により住民訴訟が提起される可能性があることに注意しなければならない。その意味で，司書を含む図書館職員は地方自治法にも一定の配慮をしなければならない時代である。

最近では，図書館に指定管理者制度を導入する動きがあるが，その法的根拠は地方自治法第244条の2第3項である。これによれば，公の施設に指定管理者を導入する要件は「住民の福祉を増進する」ことであり，少なくとも経費や人員の削減を図ることではない。したがって，各施設に求められる機能の実現にあたり，指定管理者による運営が住民福祉の向上につながらないのであれば，同制度の導入は正しい政策選択とはいえない。その意味において，当該公の施設に根拠法令がある場合には，指定管理者制度を導入した結果，当該根拠法令が予定する公の施設の機能全般に照らして，住民福祉が真に向上したかどうかの検証が求められるべきであろう。

地方教育行政の組織及び運営に関する法律(抄)

（昭和31.6.30　法律第162号）
（改正　令和 1.6.14　法律第 37号）

第3章　教育委員会及び地方公共団体の長の職務権限

（教育委員会の職務権限）

第21条　教育委員会は，当該地方公共団体が処理する教育に関する事務で，次に掲げるものを管理し，及び執行する。

1　教育委員会の所管に属する第30条に規定する学校その他の教育機関（以下「学校その他の教育機関」という。）の設置，管理及び廃止に関すること。

2　教育委員会の所管に属する学校その他の教育機関の用に供する財産（以下「教育財産」という。）の管理に関すること。

3　教育委員会及び教育委員会の所管に属する学校その他の教育機関の職員の任免その他の人事に関すること。

4　学齢生徒及び学齢児童の就学並びに生徒，児童及び幼児の入学，転学及び退学に関すること。

5　教育委員会の所管に属する学校の組織編制，教育課程，学習指導，生徒指導及び職業指導に関すること。

6　教科書その他の教材の取扱いに関すること。

7　校舎その他の施設及び教具その他の設備の整備に関すること。

8　校長，教員その他の教育関係職員の研修に関すること。

9　校長，教員その他の教育関係職員並びに生徒，児童及び幼児の保健，安全，厚生及び福利に関すること。

10　教育委員会の所管に属する学校その他の教育機関の環境衛生に関すること。

11　学校給食に関すること。

12　青少年教育，女性教育及び公民館の事業その他社会教育に関すること。

13　スポーツに関すること。

14　文化財の保護に関すること。

15　ユネスコ活動に関すること。

16　教育に関する法人に関すること。

17　教育に係る調査及び基幹統計その他の統計に関すること。

18　所掌事務に係る広報及び所掌事務に係る教育行政に関する相談に関すること。

19　前各号に掲げるもののほか，当該地方公共団体の区域内における教育に関する事務に関すること。

（長の職務権限）

第22条　地方公共団体の長は，大綱の策定に関する事務のほか，次に掲げる教育に関する事務を管理し，及び執行する。

1　大学に関すること。

2　幼保連携型認定こども園に関すること。

3　私立学校に関すること。

4　教育財産を取得し，及び処分すること。

5　教育委員会の所掌に係る事項に関する契約を結ぶこと。

6　前号に掲げるもののほか，教育委員会の所掌に係る事項に関する予算を執行すること。

（職務権限の特例）

第23条　前2条の規定にかかわらず，地方公共団体は，前条各号に掲げるもののほか，条例の定めるところにより，当該地方公共団体の長が，次の各号に掲げる教育に関する事務のいずれか又は全てを管理し，及び執行することとすることができる。

1　図書館，博物館，公民館その他の社会教育に関する教育機関のうち当該条例で定めるもの（以下「特定社会教育機関」という。）の設置，管理及び廃止に関すること（第21条第7号から第9号まで及び第12号に掲げる事務のうち，特定社会教育機関のみに係るものを含む。）。

2　スポーツに関すること（学校における体育に関することを除く。）。

56 | Ⅰ 関係法令

3　文化に関すること（次号に掲げるもの
　　を除く。）。
4　文化財の保護に関すること。
② 　地方公共団体の議会は，前項の条例の制
　定又は改廃の議決をする前に，当該地方公
　共団体の教育委員会の意見を聴かなければ
　ならない。

第4章　教育機関
（教育機関の設置）
第30条　地方公共団体は，法律で定めるとこ
　ろにより，学校，図書館，博物館，公民館
　その他の教育機関を設置するほか，条例で，
　教育に関する専門的，技術的事項の研究又
　は教育関係職員の研修，保健若しくは福利
　厚生に関する施設その他の必要な教育機関
　を設置することができる。

（教育機関の所管）
第32条　学校その他の教育機関のうち，大学
　及び幼保連携型認定こども園は地方公共団
　体の長が，その他のものは教育委員会が所
　管する。ただし，特定社会教育機関並びに
　第23条第1項第2号から第4号までに掲げ
　る事務のうち同項の条例の定めるところに
　より地方公共団体の長が管理し，及び執行
　することとされたもののみに係る教育機関
　は，地方公共団体の長が所管する。

（学校等の管理）
第33条　教育委員会は，法令又は条例に違反
　しない限りにおいて，その所管に属する学
　校その他の教育機関の施設，設備，組織編
　制，教育課程，教材の取扱いその他の管理

運営の基本的事項について，必要な教育委
員会規則を定めるものとする。この場合に
おいて，当該教育委員会規則で定めようと
する事項のうち，その実施のためには新た
に予算を伴うこととなるものについては，
教育委員会は，あらかじめ当該地方公共団
体の長に協議しなければならない。
② 　前項の場合において，教育委員会は，学
　校における教科書以外の教材の使用につい
　て，あらかじめ，教育委員会に届け出させ，
　又は教育委員会の承認を受けさせることと
　する定めを設けるものとする。
③ 　第23条第1項の条例の定めるところによ
　り同項第1号に掲げる事務を管理し，及び
　執行することとされた地方公共団体の長
　は，法令又は条例に違反しない限りにおい
　て，特定社会教育機関の施設，設備，組織
　編制その他の管理運営の基本的事項につい
　て，必要な地方公共団体の規則を定めるも
　のとする。この場合において，当該規則で
　定めようとする事項については，当該地方
　公共団体の長は，あらかじめ当該地方公共
　団体の教育委員会に協議しなければならな
　い。

（教育機関の職員の任命）
第34条　教育委員会の所管に属する学校その
　他の教育機関の校長，園長，教員，事務職
　員，技術職員その他の職員は，この法律に
　特別の定めがある場合を除き，教育委員会
　が任命する。

[地方教育行政の組織及び運営に関する法律 解説]

　図書館は，社会教育施設である。したがっ
て，社会教育を所管する教育委員会に管理権
限がある。このことを規定するのが，本法で
ある。
　図書館は社会教育法第9条の規定により，
社会教育のための施設とされている。これを
受けて，本法第33条によれば，教育委員会は，
その所管に属する学校その他の教育機関（教
育施設）の管理運営の基本的事項について必

要な教育委員会規則を定めるものとされてお
り，当該規定を根拠に「図書館利用規則」が
定められている。すなわち，「図書館利用規則」
は法律により直接与えられた規則制定権に基
づき制定されているものであって，住民が図
書館を利用する際のルールを定めている。
　この規則で住民が図書館を利用する際の制
約的事項（貸出冊数や貸出期間など）が規定
されているにも関わらず，当該規則は住民代

（p.59へ続く）

生涯学習の振興のための施策の推進体制等の整備に関する法律(抄)

（平成 2.6.29　法律第71号）
（改正　平成14.3.31　法律第15号）

（目的）
第1条　この法律は，国民が生涯にわたって学習する機会があまねく求められている状況にかんがみ，生涯学習の振興に資するための都道府県の事業に関しその推進体制の整備その他の必要な事項を定め，及び特定の地区において生涯学習に係る機会の総合的な提供を促進するための措置について定めるとともに，都道府県生涯学習審議会の事務について定める等の措置を講ずることにより，生涯学習の振興のための施策の推進体制及び地域における生涯学習に係る機会の整備を図り，もって生涯学習の振興に寄与することを目的とする。

（施策における配慮等）
第2条　国及び地方公共団体は，この法律に規定する生涯学習の振興のための施策を実施するに当たっては，学習に関する国民の自発的意思を尊重するよう配慮するとともに，職業能力の開発及び向上，社会福祉等に関し生涯学習に資するための別に講じられる施策と相まって，効果的にこれを行うよう努めるものとする。

（生涯学習の振興に資するための都道府県の事業）
第3条　都道府県の教育委員会は，生涯学習の振興に資するため，おおむね次の各号に掲げる事業について，これらを相互に連携させつつ推進するために必要な体制の整備を図りつつ，これらを一体的かつ効果的に実施するよう努めるものとする。

1　学校教育及び社会教育に係る学習（体育に係るものを含む。以下この項において「学習」という。）並びに文化活動の機会に関する情報を収集し，整理し，及び提供すること。

2　住民の学習に対する需要及び学習の成果の評価に関し，調査研究を行うこと。

3　地域の実情に即した学習の方法の開発を行うこと。

4　住民の学習に関する指導者及び助言者に対する研修を行うこと。

5　地域における学校教育，社会教育及び文化に関する機関及び団体に対し，これらの機関及び団体相互の連携に関し，照会及び相談に応じ，並びに助言その他の援助を行うこと。

6　前各号に掲げるもののほか，社会教育のための講座の開設その他の住民の学習の機会の提供に関し必要な事業を行うこと。

②　都道府県の教育委員会は，前項に規定する事業を行うに当たっては，社会教育関係団体その他の地域において生涯学習に資する事業を行う機関及び団体との連携に努めるものとする。

（都道府県の事業の推進体制の整備に関する基準）
第4条　文部科学大臣は，生涯学習の振興に資するため，都道府県の教育委員会が行う前条第1項に規定する体制の整備に関し望ましい基準を定めるものとする。

②　文部科学大臣は，前項の基準を定めようとするときは，あらかじめ，審議会等（国家行政組織法（昭和23年法律第120号）第8条に規定する機関をいう。以下同じ。）で政令で定めるものの意見を聴かなければならない。これを変更しようとするときも，同様とする。

（地域生涯学習振興基本構想）
第5条　都道府県は，当該都道府県内の特定の地区において，当該地区及びその周辺の相当程度広範囲の地域における住民の生涯学習の振興に資するため，社会教育に係る学習（体育に係るものを含む。）及び文化

活動その他の生涯学習に資する諸活動の多様な機会の総合的な提供を民間事業者の能力を活用しつつ行うことに関する基本的な構想（以下「基本構想」という。）を作成することができる。

② 基本構想においては，次に掲げる事項について定めるものとする。

1 前項に規定する多様な機会（以下「生涯学習に係る機会」という。）の総合的な提供の方針に関する事項

2 前項に規定する地区の区域に関する事項

3 総合的な提供を行うべき生涯学習に係る機会（民間事業者により提供されるものを含む。）の種類及び内容に関する基本的な事項

4 前号に規定する民間事業者に対する資金の融通の円滑化その他の前項に規定する地区において行われる生涯学習に係る機会の総合的な提供に必要な業務であって政令で定めるものを行う者及び当該業務の運営に関する事項

5 その他生涯学習に係る機会の総合的な提供に関する重要事項

③ 都道府県は，基本構想を作成しようとするときは，あらかじめ，関係市町村に協議しなければならない。

④ 都道府県は，基本構想を作成しようとするときは，前項の規定による協議を経た後，文部科学大臣及び経済産業大臣に協議することができる。

⑤ 文部科学大臣及び経済産業大臣は，前項の規定による協議を受けたときは，都道府県が作成しようとする基本構想が次の各号に該当するものであるかどうかについて判断するものとする。

1 当該基本構想に係る地区が，生涯学習に係る機会の提供の程度が著しく高い地域であって政令で定めるもの以外の地域のうち，交通条件及び社会的自然的条件からみて生涯学習に係る機会の総合的な提供を行うことが相当と認められる地区

であること。

2 当該基本構想に係る生涯学習に係る機会の総合的な提供が当該基本構想に係る地区及びその周辺の相当程度広範囲の地域における住民の生涯学習に係る機会に対する要請に適切にこたえるものであること。

3 その他文部科学大臣及び経済産業大臣が判断に当たっての基準として次条の規定により定める事項（以下「判断基準」という。）に適合するものであること。

⑥ 文部科学大臣及び経済産業大臣は，基本構想につき前項の判断をするに当たっては，あらかじめ，関係行政機関の長に協議するとともに，文部科学大臣にあっては前条第2項の政令で定める審議会等の意見を，経済産業大臣にあっては産業構造審議会の意見をそれぞれ聴くものとし，前項各号に該当するものであると判断するに至ったときは，速やかにその旨を当該都道府県に通知するものとする。

⑦ 都道府県は，基本構想を作成したときは，遅滞なく，これを公表しなければならない。

⑧ 第3項から前項までの規定は，基本構想の変更（文部科学省令，経済産業省令で定める軽微な変更を除く。）について準用する。

（判断基準）

第6条 判断基準においては，次に掲げる事項を定めるものとする。

1 生涯学習に係る機会の総合的な提供に関する基本的な事項

2 前条第一項に規定する地区の設定に関する基本的な事項

3 総合的な提供を行うべき生涯学習に係る機会（民間事業者により提供されるものを含む。）の種類及び内容に関する基本的な事項

4 生涯学習に係る機会の総合的な提供に必要な事業に関する基本的な事項

5 生涯学習に係る機会の総合的な提供に際し配慮すべき重要事項

② 文部科学大臣及び経済産業大臣は，判断

基準を定めるに当たっては，あらかじめ，総務大臣その他関係行政機関の長に協議するとともに，文部科学大臣にあっては第4条第2項の政令で定める審議会等の意見を，経済産業大臣にあっては産業構造審議会の意見をそれぞれ聴かなければならない。

③ 文部科学大臣及び経済産業大臣は，判断基準を定めたときは，遅滞なく，これを公表しなければならない。

④ 前2項の規定は，判断基準の変更について準用する。

（市町村の連携協力体制）

第11条 市町村（特別区を含む。）は，生涯学習の振興に資するため，関係機関及び関係団体等との連携協力体制の整備に努めるものとする。

p.56［地域教育行政の組織及び運営に関する法律 解説］の続き————

表によって構成されている地方議会を経由していない。しかしこの場合，前述のように「図書館利用規則」は，規則制定権に基づいているため，地方自治法第14条第2項（住民の権利を制限し義務を課する場合には条例をもって規定しなければならない）の例外として，住民を拘束する法的効力を有するものである。このことを明定しているものとして，本法は図書館にとって重要な法律である。

なお，図書館や公民館などの社会教育施設に指定管理者制度を導入する動きが認められるが，同制度の導入にあたってこの法律は一切改正されていない。そのため，この法律の規定が無視ないし軽視されている実態がある。社会教育施設をめぐる法状況に変更がない以上，あえてこれらに指定管理者制度を導入するのであれば，教育委員会は，同制度とこの法律の整合性について住民に対し説明する必要があろう。

また，いわゆる「第9次分権一括法」の成立によって，各地方公共団体の条例に定めるところにより，社会教育施設を教育委員会から長部局に移管することが可能となった。これに伴い，移管に係る施設の管理運営に関する基本的事項についての規則制定権及び職員任命権も地方公共団体の長が所掌することとなり，これらの施設に関する全面的な管理運営権が長に移ることとなる。

その結果，教育委員会の重要な所掌事務であった社会教育が教育委員会の所管に属さない事態が生じ，教育に関する事業を政治的に中立である教育委員会に分任させるとする地方自治法が定めている執行機関多元主義の趣旨に沿うものかどうかの疑念が残る。加えて，社会教育施設の一部が教育委員会の所管に残る場合を除き，図書館，博物館及び公民館が長部局に移管された場合には，教育委員会は事実上「学校教育・文化財保護委員会」に組織の姿を変えることとなる。

［生涯学習の振興のための施策の推進体制等の整備に関する法律 解説］————

生涯学習は，国民が変遷著しい社会にあって，自己の充実・啓発や生活向上を求めて，自発的意思に基づき行う学習活動である。生涯学習は，教育基本法の全面改正に際しても取り入れられた概念であり，国及び地方公共団体は，生涯学習のための体制整備を行うべき責務があるとされている。この法律は，主として都道府県に生涯学習の振興に資する事業の実施と基本構想の策定を求めている。そして，国に対してはその体制整備に係る基準等を定め，市町村には関係機関との連携協力体制の整備を求めている。

ところで中央教育審議会は2018年12月に，博物館や美術館などの社会教育施設の一部を首長部局に移管することを可能とする内容を答申した。地域の実情に応じて博物館や美術館を首長部局に移管させ，社会教育施設の事業を観光振興や地域振興，まちづくりなどに

（p.61へ続く）

障害を理由とする差別の解消の推進に関する法律(抄)

（平成25.6.26　法律第65号）

第1章　総則

（目的）

第1条　この法律は，障害者基本法（昭和45年法律第84号）の基本的な理念にのっとり，全ての障害者が，障害者でない者と等しく，基本的人権を享有する個人としてその尊厳が重んぜられ，その尊厳にふさわしい生活を保障される権利を有することを踏まえ，障害を理由とする差別の解消の推進に関する基本的な事項，行政機関等及び事業者における障害を理由とする差別を解消するための措置等を定めることにより，障害を理由とする差別の解消を推進し，もって全ての国民が，障害の有無によって分け隔てられることなく，相互に人格と個性を尊重し合いながら共生する社会の実現に資することを目的とする。

（定義）

第2条　この法律において，次の各号に掲げる用語の意義は，それぞれ当該各号に定めるところによる。

　1　障害者　身体障害，知的障害，精神障害（発達障害を含む。）その他の心身の機能の障害（以下「障害」と総称する。）がある者であって，障害及び社会的障壁により継続的に日常生活又は社会生活に相当な制限を受ける状態にあるものをいう。

　2　社会的障壁　障害がある者にとって日常生活又は社会生活を営む上で障壁となるような社会における事物，制度，慣行，観念その他一切のものをいう。

（国及び地方公共団体の責務）

第3条　国及び地方公共団体は，この法律の趣旨にのっとり，障害を理由とする差別の解消の推進に関して必要な施策を策定し，及びこれを実施しなければならない。

（国民の責務）

第4条　国民は，第一条に規定する社会を実現する上で障害を理由とする差別の解消が重要であることに鑑み，障害を理由とする差別の解消の推進に寄与するよう努めなければならない。

（社会的障壁の除去の実施についての必要かつ合理的な配慮に関する環境の整備）

第5条　行政機関等及び事業者は，社会的障壁の除去の実施についての必要かつ合理的な配慮を的確に行うため，自ら設置する施設の構造の改善及び設備の整備，関係職員に対する研修その他の必要な環境の整備に努めなければならない。

第3章　行政機関等及び事業者における障害を理由とする差別を解消するための措置

（地方公共団体等職員対応要領）

第10条　地方公共団体の機関及び地方独立行政法人は，基本方針に即して，第七条に規定する事項に関し，当該地方公共団体の機関及び地方独立行政法人の職員が適切に対応するために必要な要領（以下この条及び附則第4条において「地方公共団体等職員対応要領」という。）を定めるよう努めるものとする。

②　地方公共団体の機関及び地方独立行政法人は，地方公共団体等職員対応要領を定めようとするときは，あらかじめ，障害者その他の関係者の意見を反映させるために必要な措置を講ずるよう努めなければならない。

③　地方公共団体の機関及び地方独立行政法人は，地方公共団体等職員対応要領を定めたときは，遅滞なく，これを公表するよう努めなければならない。

附　則　（抄）

（施行期日）

第1条　この法律は，平成28年4月1日から施行する。ただし，次条から附則第6条までの規定は，公布の日から施行する。

p.59 [生涯学習の振興のための施策の推進体制等の整備に関する法律 解説] の続き────

活用しようとするものであるが，これらの施設は生涯学習においても一定の役割を演じてきたものであり，生涯学習の振興の観点から

こうした首長部局主導の政策選択が適切かどうかも問われるべきこととなろう。

[障害を理由とする差別の解消の推進に関する法律 解説]────

　この法律は，第1条の目的規定が示すように，障害を理由とする差別の解消に関する基本的な事項や，国の行政機関，地方公共団体，民間事業者などが障害を理由とする差別を解消するための措置等を定めることで，全ての国民が障害の有無によって分け隔てられることなく，相互に人格と個性を尊重し合いながら共生する社会の実現を目的とするものである。この目的を達成するため，同法は地方公共団体等に対して職員対応要領の作成等の一定の措置を求めている（第10条第1項）。

　国の基本方針によれば，障害を理由とする差別とは「障害を理由として，財・サービスや各種機会の提供を拒否する又は提供に当たって場所などを制限する，障害のない者に対しては付さない条件を付するなど障害者と障害のない者の間での異なる取り扱いにより，障害者の権利利益を侵害すること」をいい，合理的配慮とは，「障害者が他の者との平等を基礎として全ての人権及び基本的自由を享有し，又は行使することを確保するための必要かつ適当な変更又は調整であって，特定の場合において必要とされるものであり，かつ，均衡を失した又は過度の負担を課さないもの」をいう。また，社会的障壁とは，障害者基本法第2条によれば，「障害がある者にとって日常生活又は社会生活を営むうえで障壁となるような社会における事物，制度，慣行，観念その他一切のものをいう」とされている。

　公立図書館が地方公共団体の設置する施設である以上，図書館の管理運営についても，上記の義務を負うこととなる。より具体的には，障害者が障害を有しない者と同様に図書館を利用できるように，図書館にその障壁となる事実（施設的にも，図書館資料の内容について も）があればその解消に努めなければならない義務を負うこととなる。この結果，障害者の需要に応じた様々な措置（例：点字本の配備・対面朗読室の整備・手話通訳者の配置・車椅子の支障とならないような施設の整備等）を講じなければならない状況が生ずるものと思われる。

　しかし，特に，施設の構造の改善及び設備の整備，関係職員に対する研修その他の必要な環境の整備は努力義務にとどまるものであり，その実施が加重な負担を伴う場合には，その義務は，必ずしも完全な履行を求められるものではない。

　また，これが努力義務にとどまる以上，障害者に社会的障壁の除去について個別的・具体的な措置請求権を認めるものではなく，地方公共団体等の政策の裁量の中で，具体的な社会的障壁の除去に努めるよう求めたものと解される。したがって，地方公共団体は障害者から社会的障壁の除去を求める意思表示があった場合に，当該意思表示に個別に拘束されずに総合的な施策立案の視点から社会的障壁の除去に係る措置を講ずることは許されると解する。

　いずれにしても，本法は，障害者権利条約の思想的延長線上にあるのであって，障害者の実質的平等を保障しようというものである。地方公共団体は，障害者に対する差別の解消のために，具体的な措置が求められるものであって，人事的・財政的困難を理由に何もしないという選択は，本法の趣旨を没却するものとして許されないと考える。

　同法は，平成28年4月1日から施行されており，公立図書館による対応は，喫緊の課題となっている。

Ⅱ 図書館に関する宣言・綱領など

ユネスコ公共図書館宣言 1994年（1994.11）（訳文）
　UNESCO Public Library Manifesto 1994（同上原文）
ユネスコ・国際図書館連盟共同学校図書館宣言（1999.11.26）
図書館の権利宣言（1996.1.23 改正）（訳文）
　Library Bill of Rights（同上原文）
図書館学の五法則（訳文）
　The Five Laws of Library Science（同上原文）
図書館の自由に関する宣言（1979 改訂）
図書館員の倫理綱領（1980.6.4）
図書館の設置及び運営上の望ましい基準（2012.12.19）

[解説]

　『ユネスコ公共図書館宣言』は，公共図書館の在り方を端的に示したものである。要望も多いことから，原文を添えた。また，『図書館の権利宣言』および，ランガナータンの『図書館学の五法則』にも訳文と共に原文を掲載することにした。大学生には，原文から起草者の意図を理解していただきたいと思ったからである。

　わが国の『図書館の自由に関する宣言』および『図書館員の倫理綱領』は図書館員のための基本的文書として掲載した。

ユネスコ公共図書館宣言 1994年
UNESCO Public Library Manifesto 1994
(1994年11月採択)

　社会と個人の自由，繁栄および発展は人間にとっての基本的価値である。このことは，十分に情報を得ている市民が，その民主的権利を行使し，社会において積極的な役割を果たす能力によって，はじめて達成される。建設的に参加して民主主義を発展させることは，十分な教育が受けられ，知識，思想，文化および情報に自由かつ無制限に接し得ることにかかっている。

　地域において知識を得る窓口である公共図書館は，個人および社会集団の生涯学習，独自の意思決定および文化的発展のための基本的条件を提供する。

　この宣言は，公共図書館が教育，文化，情報の活力であり，男女の心の中に平和と精神的な幸福を育成するための必須の機関である，というユネスコの信念を表明するものである。

　したがって，ユネスコは国および地方の政府が公共図書館の発展を支援し，かつ積極的に関与することを奨励する。

公 共 図 書 館

　公共図書館は，その利用者があらゆる種類の知識と情報をたやすく入手できるようにする，地域の情報センターである。

　公共図書館のサービスは，年齢，人種，性別，宗教，国籍，言語，あるいは社会的身分を問わず，すべての人が平等に利用できるという原則に基づいて提供される。理由は何であれ，通常のサービスや資料の利用ができない人々，たとえば言語上の少数グループ(マイノリティ)，障害者，あるいは入院患者や受刑者に対しては，特別なサービスと資料が提供されなければならない。

　いかなる年齢層の人々もその要求に応じた資料を見つけ出せなければならない。蔵書とサービスには，伝統的な資料とともに，あらゆる種類の適切なメディアと現代技術が含まれていなければならない。質の高い，地域の要求や状況に対応できるものであることが基本的要件である。資料には，人間の努力と想像の記憶とともに，現今の傾向や社会の進展が反映されていなければならない。

　蔵書およびサービスは，いかなる種類の思想的，政治的，あるいは宗教的な検閲にも，また商業的な圧力にも屈してはならない。

公共図書館の使命

　情報，識字，教育および文化に関連した以下の基本的使命を公共図書館サービスの核にしなければならない。

1　幼い時期から子供たちの読書習慣を育成し，それを強化する。
2　あらゆる段階での正規の教育とともに，個人的および自主的な教育を支援する。
3　個人の創造的な発展のための機会を提供する。

64 | Ⅱ 図書館に関する宣言・綱領など

4 青少年の想像力と創造性に刺激を与える。

5 文化遺産の認識，芸術，科学的な業績や革新についての理解を促進する。

6 あらゆる公演芸術の文化的表現に接しうるようにする。

7 異文化間の交流を助長し，多様な文化が存立できるようにする。

8 口述による伝承を援助する。

9 市民がいかなる種類の地域情報をも入手できるようにする。

10 地域の企業，協会および利益団体に対して適切な情報サービスを行う。

11 容易に情報を検索し，コンピュータを駆使できるような技能の発達を促す。

12 あらゆる年齢層の人々のための識字活動とその計画を援助し，かつ，それに参加し，必要があれば，こうした活動を発足させる。

財政，法令，ネットワーク

* 公共図書館は原則として無料とし，地方および国の行政機関が責任を持つものとする。それは特定の法令によって維持され，国および地方自治体により経費が調達されなければならない。公共図書館は，文化，情報提供，識字および教育のためのいかなる長期政策においても，主要な構成要素でなければならない。

* 図書館の全国的な調整および協力を確実にするため，合意された基準に基づく全国的な図書館ネットワークが，法令および政策によって規定され，かつ推進されなければならない。

* 公共図書館ネットワークは，学校図書館や大学図書館だけでなく，国立図書館，地域の図書館，学術研究図書館および専門図書館とも関連して計画されなければならない。

運 営 と 管 理

* 地域社会の要求に対応して，目標，優先順位およびサービス内容を定めた明確な方針が策定されなければならない。公共図書館は効果的に組織され，専門的な基準によって運営されなければならない。

* 関連のある協力者，たとえば利用者グループおよびその他の専門職との地方，地域，全国および国際的な段階での協力が確保されなければならない。

* 地域社会のすべての人々がサービスを実際に利用できなければならない。それには適切な場所につくられた図書館の建物，読書および勉学のための良好な施設とともに，相応な技術の駆使と利用者に都合のよい十分な開館時間の設定が必要である。同様に図書館に来られない利用者に対するアウトリーチ・サービスも必要である。

* 図書館サービスは，農村や都会地といった異なる地域社会の要求に対応させなければならない。

* 図書館員は利用者と資料源との積極的な仲介者である。適切なサービスを確実に行うために，図書館員の専門教育と継続教育は欠くことができない。

* 利用者がすべての資料源から利益を得ることができるように，アウトリーチおよび利用者教育の計画が実施されなければならない。

宣言の履行

　国および地方自治体の政策決定者，ならびに全世界の図書館界が，この宣言に表明された諸原則を履行することを，ここに強く要請する。

　この宣言は，国際図書館連盟（IFLA）の協力のもとに起草された。

（長倉美恵子・日本図書館協会国際交流委員会　訳）

「ユネスコ公共図書館宣言 1994年」『図書館法規基準総覧』第二版，日本図書館協会編，武田英治・山本順一編集責任，日本図書館協会，2002，p.1681-1683.

[解説]────────

　ユネスコは1949年に，世界の国々に公共図書館が普及し，その意義がより良く理解されるように公共図書館の目的に関する宣言を発表した。その後，社会で起きたさまざまな変化や進展を取り入れて1972年に第1回目の改訂がなされた。また，コンピュータや衛星通信の発展などにより情報化社会へと社会はさ

らに大きく変化してきた。図書館界への影響も多大であり，今回（1994年11月採択）の改訂となったものである。「公共図書館は，……地域の情報センターである。」と，本宣言の最初に述べられているのを見ても，改訂の根拠が理解されるであろう。

UNESCO Public Library Manifesto 1994
(ユネスコ公共図書館宣言 1994年 原文)

Freedom, prosperity and the development of society and of individuals are fundamental human values. They will only be attained through the ability of well-informed citizens to exercise their democratic rights and to play an active role in society. Constructive participation and the development of democracy depend on satisfactory education as well as on free and unlimited access to knowledge, thought, culture and information.

The public library, the local gateway to knowledge, provides a basic condition for lifelong learning, independent decision-making and cultural development of the individual and social groups.

This Manifesto proclaims UNESCO's belief in the public library as a living force for education, culture and information, and as an essential agent for the fostering of peace and spiritual welfare through the minds of men and women.

UNESCO therefore encourages national and local governments to support and actively engage in the development of public libraries.

The Public Library

The public library is the local centre of information, making all kinds of knowledge and information readily available to its users.

The services of the public library are provided on the basis of equality of access for all, regardless of age, race, sex, religion, nationality, language or social status. Specific services and materials must be provided for those users who cannot, for whatever reason, use the regular services and materials, for example, linguistic minorities, people with disabilities or people in hospital or prison.

All age groups must find material relevant to their needs. Collections and services have to include all types of appropriate media and modern technologies as well as traditional materials. High quality and relevance to local needs and conditions are fundamental.

Material must reflect current trends and the evolution of society, as well as the memory of human endeavour and imagination.

Collections and services should not be subject to any form of ideological, political or religious censorship, nor commercial pressures.

Missions of the Public Library

The following key missions which relate to information, literacy, education and culture should be at the core of public library services:

1　Creating and strengthening reading habits in children from an early age;
2　Supporting both individual and self-conducted education as well as formal education at all levels;
3　Providing opportunities for personal, creative development;
4　Stimulating the imagination and creativity of children and young people;
5　Promoting awareness of cultural heritage, appreciation of the arts, scientific achievements and innovations;
6　Providing access to cultural expressions of all performing arts;
7　Fostering inter-cultural dialogue and favouring cultural diversity;
8　Supporting the oral tradition;
9　Ensuring access for citizens to all sorts of community information;
10　Providing adequate information services to local enterprises, associations and interest groups;
11　Facilitating the development of information and computer literacy skills;
12　Supporting and participating in literacy activities and programmes for all age groups, and initiating such activities if necessary.

Funding, Legislation and Networks

*　The public library shall in principle be free of charge. The public library is the responsibility of local and national authorities. It must be supported by specific legislation and financed by national and local governments. It has to be an essential component of any long-term strategy for culture, information provision, literacy and education.

68 | Ⅱ 図書館に関する宣言・綱領など

* To ensure nationwide library co-ordination and co-operation, legislation and strategic plans must also define and promote a national library network based on agreed standards of service.

* The public library network must be designed in relation to national, regional, research and special libraries as well as libraries in schools, colleges and universities.

Operation and Management

* A clear policy must be formulated, defining objectives, priorities and services in relation to the local community needs. The public library has to be organised effectively and professional standards of operation must be maintained.

* Co-operation with relevant partners - for example, user groups and other professionals at local, regional, national as well as international level - has to be ensured.

* Services have to be physically accessible to all members of the community. This requires well situated library buildings, good reading and study facilities, as well as relevant technologies and sufficient opening hours convenient to the users. It equally implies outreach services for those unable to visit the library.

* The library services must be adapted to the different needs of communities in rural and urban areas.

* The librarian is an active intermediary between users and resources. Professional and continuing education of the librarian is indispensable to ensure adequate services.

* Outreach and user education programmes have to be provided to help users benefit from all the resources.

Implementing the Manifesto

Decision makers at national and local levels and the library community at large, around the world, are hereby urged to implement the principles expressed in this Manifesto.

Prepared in co-operation with IFLA   November 1994

ユネスコ・国際図書館連盟共同学校図書館宣言
IFLA/UNESCO School Library Manifesto
（1999.11.26　第30回ユネスコ総会において採択）

　学校図書館は，今日の情報や知識を基盤とする社会に相応しく生きていくために基本的な情報とアイデアを提供する。学校図書館は，児童生徒が責任ある市民として生活できるように，生涯学習の技能を育成し，また，想像力を培う。

学校図書館の使命

　学校図書館は，情報がどのような形態あるいは媒体であろうと，学校構成員全員が情報を批判的にとらえ，効果的に利用できるように学習のためのサービス，図書，情報資源を提供する。学校図書館は，ユネスコ公共図書館宣言と同様の趣旨に沿い，より広範な図書館・情報ネットワークと連携する。

　図書館職員は，小説からドキュメンタリーまで，印刷資料から電子資料まで，あるいはその場でも遠くからでも，幅広い範囲の図書やその他の情報源を利用することを支援する。資料は，教科書や教材，教育方法を補完し，より充実させる。

　図書館職員と教師が協力する場合に，児童生徒の識字，読書，学習，問題解決，情報およびコミュニケーション技術の各技能レベルが向上することが実証されている。

　学校図書館サービスは，年齢，人種，性別，宗教，国籍，言語，職業あるいは社会的身分にかかわらず，学校構成員全員に平等に提供されなければならない。通常の図書館サービスや資料の利用ができない人々に対しては，特別のサービスや資料が用意されなければならない。

　学校図書館のサービスや蔵書の利用は，国際連合世界人権宣言*に基づくものであり，いかなる種類の思想的，政治的，あるいは宗教的な検閲にも，また商業的な圧力にも屈してはならない。

財政，法令，ネットワーク

　学校図書館は，識字，教育，情報提供，経済，社会そして文化の発展についてのあらゆる長期政策にとって基本的なものである。地方，地域，国の行政機関の責任として，学校図書館は特定の法令あるいは施策によって維持されなければならない。学校図書館には，訓練された職員，資料，各種技術および設備のための経費が十分かつ継続的に調達されなければならない。それは無料でなければならない。

　学校図書館は，地方，地域および全国的な図書館・情報ネットワークを構成する重要な一員である。

　学校図書館が，例えば公共図書館のような他館種図書館と設備や資料等を共有する場合には，学校図書館独自の目的が認められ，主張されなければならない。

学校図書館の目標

　学校図書館は教育の過程にとって不可欠なものである。

　以下に述べることは，識字，情報リテラシー，指導，学習および文化の発展にとって基本的なことであり，学校図書館サービスの核となるものである。

- 学校の使命およびカリキュラムとして示された教育目標を支援し，かつ増進する。
- 子ども達に読書の習慣と楽しみ，学習の習慣と楽しみ，そして生涯を通じての図書館利用を促進させ，継続させるようにする。
- 知識，理解，想像，楽しみを得るために情報を利用し，かつ創造する体験の機会を提供する。

70 | II 図書館に関する宣言・綱領など

- 情報の形式，形態，媒体が，地域社会に適合したコミュニケーションの方法を含めどのようなものであっても，すべての児童生徒が情報の活用と評価の技能を学び，練習することを支援する。
- 地方，地域，全国，全世界からの情報入手と，さまざまなアイデア，経験，見解に接して学習する機会を提供する。
- 文化的社会的な関心を喚起し，それらの感性を錬磨する活動を計画する。
- 学校の使命を達成するために，児童生徒，教師，管理者，および両親と協力する。
- 知的自由の理念を謳い，情報を入手できることが，民主主義を具現し，責任ある有能な市民となるためには不可欠である。
- 学校内全体および学校外においても，読書を奨励し，学校図書館の資源やサービスを増強する。

　以上の機能を果たすために，学校図書館は方針とサービスを樹立し，資料を選択・収集し，適切な情報源を利用するための設備と技術を整備し，教育的環境を整え，訓練された職員を配置する。

職　　員

　学校図書館員は，可能なかぎり十分な職員配置に支えられ，学校構成員全員と協力し，公共図書館その他と連携して，学校図書館の計画立案や経営に責任がある専門的資格をもつ職員である。

　学校図書館員の役割は，国の法的，財政的な条件の下での予算や，各学校のカリキュラム，教育方法によってさまざまである。状況は異なっても，学校図書館員が効果的な学校図書館サービスを展開するのに必要とされる共通の知識領域は，情報資源，図書館，情報管理，および情報教育である。

　増大するネットワーク環境において，教師と児童生徒の両者に対し，学校図書館員は多様な情報処理の技能を計画し指導ができる能力をもたなければならない。したがって，学校図書館員の専門的な継続教育と専門性の向上が必要とされる。

運 営 と 管 理

　効果的で責任のもてる運営を確実にするためには，
- 学校図書館サービスの方針は，各学校のカリキュラムに関連させて，その目標，重点，サービス内容が明らかになるように策定されなければならない。
- 学校図書館は専門的基準に準拠して組織され，維持されなければならない。
- サービスは学校構成員全員が利用でき，地域社会の条件に対応して運営されなければならない。
- 教師，学校管理者幹部，行政官，両親，他館種の図書館員，情報専門家，ならびに地域社会の諸団体との協力が促進されなければならない。

宣 言 の 履 行

　政府は教育に責任をもつ省庁を通じ，この宣言の諸原則を履行する政策，方針，計画を緊急に推進すべきである。図書館員と教師の養成および継続教育において，この宣言の周知を図る諸計画が立てられなければならない。

（長倉美恵子・堀川照代　共訳）

「ユネスコ学校図書館宣言」『図書館法規基準総覧』第二版，日本図書館協会編，武田英治・山本順一編集責任，日本図書館協会，2002，p.1683-1685.

＊英文には「the United Nations Universal Declaration of Human Rights and Freedoms」と記されている。

図書館の権利宣言
Library Bill of Rights
(1948.6.18　アメリカ図書館協会採択)
(1996.1.23　改正)

　アメリカ図書館協会は，すべての図書館が情報と思想のひろばであり，以下の基本方針が，図書館サービスの指針となるべきであるということを確認する。

I. 図書およびその他の図書館資源は，その図書館が奉仕する社会のすべての人びとの関心，情報および啓発に役立つように提供されるべきである。資料は，その創造にかかわった人たちの出身，経歴あるいはその見解を理由として排除されてはならない。

II. 図書館は，今日および歴史上の諸問題について，さまざまの観点にたつ，すべての資料および情報を提供すべきである。資料は，党派あるいは主義の上から賛成できないという理由で，締め出され，または取り除かれることがあってはならない。

III. 図書館は，情報を提供し啓発するという図書館の責任を達成するために，検閲を拒否すべきである。

IV. 図書館は，表現の自由および思想の自由の抑圧に抵抗することにかかわるすべての人びと，団体と協力すべきである。

V. 図書館の利用に関する個人の権利は，その人の出身，年齢，経歴あるいは見解によって拒否され，または制限されることがあってはならない。

VI. 展示スペースおよび集会室を，一般の利用に供している図書館は，それらの利用を求める個人または団体の信条，所属関係にかかわりなく，公平な基準で施設を利用に供すべきである。

（日本図書館協会図書館の自由に関する調査委員会　訳）

「〔ALA〕図書館の権利宣言」『図書館法規基準総覧』第二版，日本図書館協会編，武田英治・山本順一編集責任，日本図書館協会，2002，p.1709.

[解説]

　Library Bill of Rights は，アメリカ図書館協会（ALA）が，1939年に図書館利用者の知的自由を守るための基本方針として採択した宣言で，その後，1944年，1948年，1961年，1967年，1980年に改訂されてきた。2019年2月の改訂では，「VII. 全ての人々は，出身・年齢・経歴・見解を問わず，自身の図書館利用におけるプライバシーと機密性保持の権利を有する。図書館は，人々のプライバシーについて擁護・教育・保護し，個人を特定できる

（p.72へ続く）

Library Bill of Rights

(図書館の権利宣言　原文)

The American Library Association affirms that all libraries are forums for information and ideas, and that the following basic policies should guide their services.

I . Books and other library resources should be provided for the interest, information, and enlightenment of all people of the community the library serves. Materials should not be excluded because of the origin, background, or views of those contributing to their creation.

II . Libraries should provide materials and information presenting all points of view on current and historical issues. Materials should not be proscribed or removed because of partisan or doctrinal disapproval.

III . Libraries should challenge censorship in the fulfillment of their responsibility to provide information and enlightenment.

IV . Libraries should cooperate with all persons and groups concerned with resisting abridgment of free expression and free access to ideas.

V . A person's right to use a library should not be denied or abridged because of origin, age, background, or views.

VI . Libraries which make exhibit spaces and meeting rooms available to the public they serve should make such facilities available on an equitable basis, regardless of the beliefs or affiliations of individuals or groups requesting their use.

Adopted June 19, 1939, by the ALA Council; amended October 14, 1944; June 18, 1948; February 2, 1961; June 27, 1967; January 23, 1980; inclusion of "age" reaffirmed January 23, 1996.

p.71 [図書館の権利宣言 解説] の続き

情報を含む全ての図書館利用データを保護しなくてはならない。」が追加された（翻訳は次の文献による。米国図書館協会（ALA）,「図書館の権利宣言」（Library Bill of Rights）を改定：利用者のプライバシーと機密性保持に関する条項を追加. カレントアウェアネス・ポータル. 2019-02-12. https://current.ndl.go.jp/node/37561,（参照2019-12-12).）。「図書館憲章」という訳語もある。

図書館学の五法則

（S. R. ランガナータン）

第1法則　図書は利用するためのものである

第2法則　いずれの読者にもすべて，その人の図書を

第3法則　いずれの図書にもすべて，その読者を

第4法則　図書館利用者の時間を節約せよ

第5法則　図書館は成長する有機体である

S. R. ランガナタン著，森耕一監訳『図書館学の五法則』
日本図書館協会 1981.

The Five Laws of Library Science

（S. R. Ranganathan）

The First Law　　　　Books are for use.

The Second Law　　　Every person his or her book.

The Third Law　　　　Every book its reader.

The Fourth Law　　　Save the time of the reader.

The Fifth Law　　　　A library is a growing organism.

Ranganathan, S. R. *The Five Laws of Library Science*. 2nd
ed., Madras Library Association, 1957.

S. R. ランガナータン（Shiyali Ramamrita Ranganathan, 1892-1972, インド）→p.129

[解説]

　『図書館学の五法則』はランガナータンが1931年に出版した著書である。その中で，図書館の基本的目標を5カ条の法則として簡潔な言葉で言い表わした。1957年に第2版が出版された。

　なお，第2法則は第1法則を受けて "Books are for all." と表現されたのち，これを明確に説明した表現として "Every person his or her book." が用いられている。同書での扱い，および後者を用いる文献が多いことから，本書も上述のとおりとした。

図書館の自由に関する宣言

$\begin{pmatrix} 1954年 & 全国図書館大会採択 \\ 1979年 & 日本図書館協会総会改訂 \end{pmatrix}$

図書館は，基本的人権のひとつとして知る自由をもつ国民に，資料と施設を提供することを，もっとも重要な任務とする。

1　日本国憲法は主権が国民に存するとの原理にもとづいており，この国民主権の原理を維持し発展させるためには，国民ひとりひとりが思想・意見を自由に発表し交換すること，すなわち表現の自由の保護が不可欠である。

　　知る自由は，表現の送り手に対して保障されるべき自由と表裏一体をなすものであり，知る自由の保障があってこそ表現の自由は成立する。

　　知る自由は，また，思想・良心の自由をはじめとして，いっさいの基本的人権と密接にかかわり，それらの保障を実現するための基礎的な要件である。それは，憲法が示すように，国民の不断の努力によって保持されなければならない。

2　すべての国民は，いつでもその必要とする資料を入手し利用する権利を有する。この権利を社会的に保障することは，すなわち知る自由を保障することである。図書館は，まさにこのことに責任を負う機関である。

3　図書館は，権力の介入または社会的圧力に左右されることなく，自らの責任にもとづき，図書館間の相互協力をふくむ図書館の総力をあげて，収集した資料と整備された施設を国民の利用に供するものである。

4　わが国においては，図書館が国民の知る自由を保障するのではなく，国民に対する「思想善導」の機関として，国民の知る自由を妨げる役割さえ果たした歴史的事実があることを忘れてはならない。図書館は，この反省の上に，国民の知る自由を守り，ひろげていく責任を果たすことが必要である。

5　すべての国民は，図書館利用に公平な権利をもっており，人種，信条，性別，年齢やそのおかれている条件等によっていかなる差別もあってはならない。

　　外国人にも，その権利は保障される。

6　ここに掲げる「図書館の自由」に関する原則は，国民の知る自由を保障するためであって，すべての図書館に基本的に妥当するものである。

この任務を果たすため，図書館は次のことを確認し実践する。

第1　図書館は資料収集の自由を有する。

1　図書館は，国民の知る自由を保障する機関として，国民のあらゆる資料要求にこたえなければならない。

2　図書館は，自らの責任において作成した収集方針にもとづき資料の選択および収集を行う。その際，

　(1)　多様な，対立する意見のある問題については，それぞれの観点に立つ資料を幅広く収集する。

　(2)　著者の思想的，宗教的，党派的立場にとらわれて，その著作を排除することはしない。

　(3)　図書館員の個人的な関心や好みによって選択をしない。

(4) 個人・組織・団体からの圧力や干渉によって収集の自由を放棄したり，紛糾をおそれて自己規制したりはしない。

(5) 寄贈資料の受入れにあたっても同様である。

　図書館の収集した資料がどのような思想や主張をもっていようとも，それを図書館および図書館員が支持することを意味するものではない。

3　図書館は，成文化された収集方針を公開して，広く社会からの批判と協力を得るようにつとめる。

第2　図書館は資料提供の自由を有する。

1　国民の知る自由を保障するため，すべての図書館資料は，原則として国民の自由な利用に供されるべきである。

　図書館は，正当な理由がないかぎり，ある種の資料を特別扱いしたり，資料の内容に手を加えたり，書架から撤去したり，廃棄したりはしない。

　提供の自由は，次の場合にかぎって制限されることがある。これらの制限は，極力限定して適用し，時期を経て再検討されるべきものである。

(1) 人権またはプライバシーを侵害するもの。

(2) わいせつ出版物であるとの判決が確定したもの。

(3) 寄贈または寄託資料のうち，寄贈者または寄託者が公開を否とする非公刊資料。

2　図書館は，将来にわたる利用に備えるため，資料を保存する責任を負う。図書館の保存する資料は，一時的な社会的要請，個人・組織・団体からの圧力や干渉によって廃棄されることはない。

3　図書館の集会室等は，国民の自主的な学習や創造を援助するために，身近にいつでも利用できる豊富な資料が組織されている場にあるという特徴をもっている。

　図書館は，集会室等の施設を，営利を目的とする場合を除いて，個人，団体を問わず公平な利用に供する。

4　図書館の企画する集会や行事等が，個人・組織・団体からの圧力や干渉によってゆがめられてはならない。

第3　図書館は利用者の秘密を守る。

1　読者が何を読むかはその人のプライバシーに属することであり，図書館は，利用者の読書事実を外部に漏らさない。ただし，憲法第35条にもとづく令状を確認した場合は例外とする。

2　図書館は，読書記録以外の図書館の利用事実に関しても，利用者のプライバシーを侵さない。

3　利用者の読書事実，利用事実は，図書館が業務上知り得た秘密であって，図書館活動に従事するすべての人びとは，この秘密を守らなければならない。

第4　図書館はすべての検閲に反対する。

1　検閲は，権力が国民の思想・言論の自由を抑圧する手段として常用してきたものであって，国民の知る自由を基盤とする民主主義とは相容れない。

　検閲が，図書館における資料収集を事前に制約し，さらに，収集した資料の書架からの撤去，廃棄に及ぶことは，内外の苦渋にみちた歴史と経験により明らかである。

　したがって，図書館はすべての検閲に反対する。

2　検閲と同様の結果をもたらすものとして，個人・組織・団体からの圧力や干渉がある。図書館は，これらの思想・言論の抑圧に対しても反対する。

3　それらの抑圧は，図書館における自己規制を生みやすい。しかし図書館は，そうした自己規制におちいることなく，国民の知る自由を守る。

図書館の自由が侵されるとき，われわれは団結して，あくまで自由を守る。

1　図書館の自由の状況は，一国の民主主義の進展をはかる重要な指標である。図書館の自由が侵されようとするとき，われわれ図書館にかかわるものは，その侵害を排除する行動を起こす。このためには，図書館の民主的な運営と図書館員の連帯の強化を欠かすことができない。

2　図書館の自由を守る行動は，自由と人権を守る国民のたたかいの一環である。われわれは，図書館の自由を守ることで共通の立場に立つ団体・機関・人びとと提携して，図書館の自由を守りぬく責任をもつ。

3　図書館の自由に対する国民の支持と協力は，国民が，図書館活動を通じて図書館の自由の尊さを体験している場合にのみ得られる。われわれは，図書館の自由を守る努力を不断に続けるものである。

4　図書館の自由を守る行動において，これにかかわった図書館員が不利益をうけることがあってはならない。これを未然に防止し，万一そのような事態が生じた場合にその救済につとめることは，日本図書館協会の重要な責務である。

「図書館の自由に関する宣言 1979年改訂」『図書館法規基準総覧』第二版，日本図書館協会編，武田英治・山本順一編集責任，日本図書館協会，2002，p.18-20.

図書館員の倫理綱領

(1980. 6. 4　日本図書館協会総会決議)

　この倫理綱領は,「図書館の自由に関する宣言」によって示された図書館の社会的責任を自覚し, 自らの職責を遂行していくための図書館員としての自律的規範である。
1　この綱領は,「図書館の自由に関する宣言」と表裏一体の関係にある。この宣言に示された図書館の社会的責任を日常の図書館活動において果たしていくのは, 職業集団としての内容の充実によらなければならない。この綱領は, その内容の充実を目標とし, 図書館員としての職責を明らかにすることによって, 自らの姿勢をただすための自律的規範である。したがってこの綱領は, 単なる徳目の列挙や権利の主張を目的とするものでなく, すべての館種に共通な図書館員のあり方を考え, 共通な基盤を拡大することによって, 図書館を社会の有用な機関たらしめようという, 前向きでしかも活動的なものである。
　　この綱領でいう図書館員とは, 図書館に働くすべての職員のことである。綱領の各条項の具体化に当たっては, 図書館長の理解とすぐれた指導力が不可欠である。
2　綱領の内容はこれまでの図書館活動の実践の中から生まれたものである。それを倫理綱領という形にまとめたのは, 今や個人の献身や一館の努力だけでは図書館本来の役割を果たすことができず, 図書館員という職業集団の総合的な努力が必要となり, かつ図書館員のあるべき姿を, 図書館員と, 利用者と, 図書館を設置する機関または団体との三者が, 共に考えるべき段階に立ち至ったからである。
3　この綱領は, われわれの図書館員としての自覚の上に成立する。したがってその自覚以外にはいかなる拘束力もない。しかしながら, これを公表することによって, われわれの共通の目的と努力, さらにひとつの職業集団としての判断と行動とを社会に誓約することになる。その結果, われわれはまず図書館に大きな期待を持つ人びとから, ついで社会全体からのきびしい批判に自らをさらすことになる。
　　この批判の下での努力こそが, 図書館員という職業集団への信頼を生む。図書館員の専門性は, この信頼によってまず利用者に支えられ, さらに司書職制度という形で確認され, 充実されねばならない。そしてその専門性がもたらす図書館奉仕の向上は, すべて社会に還元される。そうした方向へわれわれ図書館員全体が進む第一歩がこの倫理綱領の制定である。
4　この綱領は, すべての図書館員が館種, 館内の地位, 職種及び司書資格の有無にかかわらず, 綱領を通して図書館の役割を理解し, 綱領実現への努力に積極的に参加することを期待している。さらに, 図書館に働くボランティアや図書館同種施設に働く人びと, 地域文庫にかかわる人びと等による理解をも望んでいる。
5　綱領の構成は, 図書館員個人の倫理規定にはじまり, 組織体の一員としての図書館員の任務を考え, ついで図書館間および図書館以外の人びととの協力に及び, ひろく社会における図書館員の果たすべき任務に至っている。

(図書館員の基本的態度)

第1　図書館員は,社会の期待と利用者の要求を基本的なよりどころとして職務を遂行する。
　図書館は社会の期待と利用者の要求の上に成立する。そして, ここから国民の知る自由の保障という図書館の目的も, またすべての国民への資料提供という基本機能も導き出される。したがって, 図書館へのあらゆる期待と要求とを的確に把握し, 分析し, かつ予測して, 期待にこたえ, 要求を実現するように努力することこそ, 図書館員の基本的な態度である。

（利用者に対する責任）

第2　図書館員は利用者を差別しない。

　国民の図書館を利用する権利は平等である。図書館員は，常に自由で公正で積極的な資料提供に心がけ，利用者をその国籍，信条，性別，年齢等によって差別してはならないし，図書館に対するさまざまな圧力や干渉によって利用者を差別してはならない。また，これまでサービスを受けられなかった人びとに対しても，平等なサービスがゆきわたるように努力すべきである。

第3　図書館員は利用者の秘密を漏らさない。

　図書館員は，国民の読書の自由を保障するために，資料や施設の提供を通じて知りえた利用者の個人名や資料名等をさまざまな圧力や干渉に屈して明かしたり，または不注意に漏らすなど，利用者のプライバシーを侵す行為をしてはならない。このことは，図書館活動に従事するすべての人びとに課せられた責務である。

（資料に関する責任）

第4　図書館員は図書館の自由を守り，資料の収集，保存および提供につとめる。

　図書館員は，専門的知識と的確な判断とに基づいて資料を収集し，組織し，保存し，積極的に提供する。そのためには，資料の収集・提供の自由を侵すいかなる圧力・検閲をも受け入れてはならないし，個人的な関心や好みによる資料の収集，提供をしてはならない。

　図書館員は，私的報酬や個人的利益を求めて，資料の収集・提供を行ってはならない。

第5　図書館員は常に資料を知ることにつとめる。

　資料のひとつひとつについて知るということは決して容易ではないが，図書館員は常に資料を知る努力を怠ってはならない。資料についての十分な知識は，これまでにも図書館員に対する最も大きな期待のひとつであった。図書館に対する要求が飛躍的に増大している今日，この期待もいちだんと高まっていることを忘れてはならない。さらに，この知識を前提としてはじめて，潜在要求をふくむすべての要求に対応し，資料の収集・提供活動ができることを自覚すべきである。

（研修につとめる責任）

第6　図書館員は個人的，集団的に，不断の研修につとめる。

　図書館員が専門性の要件をみたすためには，①利用者を知り，②資料を知り，③利用者と資料を結びつけるための資料の適切な組織化と提供の知識・技術を究明しなければならない。そのためには，個人的，集団的に日常不断の研修が必要であり，これらの研修の成果が，図書館活動全体を発展させる専門知識として集積されていくのである。その意味で，研修は図書館員の義務であり権利である。したがって図書館員は，自主的研修にはげむと共に研究条件の改善に努力し，制度としての研修を確立するようつとめるべきである。

（組織体の一員として）

第7　図書館員は，自館の運営方針や奉仕計画の策定に積極的に参画する。

　個々の図書館員が積極的な姿勢をもたなければ，図書館は適切・円滑に運営することができない。図書館員は，その図書館の設置目的と利用者の要求をよく理解し，全員が運営方針や奉仕計画等を十分理解していなければならない。そのためには，図書館員は計画等の策定にたえず関心をもち，積極的に参加するようつとめるべきである。

第8　図書館員は，相互の協力を密にして，集団としての専門的能力の向上につとめる。

　図書館がその機能を十分に果たすためには，ひとりの図書館員の力だけでなく，職員集団としての力が発揮されなければならない。このためには，図書館員は同一職種内の協調と共に，

他職種の役割をも正しく理解し，さらに，地域及び全国規模の図書館団体に結集して図書館に働くすべての職員の協力のもとに，それぞれの専門的知識と経験を総合する必要がある。図書館員の専門性は，現場での実践経験と不断の研修及び職員集団の協力によって高められるのであるから，図書館員は，経験の累積と専門知識の定着が，頻繁すぎる人事異動や不当配転等によって妨げられないようつとめるべきである。

第9　図書館員は，図書館奉仕のため適正な労働条件の確保につとめる。

組織体の一員として図書館員の自覚がいかに高くても，劣悪な労働条件のもとでは，利用者の要求にこたえる十分な活動ができないばかりか，図書館員の健康そのものをも維持しがたい。適正数の職員配置をはじめ，労働災害や職業病の防止，婦人図書館員の母性保護等，適切な図書館奉仕が可能な労働条件を確保し，働きやすい職場づくりにつとめる必要がある。

図書館員は図書館奉仕の向上のため，図書館における労働の独自性について自ら追求すべきである。

（図書館間の協力）

第10　図書館員は図書館間の理解と協力につとめる。

図書館が本来の目的を達成するためには，一館独自の働きだけでなく，組織的に活動する必要がある。各図書館は館種・地域・設置者の別をこえ，理解と協力につとめるべきである。図書館員はこのことをすべて制度上の問題に帰するのでなく，自らの職業上の姿勢としてとらえなければならない。図書館間の相互協力は，自館における十分な努力が前提となることを忘れてはならない。

（文化創造への寄与）

第11　図書館員は住民や他団体とも協力して，社会の文化環境の醸成につとめる。

図書館は孤立した存在であってはならない。地域社会に対する図書館の協力は，健康で民主的な文化環境を生み出す上に欠くことができない。他方，この文化環境によって図書館の本来の機能は著しい発達をうながされる。

図書館員は住民の自主的な読書運動や文庫活動等をよく理解し，図書館の増設やサービス改善を求める要求や批判に，謙虚かつ積極的にこたえなければならない。さらに，地域の教育・社会・文化諸機関や団体とも連携を保ちながら，地域文化の向上に寄与すべきである。

第12　図書館員は，読者の立場に立って出版文化の発展に寄与するようつとめる。

出版の自由は，単に資料・情報の送り手の自由を意味するのではなく，より根本的に受け手の知る自由に根ざしている。この意味で図書館は，読者の立場に立って，出版物の生産・流通の問題に積極的に対処する社会的役割と責任をもつ。また図書館員は，「図書館の自由に関する宣言」の堅持が，出版・新聞・放送等の分野における表現の自由を守る活動と深い関係をもつことを自覚し，常に読者の立場に立ってこれら関連諸分野との協力につとめるべきである。

日本図書館協会は，わが国の図書館の現状にかんがみこの倫理綱領を作成し，提唱する。本協会はこの綱領の維持発展につとめると共に，この綱領と相いれない事態に対しては，その改善に向って不断に努力する。

「図書館員の倫理綱領」『図書館法規基準総覧』第二版，日本図書館協会編，武田英治・山本順一編集責任，日本図書館協会，2002，p.21-24.

図書館の設置及び運営上の望ましい基準

（平成24.12.19　文部科学省告示第172号）

第一　総則

一　趣旨

1　この基準は，図書館法（昭和25年法律第118号。以下「法」という。）第7条の2の規定に基づく図書館の設置及び運営上の望ましい基準であり，図書館の健全な発展に資することを目的とする。

2　図書館は，この基準を踏まえ，法第3条に掲げる事項等の図書館サービスの実施に努めなければならない。

二　設置の基本

1　市（特別区を含む。以下同じ。）町村は，住民に対して適切な図書館サービスを行うことができるよう，住民の生活圏，図書館の利用圏等を十分に考慮し，市町村立図書館及び分館等の設置に努めるとともに，必要に応じ移動図書館の活用を行うものとする。併せて，市町村立図書館と公民館図書室等との連携を推進することにより，当該市町村の全域サービス網の整備に努めるものとする。

2　都道府県は，都道府県立図書館の拡充に努め，住民に対して適切な図書館サービスを行うとともに，図書館未設置の町村が多く存在することも踏まえ，当該都道府県内の図書館サービスの全体的な進展を図る観点に立って，市町村に対して市町村立図書館の設置及び運営に関する必要な指導・助言等を行うものとする。

3　公立図書館（法第2条第2項に規定する公立図書館をいう。以下同じ。）の設置に当たっては，サービス対象地域の人口分布と人口構成，面積，地形，交通網等を勘案して，適切な位置及び必要な図書館施設の床面積，蔵書収蔵能力，職員数等を確保するよう努めるものとする。

三　運営の基本

1　図書館の設置者は，当該図書館の設置の目的を適切に達成するため，司書及び司書補の確保並びに資質・能力の向上に十分留意しつつ，必要な管理運営体制の構築に努めるものとする。

2　市町村立図書館は，知識基盤社会における知識・情報の重要性を踏まえ，資料（電磁的記録を含む。以下同じ。）や情報の提供等の利用者及び住民に対する直接的なサービスの実施や，読書活動の振興を担う機関として，また，地域の情報拠点として，利用者及び住民の要望や社会の要請に応え，地域の実情に即した運営に努めるものとする。

3　都道府県立図書館は，前項に規定する事項に努めるほか，住民の需要を広域的かつ総合的に把握して，資料及び情報を体系的に収集，整理，保存及び提供すること等を通じて，市町村立図書館に対する円滑な図書館運営の確保のための援助に努めるとともに，当該都道府県内の図書館間の連絡調整等の推進に努めるものとする。

4　私立図書館（法第2条第2項に規定する私立図書館をいう。以下同じ。）は，当該図書館を設置する法人の目的及び当該図書館の設置の目的に基づき，広く公益に資するよう運営を行うことが望ましい。

5　図書館の設置者は，当該図書館の管理を他の者に行わせる場合には，当該図書館の事業の継続的かつ安定的な実施の確保，事業の水準の維持及び向上，司書及び司書補の確保並びに資質・能力の向上等が図られるよう，当該管理

者との緊密な連携の下に，この基準に定められた事項が確実に実施されるよう努めるものとする。

四　連携・協力

1　図書館は，高度化・多様化する利用者及び住民の要望に対応するとともに，利用者及び住民の学習活動を支援する機能の充実を図るため，資料や情報の相互利用などの他の施設・団体等との協力を積極的に推進するよう努めるものとする。

2　図書館は，前項の活動の実施に当たっては，図書館相互の連携のみならず，国立国会図書館，地方公共団体の議会に附置する図書室，学校図書館及び大学図書館等の図書施設，学校，博物館及び公民館等の社会教育施設，関係行政機関並びに民間の調査研究施設及び民間団体等との連携にも努めるものとする。

五　著作権等の権利の保護

図書館は，その運営に当たって，職員や利用者が著作権法（昭和45年法律第48号）その他の法令に規定する権利を侵害することのないよう努めるものとする。

六　危機管理

1　図書館は，事故，災害その他非常の事態による被害を防止するため，当該図書館の特性を考慮しつつ，想定される事態に係る危機管理に関する手引書の作成，関係機関と連携した危機管理に関する訓練の定期的な実施その他の十分な措置を講じるものとする。

2　図書館は，利用者の安全の確保のため，防災上及び衛生上必要な設備を備えるものとする。

第二　公立図書館

一　市町村立図書館

1　管理運営

(一)　基本的運営方針及び事業計画

1　市町村立図書館は，その設置の目的を踏まえ，社会の変化や地域の実情に応じ，当該図書館の事業の実施等に関する基本的な運営の方針（以下「基本的運営方針」という。）を策定し，公表するよう努めるものとする。

2　市町村立図書館は，基本的運営方針を踏まえ，図書館サービスその他図書館の運営に関する適切な指標を選定し，これらに係る目標を設定するとともに，事業年度ごとに，当該事業年度の事業計画を策定し，公表するよう努めるものとする。

3　市町村立図書館は，基本的運営方針並びに前項の指標，目標及び事業計画の策定に当たっては，利用者及び住民の要望並びに社会の要請に十分留意するものとする。

(二)　運営の状況に関する点検及び評価等

1　市町村立図書館は，基本的運営方針に基づいた運営がなされることを確保し，その事業の水準の向上を図るため，各年度の図書館サービスその他図書館の運営の状況について，(一)の2の目標及び事業計画の達成状況等に関し自ら点検及び評価を行うよう努めなければならない。

2　市町村立図書館は，前項の点検及び評価のほか，当該図書館の運営体制の整備の状況に応じ，図書館協議会（法第14条第1項に規定する図書館協議会をいう。以下同じ。）の活用その他の方法により，学校教育又は社会教育の関係者，家庭教育の向上に資する活動を行う者，図書館の事業に関して学識経験のある者，図書館の利用者，住民その他の関係者・第三者による評価を行うよう努めるものとする。

3　市町村立図書館は，前2項の点検及び評価の結果に基づき，当該図書館の運営の改善を図るため必要な措置を講ずるよう努めなければならない。

4　市町村立図書館は，第1項及び第2項の点検及び評価の結果並びに前項の

措置の内容について，インターネットその他の高度情報通信ネットワーク（以下「インターネット等」という。）をはじめとした多様な媒体を活用すること等により，積極的に公表するよう努めなければならない。

(三) 広報活動及び情報公開

市町村立図書館は，当該図書館に対する住民の理解と関心を高め，利用者の拡大を図るため，広報紙等の定期的な刊行やインターネット等を活用した情報発信等，積極的かつ計画的な広報活動及び情報公開に努めるものとする。

(四) 開館日時等

市町村立図書館は，利用者及び住民の利用を促進するため，開館日・開館時間の設定に当たっては，地域の実情や利用者及び住民の多様な生活時間等に配慮するものとする。また，移動図書館を運行する場合は，適切な周期による運行等に努めるものとする。

(五) 図書館協議会

1 市町村教育委員会は，図書館協議会を設置し，地域の実情を踏まえ，利用者及び住民の要望を十分に反映した図書館の運営がなされるよう努めるものとする。

2 図書館協議会の委員には，法第16条の規定により条例で定める委員の任命の基準に従いつつ，地域の実情に応じ，多様な人材の参画を得るよう努めるものとする。

(六) 施設・設備

1 市町村立図書館は，この基準に示す図書館サービスの水準を達成するため，図書館資料の開架・閲覧，保存，視聴覚資料の視聴，情報の検索・レファレンスサービス，集会・展示，事務管理等に必要な施設・設備を確保するよう努めるものとする。

2 市町村立図書館は，高齢者，障害者，乳幼児とその保護者及び外国人その他

特に配慮を必要とする者が図書館施設を円滑に利用できるよう，傾斜路や対面朗読室等の施設の整備，拡大読書器等資料の利用に必要な機器の整備，点字及び外国語による表示の充実等に努めるとともに，児童・青少年の利用を促進するため，専用スペースの確保等に努めるものとする。

2 図書館資料

(一) 図書館資料の収集等

1 市町村立図書館は，利用者及び住民の要望，社会の要請並びに地域の実情に十分留意しつつ，図書館資料の収集に関する方針を定め，公表するよう努めるものとする。

2 市町村立図書館は，前項の方針を踏まえ，充実した図書館サービスを実施する上で必要となる十分な量の図書館資料を計画的に整備するよう努めるものとする。その際，郷土資料及び地方行政資料，新聞の全国紙及び主要な地方紙並びに視聴覚資料等多様な資料の整備にも努めるものとする。また，郷土資料及び地方行政資料の電子化に努めるものとする。

(二) 図書館資料の組織化

市町村立図書館は，利用者の利便性の向上を図るため，図書館資料の分類，配架，目録・索引の整備等による組織化に十分配慮するとともに，書誌データの整備に努めるものとする。

3 図書館サービス

(一) 貸出サービス等

市町村立図書館は，貸出サービスの充実を図るとともに，予約制度や複写サービス等の運用により利用者の多様な資料要求に的確に応えるよう努めるものとする。

(二) 情報サービス

1 市町村立図書館は，インターネット等や商用データベース等の活用にも留意しつつ，利用者の求めに応じ，資料の提供・紹介及び情報の提示等を行う

レファレンスサービスの充実・高度化
に努めるものとする。

2　市町村立図書館は，図書館の利用案
内，テーマ別の資料案内，資料検索シ
ステムの供用等のサービスの充実に努
めるものとする。

3　市町村立図書館は，利用者がイン
ターネット等の利用により外部の情報
にアクセスできる環境の提供，利用者
の求めに応じ，求める資料・情報にア
クセスできる地域内外の機関等を紹介
するレフェラルサービスの実施に努め
るものとする。

(三)　地域の課題に対応したサービス

市町村立図書館は，利用者及び住民の生
活や仕事に関する課題や地域の課題の解
決に向けた活動を支援するため，利用者
及び住民の要望並びに地域の実情を踏ま
え，次に掲げる事項その他のサービスの
実施に努めるものとする。

ア　就職・転職，起業，職業能力開発，
日常の仕事等に関する資料及び情報
の整備・提供

イ　子育て，教育，若者の自立支援，
健康・医療，福祉，法律・司法手続
等に関する資料及び情報の整備・提供

ウ　地方公共団体の政策決定，行政事
務の執行・改善及びこれらに関する理
解に必要な資料及び情報の整備・提供

(四)　利用者に対応したサービス

市町村立図書館は，多様な利用者及び住
民の利用を促進するため，関係機関・団体
と連携を図りながら，次に掲げる事項そ
の他のサービスの充実に努めるものとする。

ア　（児童・青少年に対するサービス）
児童・青少年用図書の整備・提供，
児童・青少年の読書活動を促進する
ための読み聞かせ等の実施，その保
護者等を対象とした講座・展示会の
実施，学校等の教育施設等との連携

イ　（高齢者に対するサービス）　大
活字本，録音資料等の整備・提供，

図書館利用の際の介助，図書館資料
等の代読サービスの実施

ウ　（障害者に対するサービス）　点
字資料，大活字本，録音資料，手話
や字幕入りの映像資料等の整備・提
供，手話・筆談等によるコミュニ
ケーションの確保，図書館利用の際
の介助，図書館資料等の代読サービ
スの実施

エ　（乳幼児とその保護者に対する
サービス）　乳幼児向けの図書及び
関連する資料・情報の整備・提供，
読み聞かせの支援，講座・展示会の
実施，託児サービスの実施

オ　（外国人等に対するサービス）
外国語による利用案内の作成・頒
布，外国語資料や各国事情に関する
資料の整備・提供

カ　（図書館への来館が困難な者に対
するサービス）　宅配サービスの実施

(五)　多様な学習機会の提供

1　市町村立図書館は，利用者及び住民
の自主的・自発的な学習活動を支援す
るため，講座，相談会，資料展示会等
を主催し，又は関係行政機関，学校，
他の社会教育施設，民間の関係団体等
と共催して多様な学習機会の提供に努
めるとともに，学習活動のための施
設・設備の供用，資料の提供等を通じ，
その活動環境の整備に努めるものとする。

2　市町村立図書館は，利用者及び住民
の情報活用能力の向上を支援するた
め，必要な学習機会の提供に努めるも
のとする。

(六)　ボランティア活動等の促進

1　市町村立図書館は，図書館における
ボランティア活動が，住民等が学習の
成果を活用する場であるとともに，図
書館サービスの充実にも資するもので
あることにかんがみ，読み聞かせ，代
読サービス等の多様なボランティア活
動等の機会や場所を提供するよう努め

るものとする。

2　市町村立図書館は，前項の活動への参加を希望する者に対し，当該活動の機会や場所に関する情報の提供や当該活動を円滑に行うための研修等を実施するよう努めるものとする。

4　職員

(一)　職員の配置等

1　市町村教育委員会は，市町村立図書館の館長として，その職責にかんがみ，図書館サービスその他の図書館の運営及び行政に必要な知識・経験とともに，司書となる資格を有する者を任命することが望ましい。

2　市町村教育委員会は，市町村立図書館が専門的なサービスを実施するために必要な数の司書及び司書補を確保するよう，その積極的な採用及び処遇改善に努めるとともに，これら職員の職務の重要性にかんがみ，その資質・能力の向上を図る観点から，第一の四の2に規定する関係機関等との計画的な人事交流（複数の市町村又は都道府県の機関等との広域的な人事交流を含む。）に努めるものとする。

3　市町村立図書館には，前項の司書及び司書補のほか，必要な数の職員を置くものとする。

4　市町村立図書館は，専門的分野に係る図書館サービスの充実を図るため，必要に応じ，外部の専門的知識・技術を有する者の協力を得るよう努めるものとする。

(二)　職員の研修

1　市町村立図書館は，司書及び司書補その他の職員の資質・能力の向上を図るため，情報化・国際化の進展等に留意しつつ，これらの職員に対する継続的・計画的な研修の実施等に努めるものとする。

2　市町村教育委員会は，市町村立図書館の館長その他の職員の資質・能力の向上を図るため，各種研修機会の拡充に努めるとともに，文部科学大臣及び都道府県教育委員会等が主催する研修その他必要な研修にこれら職員を参加させるよう努めるものとする。

二　都道府県立図書館

1　域内の図書館への支援

1　都道府県立図書館は，次に掲げる事項について，当該都道府県内の図書館の求めに応じて，それらの図書館への支援に努めるものとする。

ア　資料の紹介，提供に関すること

イ　情報サービスに関すること

ウ　図書館資料の保存に関すること

エ　郷土資料及び地方行政資料の電子化に関すること

オ　図書館の職員の研修に関すること

カ　その他図書館運営に関すること

2　都道府県立図書館は，当該都道府県内の図書館の状況に応じ，それらの図書館との間における情報通信技術を活用した情報の円滑な流通や，それらの図書館への資料の貸出のための円滑な搬送の確保に努めるものとする。

3　都道府県立図書館は，当該都道府県内の図書館の相互協力の促進等に資するため，当該都道府県内の図書館で構成する団体等を活用して，図書館間の連絡調整の推進に努めるものとする。

2　施設・設備

都道府県立図書館は，第二の二の6により準用する第二の一の1の(六)に定める施設・設備のほか，次に掲げる機能に必要な施設・設備の確保に努めるものとする。

ア　研修

イ　調査研究

ウ　市町村立図書館の求めに応じた資料保存等

3　調査研究

都道府県立図書館は，図書館サービスを効果的・効率的に行うための調査研究に努めるものとする。その際，特に，図

書館に対する利用者及び住民の要望，図書館運営にかかわる地域の諸条件，利用者及び住民の利用促進に向けた新たなサービス等に関する調査研究に努めるものとする。

4　図書館資料

都道府県立図書館は，第二の二の6により準用する第二の一の2に定める事項のほか，次に掲げる事項の実施に努めるものとする。

ア　市町村立図書館等の要求に十分に応えるための資料の整備

イ　高度化・多様化する図書館サービスへの要請に対応するための，郷土資料その他の特定分野に関する資料の目録・索引等の整備及び配布

5　職員

1　都道府県教育委員会は，都道府県立図書館において第二の二の6により準用する第二の一の4の㈠に定める職員のほか，第二の二の1,3及び4に掲げる機能を果たすために必要な職員を確保するよう努めるものとする。

2　都道府県教育委員会は，当該都道府県内の図書館の職員の資質・能力の向上を図るため，それらの職員を対象に，必要な研修を行うよう努めるものとする。

6　準用

第二の一に定める市町村立図書館に係る基準は，都道府県立図書館に準用する。

第三　私立図書館

一　管理運営

1　運営の状況に関する点検及び評価等

1　私立図書館は，その運営が適切に行われるよう，図書館サービスその他図書館の運営に関する適切な指標を選定し，これらに係る目標を設定した上で，その目標の達成状況等に関し自ら点検及び評価を行うよう努めるものとする。

2　私立図書館は，前項の点検及び評価のほか，当該図書館の運営体制の整備

の状況に応じ，図書館の事業に関して学識経験のある者，当該図書館の利用者その他の関係者・第三者による評価を行うことが望ましい。

3　私立図書館は，前二項の点検及び評価の結果に基づき，当該図書館の運営の改善を図るため必要な措置を講ずるよう努めるものとする。

4　私立図書館は，第一項及び第二項の点検及び評価の結果並びに前項の措置の内容について，積極的に公表するよう努めるものとする。

2　広報活動及び情報公開

私立図書館は，積極的かつ計画的な広報活動及び情報公開を行うことが望ましい。

3　開館日時

私立図書館は，開館日・開館時間の設定に当たっては，多様な利用者に配慮することが望ましい。

4　施設・設備

私立図書館は，その設置の目的に基づく図書館サービスの水準を達成するため，多様な利用者に配慮しつつ，必要な施設・設備を確保することが望ましい。

二　図書館資料

私立図書館は，当該図書館が対象とする専門分野に応じて，図書館資料を計画的かつ継続的に収集・組織化・保存し，利用に供することが望ましい。

三　図書館サービス

私立図書館は，当該図書館における資料及び情報の整備状況，多様な利用者の要望等に配慮して，閲覧・貸出・レファレンスサービス等のサービスを適切に提供することが望ましい。

四　職員

1　私立図書館には，専門的なサービスを実施するために必要な数の司書及び司書補その他職員を置くことが望ましい。

2　私立図書館は，その職員の資質・能力の向上を図るため，当該職員に対する研修の機会を確保することが望ましい。

86

Ⅲ ACRONYMS （頭字語・略語） →：をも見よ

AACR2	Anglo-American Cataloguing Rules. Second Edition. 英米目録規則第 2 版
ALA	American Library Association アメリカ図書館協会 →：p.90
ARL	Association of Research Libraries 研究図書館協会
BDS	Book Detection System ブックディテクションシステム →：p.124
BL	British Library 英国図書館 →：p.92
BLDSC	British Library Document Supply Centre 英国図書館文献提供センター →：p.122
BM	bookmobile ブックモビル，移動図書館，自動車文庫 →：p.91
BSH	Basic Subject Headings 基本件名標目表 →：p.97
CAS	Chemical Abstracts Service ケミカルアブストラクトサービス
CC	Colon Classification コロン分類法 →：p.102
CC	Creative Commons クリエイティブコモンズ →：p.98
CIE	Civil Information Education Section 民間情報教育局 →：p.104
CILIP	Chartered Institute of Library and Information Professionals 英国図書館・情報協会。旧 the Library Association →：p.109
CIP	Cataloging in Publication 出版前目録 →：p.104
CRL	Center for Research Libraries
DAISY	Digital Accessible Information System →：p.114
DCMES	Dublin Core Metadata Element Set ダブリンコアが提唱するメタデータ記述方式 →：p.112
DDC	Dewey Decimal Classification デューイ十進分類法 →：p.115
DDS	Document Delivery Service ドキュメントデリバリーサービス
DOI	Digital Object Identifier デジタルオブジェクト識別子 →：p.114
DWPI	Derwent World Patents Index （クラリベイト・アナリティクスが提供する世界各国の特許情報，対応特許を収録するデータベース。旧 WPI）
EC	Expansive Classification 展開分類法 →：p.115
ERIC	Education Resources Information Center →：p.93
FRBR	Functional Requirements for Bibliographic Records →：p.93
FRAD	Functional Requirements for Authority Data →：p.92
FRSAD	Functional Requirements for Subject Authority Data →：p.92
HTML	Hypertext Markup Language（ウェブのページを記述するマークアップ言語）
http	Hyper text transfer protocol
IALL	International Association of Law Libraries 国際法律図書館協会
IAML	International Association of Music Libraries, Archives and Documentation Centres 国際音楽資料情報協会
IASL	International Association of School Librarianship 国際学校図書館協会

IBBY	International Board on Books for Young People	国際児童図書評議会
ICA	International Council on Archives	国際公文書館会議
ICCP	International Conference on Cataloguing Principles	目録原則国際会議
IFLA	International Federation of Library Associations and Institutions 国際図書館連盟 →：p.100	
ILL	interlibrary loan 図書館間相互貸借 →：p.117	
IMIC	International Medical Information Center	国際医学情報センター
INFOSTA	Information Science and Technology Association 情報科学技術協会 →：p.107	
INSPEC	Information Service in Physics, Electrotechnology and Control（英国工学技術学会(Institution of Engineering and Technology)が作成する物理学，電子工学，電気工学，情報工学分野の文献情報を収録するデータベース）	
IPC	International Patent Classification 国際特許分類	
IR	information retrieval 情報検索 →：p.107	
IR	institutional repository 機関リポジトリ →：p.97	
ISBD	International Standard Bibliographic Description 国際標準書誌記述 →：p.101	
ISBN	International Standard Book Number 国際標準図書番号 →：p.101	
ISDS	International Serials Data System 国際逐次刊行物データシステム	
ISO	International Organization for Standardization 国際標準化機構 →：p.100	
ISSN	International Standard Serial Number 国際標準逐次刊行物番号 →：p.101	
JAPIO	Japan Patent Information Organization 日本特許情報機構	
JASRAC	Japanese Society for Rights of Authors, Composers and Publishers 日本音楽著作権協会	
JIS	Japan Industrial Standards 日本工業規格	
JLA	Japan Library Association 日本図書館協会 →：p.120	
JLS	Japan Library School 日本図書館学校(慶應義塾大学文学部に一時期あった)	
JST	Japan Science and Technology Agency 科学技術振興機構 →：p.94	
KWIC	Keyword in Context Index KWIC 索引 →：p.98	
KWOC	Keyword Out of Context Index KWOC 索引 →：p.98	
LC	Library of Congress 米国議会図書館 →：p.125	
LISA	Library and Information Science Abstracts（ProQuest 社が作成する図書館情報学分野の抄録誌，データベース）	
LISTA	Library, Information Science & Technology Abstracts（EBSCO 社が提供する図書館情報学分野のデータベース）	
MARC	Machine-Readable Catalog(ing) 機械可読目録 →：p.126	
MEDLARS	Medical Literature Analysis and Retrieval System 医学文献分析検索システム	
MEDLINE	MEDLARS Online（米国立医学図書館が作成する世界の医学文献情報を収録するデータベース）	

88 | Ⅲ ACRONYMS（頭字語・略語）

MeSH	Medical Subject Headings（米国国立医学図書館が作成する MEDLINE などのデータベースに使用されるシソーラス）
NACSIS	National Center for Science Information Systems　→ NII
NCR	Nippon Cataloging Rules　日本目録規則 →：p.119
NDC	Nippon Decimal Classification　日本十進分類法 →：p.119
NDL	National Diet Library　国立国会図書館 →：p.101
NII	National Institute of Informatics　国立情報学研究所 →：p.101
NLM	National Library of Medicine　米国国立医学図書館
NPAC	National Program for Acquisitions and Cataloging　全米収集目録計画
NTIS	National Technical Information Service（アメリカ政府の科学技術情報に関する出版物を扱う機関。また，この機関が作成する米国政府による研究開発科学技術報告書の文献情報を収録するデータベース）
O. A.	On Approval 見計らい →：p.127
OA	open access →：p.93
OCLC	Online Computer Library Center →：p.93
OCR	Optical Character Recognition　光学式文字読取装置，光学式文字認識
OPAC	Online Public Access Catalog　オンライン閲覧目録 →：p.93
PAC	Preservation and Conservation
PDF	Portable Document Format
PFI	Private Finance Initiative →：p.122
RDA	Resource Description and Access →：p.89
RDF	Resource Description Framework →：p.89
SDI	Selective Dissemination of Information　情報の選択的提供 →：p.92
SIST	Standards for Information of Science and Technology　科学技術情報流通技術基準 →：p.94
SPARC	The Scholarly Publishing and Academic Resources Coalition
TCP/IP	Transmission Control Protocol / Internet Protocol　（インターネットで使用されている二つの転送制御プロトコル）
TRC	図書館流通センター →：p.119
URI	Uniform Resource Identifier
URL	Uniform Resource Locator →：p.128
UAP	Universal Availability of Publications　出版物の世界的利用
UBC	Universal Bibliographic Control　世界書誌調整
UDC	Universal Decimal Classification　国際十進分類法 →：p.100
UNIMARC	Universal MARC Format →：p.128
WIPO	World Intellectual Property Organization　世界知的所有権機関 →：p.110
WWW	World Wide Web（インターネット上でハイパーテキストによって関連付けられた情報を検索するシステム）
W3C	World Wide Web Consortium
XML	Extensible Markup Language →：p.92

Ⅳ 基本用語解説

→　を見よ
→：をも見よ

RSS［RDF site summary；Rich Site Summary；Really Simple Syndication］　ウェブサイトのタイトルや内容要約などを記述するためのフォーマット。更新情報の配信などに用いられる。利用者は RSS リーダーと呼ばれるソフトウェアなどを使って取得する。

RFID［Radio Frequency Identification］　無線通信によってモノを識別するための技術やしくみ。対象となるモノに IC チップを埋め込んだ RF タグ（IC タグ）を貼付し，リーダライタを通じて，IC チップに記録された情報を読み込んだり，情報を書き換えたりする。図書館資料の管理に用いられるほか，店舗や物流における商品管理などに利用されている。

RDA［Resource Description and Access］　資源の記述とアクセス。英米目録規則第 2 版（AACR 2）の後継として，2010年に刊行された目録規則。FRBR を概念モデルとして採用している。AACR 2 との継続性に注意を払いつつも，資源の各データ項目（エレメント）の表現方法は規定せず，記述すべきエレメントの定義やその値についてのみ規定するなど，従来とは異なる点も多い。図書館界外との相互運用性も視野に入れている。→：英米目録規則

RDF［Resource Description Framework］　ウェブ情報資源のメタデータを表現するための標準的な記述方式（枠組み）のこと。1999年に W 3 C によって勧告された。RDF は，記述対象となる情報資源（Resource），その属性（Property），属性の値（Property value）の三つの組み合わせ（RDF トリプル）によって表現する。

iSchool［information school］　情報を核として，その利用者や情報技術などをも含めた領域を対象に学際的な研究，大学院教育を行う組織。アメリカの大学を中心に2003年頃から広まる。従来，図書館員養成を担ってきた図書館情報学大学院を基盤とするものも多く，デジタル情報社会に対応した学術研究と情報専門職養成を志向している。

EYE マーク［EYE mark］　目の不自由な人やその他の理由で活字のままでは図書などの印刷媒体を読めない障害者のために，図書などが出版された段階で録音図書，点字図書，拡大写本等を 1 部に限り作成してもよいことを，著作者があらかじめ認めるマーク。

アウトソーシング［outsourcing］　業務の外部委託のこと。従来は目録作成や資料の装備，書庫出納等の一部業務の委託であったが，近年では指定管理者制度や PFI などの委託形式が導入されている。契約期間が決まっている業務委託は，図書館運営の長期計画が困難になること，経費削減を目的とした場合，図書館員の専門性の向上や育成が困難になること等を指摘する意見もある。→：指定管理者制度，PFI

アウトリーチサービス［outreach service］　図書館のサービスポイントから比較的遠い地域に住む人々，あるいは老人・病人・身体障害者・受刑者など何らかの理由で図書館を訪れることのできない人々のために，図書館側から出向いて行う各種のサービスの総称。この言葉は1960年代末にアメリカで使われ始めたが，図書館施設の外で行われるサービスという意味で，館外活動の一種といえる。

アクセスポイント［access point］　目録や書誌を検索するときに手がかりとなる項目のこと。目録記入の標目がこれにあたる。コンピュータによる情報検索では，出版者や出版年，ISBN や ISSN などの各種標準番号，その他コード類などが検索対象となることもある。

アグリゲータ［aggregator］　複数の出版社が発行する電子書籍や電子ジャーナルなどの電子資料をまとめて提供するサービス業者。aggregate は「集める」「統合する」という意味。

浅草文庫　同名の文庫は，私設のものが四つと

官立のものが一つ知られる。いずれも所在地であった浅草の地名に由来する。前者は，近世から近代にかけて，板坂卜斉（儒医），堀田正盛（江戸初期老中・佐倉藩主），木村重助（御家人），大槻如電（明治・大正の学者）が設けた個人文庫である。後者は昌平坂学問所，和学講談所，書籍館の蔵書を受け継ぎ，明治初期に内務省博物館の所属機関として，公共図書館的な役割を果たした。→：書籍館

朝読書（朝の読書）［morning reading activity］
学校において，朝の始業前を活用して読書をする時間を設ける取り組み。朝の10分間読書，あさどくとも呼ばれる。決まりは，みんなでやる，毎日やる，好きな本でよい，ただ読むだけ，の4点である。遅刻の減少，集中力と言語能力の向上，読書時間の増加等の効果が報告されている。

足利学校　中世における関東唯一の学校施設。創設期の状況は明らかでないが，室町時代初期に上杉憲実が再興し，以降も領田，儒書の寄進を受け，隆盛をきわめた。徳川家康も保護を加え，明治の廃藩置県まで存続し，その蔵書は現在，栃木県足利市の足利学校遺蹟図書館に納められている。学校旧蔵の漢籍の多くは国宝・重要文化財に指定されている。

アッシュールバニパル（Ashurbanipal，在位669-626 B.C.）　古代アッシリア帝国最後の王。首都ニネベの王宮跡から，楔形文字で記された多量の粘土板が発掘されたことから，この地に，同王が収集した粘土板を集積した図書館的な機能を持つ施設があったとされる。

アップポスティング［up-posting］　シソーラス等の統制語を使用できるデータベースで，索引語の上位概念の統制語をコンピュータで自動付加すること。統制語を使用して検索する場合，上位語を入力すると下位語を含めた検索ができるため，検索もれが少なくなる。

アメリカ図書館協会［American Library Association：ALA］　1876年にフィラデルフィアで結成された世界で最も古く，かつ最大の図書館員の団体。評議会，理事会のもと，地域別支部，館種別部会，委員会などが設置されている。会員には，個人会員，団体会員，賛助会員等の種別がある。機関誌 *American Libraries*（月刊）をはじめとした出版活動や国際交流を活発に行っている。

アラートサービス［alert service］　あらかじめ登録したキーワード等に一致する情報を，電子メールで配信するメール通報サービス。通常，新しい情報を提供するために，個別のデータベースや図書館等で行われる。

アレクサンドリア図書館［Alexandria Library］　プトレマイオス2世フィラデルフォス（在位285-246 B.C.）が父1世ソテルの遺志を継いでナイル河河口の都市アレクサンドリアに造ったとされる大図書館。最盛期には50万に及ぶパピルス巻子本があったといわれる。ギリシャから多くの学者，文人が招かれ，精力的に資料が収集，加工（翻訳），保存され，研究のために利用提供された。ユネスコの協力を得て，この古代図書館跡の隣に同名の図書館が再建され，2002年に開館した。

EPUB［electronic publication］　電子文書のためのファイル形式の一つ。米国の国際電子出版フォーラム（IDPF）が2007年に公表したもので，電子書籍のファイル形式として知られる。XHTMLやCSSといったウェブの標準技術が用いられており，情報の拡大縮小表示にも柔軟に対応できる規格となっている。

委託販売制度［consignment sale］　小売業者に販売を委託する制度。小売店に陳列される商品は小売業者ではなく製造販売者に帰属し，売れ残った場合は無条件で返品できる販売方法。出版物の委託販売では，出版社，販売会社，書店の三者で契約し，一定期間であれば，自由に出版物を返品できる。

一次資料［primary source］　著者が初めて公開するオリジナリティがあり加工されていない情報を一次情報といい，この一次情報を収録する資料。資料形態には，図書，雑誌，新聞，会議資料，規格資料，テクニカルレポート（技術報告書），学位論文，政府刊行物，特許明細書等があるが，この中には一次資料

といえるものが多い。ただし，一次資料という分類は，資料の形態とは別の観点によるものである。→：二次資料，三次資料

移動図書館［bookmobile：BM］　図書館を直接利用しにくい遠隔地域の利用者のために，資料を積んで定められた場所（ステーション）に行き，貸出・返却業務を行うための車輌。ブックモビル，移動図書館，自動車文庫ともいう。

医療・健康情報サービス［medical care and health information service］　患者を含む図書館利用者がその健康維持・向上のため自ら医療関係資料や情報を調べ，必要な情報を得られるように支援するサービス。大学医学部や地域の医療機関，行政と連携・協働して，必要な医療や健康に関する情報提供を行う。

インキュナブラ［incunabula］　活版印刷術の発明後から1500年末までの約50年間に金属活字で印刷された図書の総称。「ゆりかご」を意味するラテン語で，印刷術の揺籃期に生まれた刊本の意。揺籃期本ともいう。約4万点が刊行されたと推定され，そのうち約3万点が現存している。

インデクシング［indexing］　利用者が主題から情報を検索できるよう，主題分析を行って情報の主題を確定し，索引語を付与する一連のプロセスに関する作業のこと。主題組織作業，索引作業ともいう。

インバーテッドファイル［inverted file］　転置ファイル，倒置ファイルともいう。データベース中に存在するキーワードや著者名など，検索で使用される単語や人名などの索引語を各フィールドから取り出し，五十音順やアルファベット順に並べたファイル。個々の索引語のもとには，その索引語が含まれるレコードの位置を示すポインタと呼ばれる情報が付加され，これによりデータベース中からその索引語が付与されているレコードを迅速に検索できる。→：シーケンシャルファイル

インパクトファクター［impact factor］　特定の学術雑誌に掲載された過去2年分の論文が，その直後の1年間にどのくらい引用され

たかを1論文あたりの引用数という平均値で示したもので，ある分野における雑誌の影響度を表す。文献引用影響率ともいう。Web of Science の収録雑誌を対象にしている。数値が高いほど，影響度が高い雑誌と評価され，図書館では購読雑誌選定やコレクション構築，保存年数の決定等の判断の一つに利用できる。

インフォメーションコモンズ［information commons］　→ラーニングコモンズ

インフォメーションファイル［information file］　パンフレットやリーフレット，新聞・雑誌の切り抜き等，一般の図書館資料としては扱われないが，利用者からのレファレンス質問に回答するために必要な情報を収集し，バインダーやキャビネットなどを利用して整理した資料で，各図書館で自主的に作成される情報資源。→：ファイル資料

ウィーディング［weeding］　→除架

ウィリアムソンレポート［Williamson Report］　ウィリアムソン（Charles C. Williamson, 1877-1965）が1923年にカーネギー財団から出版した *Training for Library Service* と題する報告書。15の図書館学校（library school）を訪問調査し，当時の図書館学教育の実状を報告したもの。図書館業務は専門職であること，大学院レベルの教育を受けた者がその任にあたること，図書館学校は総合大学に所属すべきことなどとした勧告は，その後の図書館学教育の方向性を示した。

ウェブアーカイビング［web archiving］　クローラーによって表層ウェブのデータを信頼ある機関のアーカイブ用サーバに複製し，情報を記録化することにより，情報の更新や削除に関わりなく，ウェブ情報資源を安定的，継続的にアクセス可能にすること。米国議会図書館，国立国会図書館，米国の非営利団体 Internet Archive が運営する WayBack Machine が有名である。

芸亭（うんてい）　日本で最初の公開図書館。奈良時代末期の貴族・文人，石上宅嗣（いそのかみやかつぐ）（729-781）が私邸を阿閦寺（あしゅくじ）と称し，その一角に漢籍を納めた

書庫を設け，芸亭と命名した。その蔵書を公開して好学の人々に閲覧させたと『続日本紀』にみえる。平安期まで続いたと伝えられる。

英国図書館［British Library：BL］ 1972年に施行された英国図書館法に基づいて，1973年に設立された英国の国立図書館。大英博物館図書館，科学参考図書館，特許局図書館，国立科学技術貸出図書館，国立中央図書館，英国全国書誌などがその機能を統合し，貸出局，参考局，書誌サービス局，研究・開発部に再編成された。1998年，セント・パンクラスに新館が開館した。ここに大英博物館から切り離された図書館部門および参考機能をもつコレクションが集められた。貸出部門はボストン・スパにまとめられ文献提供センター（BLDSC：現 BL on Demand）と名称を変え，書誌サービスが継続されている。地理的には分散されているが，機能的には統合された。→：BLDSC

英米目録規則［Anglo-American Cataloguing Rules：AACR］ イギリス，アメリカ，カナダの各図書館協会と，米国議会図書館が参加して共同編纂した目録規則。初版は1967年で，北米版と英国版があった。国際標準書誌記述にそって改訂された第2版（AACR2）が1978年に出版され，二つが統合された。三度の改訂を経て，AACR2の後継として，2010年に RDA が刊行された。→：RDA

SNS［social networking service；social networking site］ 人と人とのつながりをサポートするためのコミュニティ型ウェブサイトで，参加するユーザーが互いに自分の趣味，好み，友人，社会生活などを公開しあいながら，コミュニケーションを取ることを目的としたサービス。一般に登録や利用は無料であるが，会員制である場合が多い。Facebook，Twitter，LINE，Instagram などがある。

SDI［Selective Dissemination of Information］ カレントアウェアネスサービスの一つで，情報の選択的提供あるいは選択的情報提供ともいう。関心のある特定主題についての最新情報を入手するために，コンピュータ等にあらかじめプロファイルと呼ばれる検索語や検索式を登録する。データが更新された時点でこのプロファイルを使用して検索し，新しい情報を利用者に提供する。図書館でも新着雑誌や新着図書情報を RSS 配信するサービスが行われており，これも SDI といえる。→：RSS，カレントアウェアネスサービス

XML［Extensible Markup Language］ インターネット上で扱う文書やデータの意味や構造を記述するためのマークアップ言語の一つ。HTML と違って，利用者がタグを自由に定義できる点に特徴がある。

閲覧［in-library use］ 図書館資料を図書館外に持ち出さずに図書館内で調べたり読んだりして利用すること。

N グラム法［N-gram］ 検索語を明示的に識別せずに，検索対象語の文字列を検索するために，文字列を1文字ずつずらしながらN文字単位に分割して目的の文字列を調べる方法。1文字単位に分割して調べる場合をユニグラムまたはモノグラム，2文字単位の場合をバイグラム，3文字単位の場合をトリグラムという。検索もれを防ぐことができる反面，「京都」の検索に「東京都」も含まれるなどのノイズを生じやすいという欠点がある。

FRAD［Functional Requirements for Authority Data］ 典拠データの機能要件。FRBR のグループ2に該当する実体を，FRBR 同様，「実体－関連モデル」に基づいて概念化したモデル。2009年に最終報告書が発表された。個人，家族，団体の各実体とその属性を定義するほか，FRBR で示された各実体との関連についても定義している。

FRSAD［Functional Requirements for Subject Authority Data］ 主題典拠データの機能要件。FRBR のグループ3に該当する実体を，FRBR 同様，「実体－関連モデル」に基づいて概念化したモデル。2010年に最終報告書が発表された。グループ3は，著作の主題を表現するものであり，概念，物，できごと，場所の各実体が提示されている。

FRBR［Functional Requirements for Bibliographic Records］ 書誌レコードの機能要件。国際図書館連盟の研究グループによって提唱された。広く知られたモデリング手法である「実体−関連モデル」を，書誌情報の世界に適用したもの。利用者が目録に求める四つの実体「著作」「表現形」「体現形」「個別資料」とその関係が概念の中心となっている。2018年12月発行の日本目録規則2018年版でこのモデルが採用された。2017 年 8 月に FRAD，FRSAD とともに IFLA Library Reference Model（IFLA LRM）に統合された。

絵本［picture book；illustrated book］ 文章と絵とが一体となって，一つの世界を作り上げる図書のこと。一般に絵が主体となっている図書を指すが，文章がまったくない場合もある。物語絵本，昔話絵本，知識絵本・科学絵本，しかけ絵本など幅広いタイプがある。

MLA 連携［Library，Archive and Museum collaboration］ 図書館とその類縁機関である博物館，文書館が協力，連携して行う諸活動。いずれも記録資料を収集，保存，提供する機関であり，共通する特性も多い。近年，記録資料の電子化とウェブでの発信が進んだり，収集対象となる記録資料そのものが多様化したりするなど，機関の枠を超えた連携・協力が欠かせない状況となってきている。

ERIC［Education Resources Information Center］ 米国教育省の教育科学研究所（Institute of Education Science）が提供する，教育研究分野の電子図書館。1966年からの雑誌記事，書籍，会議録等の情報を収録している。書誌情報だけではなく全文情報へのリンクも備えたデータベースである。

横断検索［crossover search］ 複数のデータベースや情報資源を同時に検索すること。一括検索，統合検索，串刺し検索ともいう。商用の情報検索システム，統合型メタ検索エンジン，ウェブ上の辞書・事典検索サイトなどで利用できる。各データベースから得られた検索件数は通常データベースごとに表示されるが，統合型メタ検索エンジンの場合には個別の検索エンジンの件数を表示し，検索結果は一覧表示される。商用の情報検索システムでは，異なるデータベースから同一の情報を除去する機能もある。

OCLC［Online Computer Library Center］ 1967年，オハイオ州コロンバスに設立された，オンラインで書誌情報サービスを提供する非営利団体で，世界最大の書誌ユーティリティ。世界中のメンバー図書館が共同して作成，維持する総合目録 WorldCat は，目録作業の簡便化を図り，ILL にも活用されているほか，インターネットにも公開されている。日本では紀伊國屋書店が代理店となっている。→：書誌ユーティリティ

オープンアクセス［open access：OA］ 学術論文や記事を，インターネットを通じて誰でも自由に無料で利用できるようにすること。著者がオープンアクセスで刊行される雑誌に投稿するゴールド OA と自身のウェブサイトや機関リポジトリで公開するグリーン OA の二つの方法がある。→：機関リポジトリ

オーラルヒストリー［oral history］ 口述によって伝えられた出来事の証言などの記録のこと。歴史的な証言を関係者から直接，話を聞き取り，記録としてまとめることも指す。

奥付［colophon］ 日本の書籍や雑誌の巻末に，書名，著者名，出版者，発行年月日，版次・刷次，ISBN などを記載したページまたは部分のこと。

OPAC［Online Public Access Catalog］ オンライン閲覧目録。利用者がその図書館の所蔵する資料をオンラインで検索できるようにした目録システム。ウェブで公開する図書館も増え，利用者自身が予約や貸出延長できるなど，高機能化してきている。→：目録

おはなし会［story hour］ 子どもたちを集め，お話を聞かせる集会のこと。本の世界のすばらしさを直接子どもに伝えることができ，その後の読書の世界へのいざないともなる。子どもと本を結びつけるための重要な図書館サービスとして捉えられている。→：ストーリーテリング，ブックトーク，読み聞かせ

オリエンテーション［library orientation］ 図書館を初めて利用する人に対して利用方法等を紹介すること。施設の案内，利用方法やサービスの種類などを紹介することで，利用者が図書館に親しみ，円滑に利用できるようになることが目的である。図書館クイズや図書館ツアーなどの多様な紹介方法も用いられる。
→：利用教育

オリジナルカタロギング［original cataloging］ 書誌ユーティリティが提供する共同書誌データベースを用いて行う目録作業の一形態。目録を作成したい資料の書誌レコードが共同書誌データベースに存在しない場合に，新規にその書誌レコードを作成，登録するとともに，自館の目録データベースに登録するまでの作業をいう。他の目録担当者は，このレコードを利用して簡便に目録作業を行うことができるようになる。→：コピーカタロギング

折本　和漢書の装丁製本法の一種。横に長く継いだ紙を一定の幅に折りたたんで，前後に紙または板の表紙をつけて製本したもの。通説では，折本は，巻子本から冊子本へ移行する中間的な形態に位置づけられ，巻子本の不便さ，つまり読みたい箇所をすぐに開けない，読み終えたら巻き戻さなければならないといった点が改良されて発生したとされる。→：p.133

オンデマンド［on demand］ 「要求に応じて」の意で，利用者からの求めに応じて提供するサービスのこと。情報資源の電子化により，利用者の情報要求が生じたときに，利用者の求める形で情報を提供するサービスが増えてきている。→：プリントオンデマンド

カード目録［card catalog］ カードに目録記入，参照を作成して，カードケースに排列した目録のこと。図書館では7.5cm×12.5cmの大きさが標準サイズである。OPACの普及以前には，広範囲で利用されていた。

会議録［proceedings］ 会議資料（conference material）の一つで，学会や研究会などで口頭発表された内容や講演内容などを記録・刊行したもの。会議前に作成される予稿集（preprint）と異なり，学術論文の形式で記述され，会議での質疑応答の記録が掲載されることもあり，会議終了後に刊行される。単行書として出版される場合と学会の機関誌の補遺版として刊行される場合がある。灰色文献の一種で，一般には入手困難である場合が多いが，市販される場合もある。

科学技術情報流通技術基準［Standards for Information of Science and Technology：SIST］ 1973年に科学技術庁（現文部科学省）が科学技術情報流通技術基準検討会を設置し，科学技術情報の流通を円滑にするための基準として，科学技術情報流通技術基準の制定と普及を開始した。2003年にSIST事業は科学技術振興機構（JST）に移管されたが，2011年末に終了した。抄録作成，参照文献の書き方，雑誌名の表記など，14の基準が制定された。SISTの全文は，JSTのウェブページに公開されている。

科学技術振興機構［Japan Science and Technology Agency：JST］ 1957年8月に特殊法人日本科学技術情報センター（JICST）として設立。1996年10月に科学技術振興事業団と名称変更し，2003年10月に独立行政法人科学技術振興機構（JST）となり，2015年4月に国立研究開発法人科学技術振興機構（JST）となった。わが国における科学技術基本計画の中核的実施機関として，科学技術創造立国の実現を目標とし，基礎研究から企業化までの一貫した研究開発の推進，科学技術情報の流通促進など科学技術の振興の基礎整備を総合的に行っている。また，科学技術情報に関するデータベースやコンテンツサービスもウェブサイトから提供している。

学習指導要領［courses of study］ 初等中等教育において，全国のどの地域でも一定水準の教育を受けられるように，各学校で教育課程を編成する際の基準を定めたもの。学校種ごとに各教科の目標や大まかな教育内容が定められ，約10年ごとに改訂される。学校図書館の利活用は学習指導要領の教育課程に沿って行うことが基本となる。

学習・情報センター［learning and information center］　学校図書館の機能の一つで，児童生徒の自発的，主体的な学習活動を支援するとともに，情報の収集・選択や情報リテラシーを育成して，教育課程の展開に寄与することを指す。近年，機能を二つに分離して，授業における支援は学習センター機能，情報リテラシーの育成は情報センター機能と呼ぶことが多い。→：学校図書館，読書センター

学術雑誌［scientific journal；scholarly journal］　研究者のオリジナルな研究論文をはじめ，最新の研究成果や学術情報を伝達するために発行される雑誌。学会誌や協会誌，紀要など。海外の学術雑誌を中心に電子ジャーナル化が進んでいる。→：査読制度，電子ジャーナル

拡大図書　弱視者や高齢者のために文字や絵を拡大した図書。手書きで制作される拡大写本や大きな活字で出版される大活字本，カメラなどで拡大した拡大本などがある。→：大活字本

貸出［circulation］　利用者が図書館資料を独占して利用できるようにすること。そのために図書館が行う手続きを貸出業務という。個人に貸し出す個人貸出，団体に貸し出す団体貸出などの種類がある。

貸本屋［rental library］　料金を徴収して図書や雑誌を貸し出す業者。日本における起源は明らかではないが，室町最後期から江戸初期までさかのぼるとされ，江戸後期には全国に広がった。店舗を構える者もあったが，家々を巡回する業者も多かった。明治以後，出版流通の整備に伴い，訪問貸出は廃れ，もっぱら店舗営業になった。イギリスとフランスでは店舗型の貸本屋は18世紀に登場する。

課題図書［assigned reading book］　主に学校教育において，読むことを指定した図書のこと。学校独自で指定することもあるが，全国読書感想文コンクール，全国読書感想画コンクールなどの学校向けの読書コンクールの課題として指定される図書を指す場合が多い。

学校司書［school librarian］　2015(平成27)年4月に施行された改正学校図書館法に明記さ

れた「専ら学校図書館の職務に従事する職員」（第6条）のこと。法改正前は，さまざまな雇用形態や資格要件で学校図書館業務を行う人々の総称として使用され，法的な根拠はなかった。法改正により，司書教諭と学校司書との2職種が明記されることになった。→：司書教諭

学校図書館［school library］　学校図書館法により，小・中・高等学校，中等教育学校，特別支援学校等に設置が義務づけられている図書館。教育課程の展開への寄与と児童生徒の健全な教養の育成を目的とし，読書センター機能と学習・情報センター機能を持つ。読書支援のイメージは強いが，学習を支え情報リテラシーを育成する場のイメージも浸透しつつある。→：読書センター，学習・情報センター

学校図書館基準［standards for school libraries］　日本における学校図書館の資料，職員，施設，運営などに関する基準。1959(昭和34)年文部省編『学校図書館運営の手引き』掲載の「学校図書館基準」は包括的な基準であるが，法的な拘束力はなく，改定されないために現在に当てはめられない。他に，「学校図書館図書標準」（文部省，1993(平成5)年），「学校図書館メディア基準」（全国学校図書館協議会，2000年），「学校図書館施設基準」（学校図書館協議会，1990，1999年改訂）などがある。

学校図書館支援センター［school library support center］　地域の学校図書館活動を支援するために，教育委員会（教育センター）あるいは公立図書館内に設置される機関のこと。図書館間の蔵書の共同利用，読書活動や学習活動で学校図書館が利活用されるための教育実践の共有化，また，学校図書館支援スタッフの配置などを通じて，学校図書館機能の充実をはかることを目的とする。

学校図書館図書標準　公立義務教育の学校図書館に整備すべき蔵書冊数の標準として，文部省（当時）が1993(平成5)年3月に制定したもの。学級数に応じた計算式にのっとって，

標準的な蔵書冊数を算出する。

『学校図書館の手引』（師範学校教科書）　文部省（当時）が1948（昭和23）年に刊行した，最初の学校図書館の手引書。約5万部印刷され，全国の学校に配付された。戦後日本の学校図書館の理論形成や実践に影響を与えた。

学校図書館法［School Library Act］　小・中・高等学校，中等教育学校（特別支援学校を含む）の図書館に関する法律。1953（昭和28）年8月に制定され，定義，役割，設置義務，専門的職員，国の責任などを規定する。1997（平成9）年6月の改定では，12学級以上の学校に司書教諭が必置となった。2014年6月には，学校司書を置くように努めなければならないとする条項が追加され，2015年4月から施行された。→：p.31

カッター（Charles A. Cutter, 1837-1903）　ボストン出身の図書館員。ハーバード大学卒業後，同大学図書館に勤務。1869年にボストン・アセニアムに移る。図書館の蔵書を辞書体の冊子目録5冊にまとめ，その編纂のために作成した *Rules for a Printed Dictionary Catalogue* は新しい多面検索の方向を示した。デューイとともにアメリカ図書館協会の結成に尽力し，会長を務めた。展開分類法，著者記号法を発表，貸出し，児童室の設置，分館制など先駆的なサービスを実施した。

活版印刷術［movable type printing］　1450年頃，グーテンベルクによって発明されたとされる印刷術。鉛合金を鋳型に注入して活字を作り，活字を組み合わせて版を組み，油性インクを使ってプレス機で印刷する。製紙法の発達とも相まって印刷物の大量生産を可能にした。火薬，羅針盤と合わせて世界の三大発明といわれている。→：グーテンベルク，p.140

金沢文庫　中世の武家文庫の代表的なもの。鎌倉時代中期に北条実時（1224-1276）が武蔵国久良岐郡六浦荘金沢（現横浜市金沢区）の邸宅内に造った武家文庫。創設時期は明らかでないが，実時晩年の1275年頃と考えられている。和書，漢籍，仏典，文書を多数所蔵し，その内容も政治・文学・歴史など多岐にわたった。足利学校と並んで中世の学問・教育に重要な役割を果たした。金沢北条氏の滅亡後は，菩提寺の称名寺によって管理された。徳川家康や前田綱紀らによって持ち出された蔵書もあったが，それらは宮内庁書陵部，内閣文庫，尊経閣文庫，蓬左文庫などに所蔵されている。明治に入り岡谷繁実の努力と伊藤博文の援助で再興され，1930年に神奈川県の施設として復興，1990年からは中世の歴史博物館となっている。

紙芝居［picture-story show］　物語の場面展開を何枚かの用紙に描き，物語の進行に従い順次，絵を示し，演じ手が用紙の裏に書かれたお話を朗読することによって，物語を演じる芝居の一種。日本独自のものである。

カリマコス（Callimachos, 305-204 B.C. 頃）　アフリカ北部のキレネ出身の文学者，詩人。アレクサンドリア図書館で，パピルス巻子本の著者伝記事項付目録『ピナケス（Pinakes）』を作成し，文学史の研究も行った。『ピナケス』は120巻あったとされるが現存しない。→：アレクサンドリア図書館

カレントアウェアネス検索［current awareness search］　現時点における最新情報を検索すること。特に関心のある情報に関する最新情報を定期的に入手するためには，SDIサービス，目次サービス，新着図書案内などのサービスがある。カレントアウェアネス検索の代表的なサービスがSDIサービスである。→：RSS，SDI

巻子本［scroll］　パピルスや絹布，紙などを継ぎ合わせて長くし，書写・印刷された書物。書物の形態として初期段階に位置する。その末端に取り付ける軸芯，保護のための表紙やその裏の見返し，紐や留め具などの材料や意匠に工夫をこらしたものが見られる。「巻」は，図書・雑誌の部分や，フィルム・磁気テープを数える単位として現在も用いられている。→：p.133

漢籍［Chinese classic books］　中国人が漢文で書いた書物。一般に辛亥革命までにつくら

れたものを指す。日本で版木を彫り直すなど
して制作された漢籍を和刻本という。

刊本［printed book］　広義には，印刷刊行さ
れた図書の総称。写本に対する語。狭義には，
活字版・活版による印本，あるいは活字本に
対して，版木に彫った木版本の呼称。

機関リポジトリ［institutional repository］　リ
ポジトリとは保管場所，知識の宝庫という意
味で，大学や研究機関が所属する研究者の学
術論文などの研究成果を電子的に収集，蓄積，
提供するシステムやサービスをいう。オープ
ンアクセスを実現する手段の一つに位置付け
られる。→：オープンアクセス

記述ユニットカード方式［unit-card method
of descriptive cataloging］　記述，標目指示，
所在記号を記した目録カードを作成して原
カード（1単位）とし，必要枚数を複製し，
それぞれに指示された標目を付して目録カー
ドのセットを完成させる目録作成方式。

寄託［deposit］　個人または団体が保存あるい
は利用の便宜を図る目的で，条件を付けて図
書館などに資料の保管と運用をまかせるこ
と。寄贈と異なり，所有権は寄託者に属する。

貴重書［rare book］　古いもの，数が少ないも
の，著名人の署名や書き入れといった付加価
値がついたものなど，珍しく，高価で，入手
困難な，文字どおり貴重な図書のこと。専用
の書庫を設けるなど特別の管理，保存体制が
とられる。電子化され，ウェブで公開される
ものも多い。特別コレクションと称して，そ
の図書館の特徴を表すものにもなっている。

基本件名標目表［Basic Subject Headings：
BSH］　日本図書館協会が編集・刊行する件
名標目表。初版は1956年。最新版である4版
（1999年）より参照表現がシソーラス構造と
なった。件名標目と参照語などを音順に排列
した音順標目表，件名標目を日本十進分類法
に沿って排列した分類記号順標目表，件名標
目の階層構造を示す階層構造標目表からなる。

キャレル［carrel］　落ち着いて読書や調べも
のができるように，周囲に仕切りをめぐらし
た1人掛けの机のこと。以前は書庫内に設置

された研究用の小さい個室を指した。

紀要［bulletin；memoirs］　要綱，要点を記（紀）
す の意味。大学や研究所などの研究機関が原
則としてその構成員の研究成果を収録して刊
行する逐次刊行物。

教育基本法［Basic Act on Education］　日本
国憲法に基づいて，日本の教育の在り方を示
した法律。他の教育関連法を導き出す根本的
な法律である。1947（昭和22）年3月に制定・
公布され，2006（平成18）年12月には，新しい
教育基本法が公布・施行された。教育基本法
の改正を踏まえ，2008年6月には図書館法等
の改正法が成立した。→：p.10

教材センター［instructional material center］
学校図書館が教育のための教材を提供した
り，教員にサービスを提供したりする機能を
持つことを示した用語。教員の授業改善を図
るためには，教材研究資料の提供体制の確立
や教員へのレファレンス対応への強化，教材
図書室の開設などが必要とされる。

行政資料［administrative document］　国およ
び国の関連機関，地方公共団体およびその関
係機関，国際機関などが作成する資料。公文
書のほか，事業計画書，調査報告書，審議会
報告，議事録，予算・決算書，公報，統計書
などがある。

共同目録作業［cooperative cataloging］　複数
の図書館が共同して目録作成を行うことで重
複作業を避け，各館で作成した書誌レコード
を相互に利用し合う目録作業。分担目録作業
（shared cataloging）ともいう。最近はオン
ラインによる目録作業が行われ，OCLC や
NII などの書誌ユーティリティがこれを支え
ている。→：集中目録作業，書誌ユーティリ
ティ

郷土資料［local material］　→地域資料

協力レファレンスサービス［cooperative refer-
ence service］　図書館協力の一つで，複数
の図書館が互いに助け合って行うレファレン
スサービス。協力レファレンスともいう。協
力関係レベルは，地域，館種，国内，世界が
ある。また複数の図書館で運営されるデジタ

ルレファレンスサービスもある。レファレンス事例を複数の図書館で蓄積してデータベースを作成し，共同利用する取り組みも行われている。→：図書館協力，レファレンス協同データベース

切抜資料［clipping file］　新聞や雑誌などの記事を切り抜いて資料化したもの。切り抜いた記事は主題ごとにスクラップブックに貼ったり，1件ごとに所定の台紙に貼り，出典・件名を記載したりするなどして整理・保管される。クリッピング資料ともいう。

禁帯出［in-library use only］　図書館資料の利用を館内閲覧に限定すること。館外貸出を認めない資料には，参考図書，貴重書，新着雑誌などがある。

クイックレファレンス［quick reference］　利用者からの質問に対して，時間をかけずに二，三の基本的な情報源を参照するだけですぐに解決できるような情報を提供するレファレンス。すなわち，即答質問に対するレファレンスのこと。レディレファレンス（ready reference）ともいう。

KWIC［KeyWord In Context index］　標題中の冠詞や前置詞など，あらかじめ指定した不要語を除くすべての語をキーワードとして抽出し，そのキーワードを中心に標題などの元の文脈全体を残したまま排列した索引。キーワードはアルファベット順や五十音順に，文脈の中央の位置にそろえてレイアウトされる。論文の標題中の重要語がキーワードとして文脈の中で順番に繰り返されるので，循環タイトル索引とも呼ばれる。論文の標題の他，雑誌名などの例もある。

KWOC［KeyWord Out of Context index］　KWIC索引とは異なり，標題などの文脈からあらかじめ指定した不要語以外の語をキーワードとして取り出して，欄外にアルファベット順や五十音順に排列し，そのキーワードを含む論文の標題などの文脈をキーワードの横に排列している索引。

グーテンベルク（Johannes Gutenberg, 1400?-1468）　出版業者。活版印刷術の発明者とされる。ドイツのマインツ出身。ストラスブルグで印刷術を研究し，1450年にマインツで活版印刷所を開設した。36行聖書，42行聖書などを印刷したが，金銭面のトラブルから事業に失敗し，印刷所は共同出資者フストの手に渡った。晩年はマインツの大司教から恩給が与えられていたという。→：活版印刷術, p.140

楔形文字［cuneiform］　古代のアッシリアやバビロニアで広く用いられた文字。粘土板が柔らかいうちに葦の茎などを削ってとがらせた尖筆で書くため，楔形になった。→：粘土板，象形文字, p.137, 139

クリエイティブコモンズ［creative commons：CC］　著作者が著作物の再利用の条件を明示することで，その共有と利用を目指して設立された非営利団体およびその活動。著作者が明示する条件はCCライセンスと呼ばれ，四つの条件を組み合わせた6種類がある。

クローラー［crawler］　ロボット型検索エンジンで使用されている，ウェブサイトの情報を取得して検索用データベース・インデックスを作成する自動巡回プログラムのこと。HTML文書だけでなく，画像やPDFファイルなども収集できる。収集されたデータはインデックス化され，巨大な検索データベースが作成され，検索可能になる。Webクローラー，検索ロボット，スパイダー，サーチボットなどとも呼ぶ。→：インバーテッドファイル，検索エンジン

形態素解析［morphological analysis；morphemic analysis］　自然言語処理の手法の一つで，文を意味のある最小の言語単位（単語），すなわち形態素に分割し，辞書を利用して品詞や単語の意味などを判別するために行われる処理。形態素辞書と形態素に関する文法知識を使って解析する。この解析結果に基づいて構文解析や意味解析，キーワードの自動抽出などが行われる。

刑務所図書館［prison library］　刑務所や拘置所，少年院などの矯正施設に設置される図書館。入所者の更生のために教育，教養，娯楽などの読書資料を収集・提供する図書館で，

「ユネスコ公共図書館宣言」でもその必要性が指摘されている。わが国ではこれらの施設に法務省が選定した図書「官本」が備えられ，収容者は「官本」を舎房で読む。1986年の国際図書館連盟東京大会以降，刑務所図書館への関心が芽生え，数は多くないが，公共図書館が矯正施設への団体貸出しを行うようになった。

『芸文類聚』[けいもんるいじゅう] 　中国，唐の時代に編纂された100巻からなる類書で，現存する最古のもの。類書とは一種の百科事典。622年，唐の高祖・李淵が欧陽詢らにその編纂を命じた。624年完成。日本にも早くから伝わった。

計量書誌学 ［bibliometrics］ 　文献集合を対象に，統計的手法を用いて計量的に分析し，文献の生産，流通，利用などに関して研究する学問分野。学術雑誌の掲載論文数に関するブラッドフォードの法則や，研究者の論文生産性に関するロトカの法則などがある。引用文献による研究も含まれることがある。ビブリオメトリックスともいう。

検索エンジン ［search engine］ 　サーチエンジンともいい，インターネットで公開されているウェブページの中から，検索語に合致するものを検索するシステム。ウェブページ上にある情報全文をクローラーによって収集し検索対象とするロボット型と，人手によってカテゴリーに分類するディレクトリ型，その両方を備えているハイブリッド型がある。さらに複数のウェブページを同時に検索するメタ検索エンジンもある。→：クローラー

検索式 ［search query］ 　検索したい概念を検索語に置き換え，論理演算子（AND，OR，NOT）などを用いて，データベースや検索システムの形式に合うように表現したもの。検索エンジンや OPAC の検索などでは，AND 演算子はスペースで代用されることが多い。

検索もれ ［drop-out］ 　検索要求に合致しているにも関わらず，検索されなかった必要な情報。→：再現率

件名標目 ［subject heading］ 　言葉で主題を検索するときの統制語で，コレクションを検索する場合のアクセスポイントの一つ。資料の持つ主題を端的に表す語または複数の語や句。

件名標目表 ［list of subject headings］ 　統制語彙表の一つ。通常，優先語である件名標目と非優先語である参照語が音順に排列されている。参照語から件名標目へと導く直接参照（を見よ参照）や件名標目同士の相互関連を明示する連結参照（をも見よ参照）などによって，語と語の関係を構造化している。主なものに，基本件名標目表や米国議会図書館件名標目表がある。

コアジャーナル ［core journal］ 　特定専門分野の評価の高い論文が集中的に掲載され，引用頻度が高く，その分野での重要で基本的な情報源とされる一群の学術雑誌。コアジャーナルは，ブラッドフォードの法則，引用分析，複写・貸出・相互貸借の利用状況，専門家の評価などから総合的に判定される。

交換 ［exchange of publication］ 　資料収集方法の一つ。自館の出版物やその図書館が属す上部機関が発行する紀要などを送付し，相手館からも同種の出版物を受け取ること，または自館の重複資料を他館の重複資料と交換し合うこと。

公共図書館 ［public library］ 　一般に市民のために公開される図書館のこと。日本では図書館法第2条に規定されており，地方公共団体が設置する公立図書館と，「日本赤十字社又は一般社団法人若しくは一般財団法人」が設置する私立図書館がある。前者を公共図書館と呼ぶことがあり，無料で公開されている。

甲骨文字 ［oracle bone characters］ 　中国，殷時代の都の跡から発掘された亀甲や獣骨に刻まれていた文字。中国文字の現存最古のもの。象形の類が多いが，今日使用されている漢字の原形とみられる文字も多く含まれる。→：象形文字，p.137

公衆送信権 ［right of transmission］ 　著作権者が著作物を有線，無線通信を通じて不特定多数の公衆に伝達するための権利をいう。テレビやラジオなどを通じて行う放送権，ケーブ

ルテレビなどによる有線放送権，インターネットなどを通じてデジタル著作物を自動的に送信できる自動公衆送信権に分けられる。なお，自動公衆送信とは，サーバなどに蓄積された情報を公衆からのアクセスにより自動的に送信することをいう。また，サーバに蓄積された段階を送信可能化という。これらは，著作権法第2条7の2から9の5に明記されている。

公貸権［public lending right］ 図書館が所蔵資料を利用者に貸し出すとき，資料の著作者が補償を請求しうる権利の総称。1946年のデンマークによる制度をはじめとして，ヨーロッパを中心とする諸外国で確立されている。公共貸与権，公共貸出権ともいう。

公文書館［archives］ 国や地方行政機関などが職務上作成した文書を中心に，団体，企業，個人に関わる文書・記録の中で歴史的，社会的に重要なものを収集・保管して利用に供する目的で設けられる機関。

公民館［civic hall］ 地域社会にあって，住民が自分自身で日常生活上の問題を解決していくための学習・研究また交流のための「社会教育法」に基づいた施設。多くの場合，ホール，スポーツ，調理，実験，保育，読書などの施設を置いている。

国際子ども図書館［International Library of Children's Literature］ 国内外の児童図書とその関連資料に関する図書館サービスを国際的な連携の下に行うため，2000年1月，国立国会図書館支部上野図書館を改装して開設された国立図書館。子どもの本に関わる活動や調査研究の支援，展示会やイベント，学校図書館へのサービスなども行う。2016年には，全面リニューアルオープンし，中学生・高校生のための「調べものの部屋」も開室した。

国際十進分類法［Universal Decimal Classification：UDC］ ラ・フォンテーヌ（Henri La Fontaine, 1854-1943）とオトレ（Paul M. G. Otlet, 1868-1944）がデューイ十進分類法第5版から発展させた書誌分類法。+，／，：，─，などの記号を使って標数（分類記号）を組み合わせて，詳細で多面的な展開を可能にしている。理工学分野が特に詳細に展開されている。分類表展開の精度によって詳細版，中間版，簡略版がある。1905年刊行のフランス語版が最も古く，ドイツ語版，英語版，その他世界各国語版がある。UDC コンソーシアムがその責任を担う。日本では1994年に冊子体の日本語中間版，2002年に CD-ROM 版，2014年には UDC Summary の日本語訳が UDC コンソーシアムのウェブで公開された。情報科学技術協会が編纂事業を担当していたが，2004年に事業から撤退した。

国際図書館連盟［International Federation of Library Associations and Institutions：IFLA］ 1927年，英国図書館協会50周年記念大会において参加国の代表者らが図書館および書誌分野の相互協力の促進などを目的に結成した団体。世界各国の図書館協会や図書館・教育研究機関が会員である。世界の図書館共通問題を扱うコア活動には，図書館サービスを通しての発展（ALP），著作権その他の法律問題（CLM），書誌標準化のための提携（ICABS），資料の保存（PAC），ユニマーク（UNIMARC）の5分野があり，また四つの重要戦略的構想に取り組んでいる。加盟国は137カ国1,293協会・機関（2017年現在）である。年次大会は参加国の持ち回りで，1986年わが国で IFLA 東京大会が開かれた。事務局はオランダ・ハーグの王立図書館に置かれている。

国際標準化機構［International Organization for Standardization：ISO］ 世界各国の代表的標準化機関からなる国際標準化機関で，1947年に設立され，事務局をスイスのジュネーブに置く。電気・通信および電子技術分野を除く，鉱工業，農業，医薬品などの全産業分野に関する国際規格の作成を行っている。国家間の製品やサービスの交換を助けるための標準化活動発展を促進すること，および知的，科学的，技術的，経済的活動における国家間協力を発展させることを目的とする。日本は1952年に日本工業標準調査会が加盟した。情報関

連の専門委員会（TC）として，TC37（専門用語，言語，内容の情報資源），TC46（情報とドキュメンテーション）がある。

国際標準書誌記述［International Standard Bibliographic Description：ISBD］　国際的な書誌情報の流通を図るために定められた目録記述の規準。各国の目録規則は基本的に ISBD に準拠している。1974年の ISBD（M）（単行書）の刊行に始まり，資料種別ごとに7種類が編成されてきたが，2011年に ISBD 統合版として一つにまとめられた。

国際標準逐次刊行物番号［International Standard Serial Number：ISSN］　逐次刊行物に付与される国際的な識別コード。8桁の数字からなる。1971年に始まった国際逐次刊行物データシステム（International Serial Data System：ISDS）の事業で，1993年に ISSN ネットワークとなった。本部はパリにあり，各国に支部（国内センター）を置く。日本では国立国会図書館が ISSN 日本センターとして，番号付与，発行機関への番号刷り込み依頼などの業務を行っている。

国際目録原則覚書［Statement of International Cataloguing Principles］　パリ原則に代わる目録規則に関する新しい国際基準を目指して，2009年に国際図書館連盟が策定した文書。これまでの伝統的な目録規則の考え方に加え，FRBR の概念モデルを採用している。→：FRBR，目録原則国際会議

国際標準図書番号［International Standard Book Number：ISBN］　図書に付与される国際的な識別コード。13桁の数字からなる（2006年以前は10桁）。冒頭に978を置き，それに続けて国記号，出版者記号，書名記号，チェック数字の五つの部分の組合せで構成される。日本の出版物は 4 が国記号となっている。1967年にイギリスの出版協会が始めた図書番号制が1970年に国際標準規格となった。国際 ISBN 機関が管理し，日本では日本図書コード管理センターがその任にあたっている。

国立国会図書館［National Diet Library：NDL］　1948（昭和23）年2月公布の「国立国会図書館法」に基づき設立された国立図書館。本館と新館のほかに国会分館，関西館，国際子ども図書館，および司法，行政の各省庁などに置かれる支部図書館よりなる。国会へのサービス，司法・行政へのサービス，国民へのサービスを行う。また，納本制度による資料の収集と保存，目録・書誌・索引の作成と提供，図書館協力などの機能を持つ。

国立国会図書館件名標目表［National Diet Library Subject Headings：NDLSH］　国立国会図書館が自館の目録を編成するために作成した件名標目表。初版は1964年，第5版（1991年）まで冊子体として刊行された。2005年から PDF 版が配信され，2010年からウェブ版（Web NDLSH）が，2011年から個人名や団体名などの典拠データを加えた Web NDL Authorities として公開されている。

国立国会図書館分類表［National Diet Library Classification：NDLC］　国立国会図書館が自館の書架分類用に作成した分類表。同館は創設時，和書には日本十進分類法，洋書にはデューイ十進分類法を使用していたが，1963年に閉架式書庫内の排架を目的とした列挙型の独自の分類法を作成した。19の主類にアルファベットの文字をあて，1 から999までの数字との組合せによる混成記号法を採用している。1987年に本表と索引の2分冊で改訂版が出された。最新版は2003年からウェブで公開され，随時更新されている。

国立国会図書館法［National Diet Library Act］　国立国会図書館設置のため，1948（昭和23）年2月に公布された法律。国会，行政および司法への奉仕，一般公衆および公立その他の図書館に対する奉仕，納本制度や各種の書誌・索引の作成と配布が規定されている。国等の公的機関が発信するインターネット情報を収集保存することが可能となる改正法（2010（平成22）年4月），民間の出版するオンライン資料を収集保存することが可能となる改正法（2013年7月）が施行された。→：p.24

国立情報学研究所［National Institute of Informatics：NII］　1986年4月に設置された学術

情報センター（NACSIS）を廃止・転換して，情報学に関する総合研究ならびに学術情報流通のための先端的な基盤の開発・整備を行うことを目的として，2000年4月に開設された大学共同利用機関。2004年4月に大学共同利用機関法人情報・システム研究機構の一組織となった。大学図書館における書誌ユーティリティ機能である目録所在情報サービスNACSIS-CAT/ILLのほか，学術情報ネットワークSINETの運用など，さまざまなサービスを提供している。

国立図書館［national library］　政府が設置し，運営・管理する図書館で，国民全体を奉仕対象とする，国の中央図書館。多くの場合，法定納本制度により国内出版物を網羅的に収集，全国書誌を刊行，海外の資料も収集し，各種書誌の作成，図書館間の相互協力，国際交流の推進などを主な任務とする。→：国立国会図書館

五山版　鎌倉・室町時代に，京都・鎌倉の両五山を中心とした禅宗関係者によって出版された書籍の総称。宋・元版の禅籍の復刻が中心であるが，仏典以外の漢籍類も多く，仮名まじりの国書も初めて刊行された。

子育て支援サービス［child care support service］　子どものいる親や家庭に対して社会的に子どもを育てるための公共図書館の支援のこと。保護者に対する，子どもの発達段階に応じた育児に必要な資料・情報の提供，選書や読み聞かせの実施，ボランティア活動団体への支援・協力などが行われる。子育て相談や親同士の交流などの，新しいニーズにこたえる動きもある。→：ブックスタート

子ども読書活動推進計画［Basic Plan for the Promotion of Reading Activities for Children］　「子どもの読書活動の推進に関する法律」（2001（平成13）年12月）のもとで策定された読書推進のための計画。政府は，「子どもの読書活動の推進に関する基本的な計画」を公表し，それをうけて，都道府県および市町村は，「子どもの読書活動推進計画」を策定し，実施することが求められている。

子どもの読書活動の推進に関する法律［Act on Promotion of Children's Reading］　子どもの読書活動推進のための基本理念を定め，国や地方公共団体の責務等を明らかにした，2001（平成13）年12月に成立した法律。国が「子どもの読書活動の推進に関する基本的な計画」を策定・公表すること，4月23日を「子ども読書の日」とすること等を定めた。→：p.34

コピーカタロギング［copy cataloging］　書誌ユーティリティが提供する共同書誌データベースを用いて行う目録作業の一形態。目録を作成したい資料の書誌レコードを共同書誌データベースのなかから検索し，自館の目録データベースに登録する作業のことをいう。→：オリジナルカタロギング

コレクション［library collection；library resource］　図書館がその使命や目的を達成するために収集・整理し，蓄積・保管している資料の集まり，まとまりのこと。以前は蔵書と呼ばれていたが，図書や雑誌などの印刷資料に加え，CDやDVDなどの視聴覚資料，電子資料といった非印刷資料など，図書館が提供する資料が多様化していることを反映し，この語が用いられるようになった。

コレクション構築［collection development］　各種の資料を計画的に選択，収集，整理し，継続的に保存，管理することで図書館のコレクションを作りあげること，またそのプロセス。図書館の館種，地域性，利用者の要求，収集と廃棄の方針，出版状況が基本要素として考慮される。蔵書構築，蔵書構成ともいう。

コロン分類法［Colon Classification；CC］　ランガナータンが考案した分析合成型の分類法。初版は1933年。文献の内容を主題要素“PMESTの公式”に従って分析，記号化し，合成していく方法である。ランガナータン独特の用語がこの分類法を解りにくいものにしている。実際に使用している図書館は少ないが，その後の分類研究の対象となっている。1989年に第7版の一部が刊行された。→：ファセット分類法，ランガナータン

コンソーシアム〔consortium〕 複数の機関等が共通の目標を実現するために協力したり，資源を共有したりするために結成する組織。共同体，連合体。図書館界では，利用者の相互利用や資料の相互貸借を目的とするものや，電子ジャーナルなどの情報資源の購読に関する交渉や契約を共同で行うものなどがある。

コンテンツサービス〔contents service〕 コンテンツシートサービス（contents sheet service）の略。図書館に到着した最新刊の逐次刊行物の目次を複写して，特定主題分野の研究員，調査員，専門家に定期的に配布するサービス。カレントアウェアネスサービスの一つ。主に専門図書館や大学図書館で実施される。現在では，電子メールや図書館のウェブサイトを通じて提供する方法が一般的である。

サービスポイント〔service point〕 (1)利用者が図書館サービスを受ける場所として自治体がすべての住民の身近な場所に設置し，貸出返却サービスやレファレンスサービスなどの図書館サービスを図書館以外で行える場所をいう。充実した図書館活動には，複数のサービスポイントが有機的に結合していることが重要である。(2)図書館内で利用者が情報を探す場所を指し，設置場所も決まっている。このうち，利用者が図書館員に支援を求める場所がレファレンスカウンターである。

再現率〔recall ratio〕 情報検索において，データベース中の情報要求に適合する情報のうち，実際にどれだけ検索されたかを示す比率。検索もれを測る指標。→：精度

再販売価格維持制度〔resale price maintenance system〕 メーカーが卸売業者や小売店に対して，消費者への販売価格を指示し，その価格（定価）を維持させる制度。本来は，独占禁止法によって禁止される行為であるが，自由競争によって消費者に不利益がもたらされるおそれのある著作物（書籍，雑誌，新聞，CD など）については，この制度が認められている。再販制度，定価販売制度ともいう。

蔡倫 中国後漢代の宦官で，製紙法の改良者。

字は敬仲。105年，樹皮・麻屑・古布・魚網などを材料に筆写材料を作り，皇帝に献上した。前漢代の遺跡から紙が発見されたことから，蔡倫を紙の発明者ではなく改良者であるとする説が有力となった。

サイン〔sign〕 図書館の利用者がその目的を達成できるように，案内指示をした看板，掲示，識別類のこと。来館までの街角に案内を示した看板や，館内の施設設備案内，館内のどこにどのような資料があるか示した案内板などがある。利用者の便を図るためのサイン計画を行うことが望まれる。

嵯峨本（さがぼん） 江戸時代初期（慶長から元和）に，京都の嵯峨で刊行された豪華刊本の総称。木版刷もあるが，多くは木活字版である。版組・版下作成のために字体・書体を提供した本阿弥光悦（みつこうえつ），刊行者としての角倉素庵（すみのくらそあん）の名を採り，光悦本，角倉本とも呼ばれるが，彼らがどのように，どの程度関わったかを明らかにするためには，今なお調査研究が必要とされる。

索引〔index〕 必要な情報に容易にアクセスできるように用語を抽出し，その用語の所在場所と共に一定の排列順序でリストしたもの。図書や雑誌などの巻末に置かれるものと，雑誌記事索引のようにその記事で取り扱われている内容を主題分析して得られた索引語を抽出あるいは付与して，情報検索に備えるものとがある。

索引語〔indexing term〕 文献の主題内容を表す見出し語（headings）で，利用者が文献を検索するときの手がかりとなる語。語，句，コードなどでも表され，キーワード，ディスクリプタ，件名標目，分類標数などがある。索引語は検索時に，検索語の候補となる。

索引誌〔index journal〕 二次資料の一種で，図書，雑誌記事，新聞記事，特許情報などの一次資料に関する情報を検索できるように分類やキーワード別に排列した文献リストで定期刊行物の一種である。現在，索引誌の多くはデータベースとして提供され，コスト面から印刷物は作成中止しているものもある。

雑誌〔magazine；journal〕 逐次刊行物のうち

新聞を除く刊行物。一般に多数の執筆者のさまざまな主題の記事を収録し，一定の誌名のもとに，通常は終期を予定せず刊行する。一般に大衆雑誌に対しては magazine を，学術雑誌に対しては journal が用いられる。長期間刊行されている雑誌の中には，誌名変更，休刊，廃刊になる場合もある。

査読制度［referee system；peer review］ 学術雑誌に投稿された論文の掲載可否を審査・判定する制度。レフェリー制度ともいう。良質の情報を読者に届けること，公平性を保つこと，学術雑誌の質の維持などを目的として行われる。

三次資料［tertiary source］ 二次資料の情報を編集・加工した資料で，二次資料を検索するために利用する。レファレンスブックのガイドや書誌の書誌がある。

参照［reference］ 目録・索引類において，ある標目から他の標目へ導く指示。〈を見よ参照〉→，〈をも見よ参照〉→:，〈を見よ逆参照〉←，〈をも見よ逆参照〉:←がある。→:を見よ参照，をも見よ参照

酸性紙［acid paper］ 19世紀後半以降の木材パルプを原料とする近代製紙技術によって作られた紙で，インクのにじみ止め（サイズ剤）として松やに（ロジン）が，それを紙に定着させるために硫酸アルミニウム（硫酸バンド）が使われた。硫酸アルミニウムは水分と反応して酸を生じ，紙を酸性にする。これが紙の繊維であるセルロースを傷め，繊維のつながりが切れた紙はボロボロに崩れてしまう。日本では1980年代以降，酸性紙問題として広く認知され，図書館界において，資料保存の新しい考え方を生み出すきっかけとなった。

CIE 図書館［SCAP CIE Information Center］ 連合国軍総司令部・民間情報教育局は，1945年11月15日放送会館（旧 NHK ビル）に日本人のための図書館を開設した（翌年3月，有楽町の日東紅茶の喫茶室を改装して移転）。1947年から地方へも展開され，1951年までに京都，名古屋，大阪，福岡，新潟，札幌，仙台，金沢，神戸，長崎，静岡，高松，横浜，函館，熊本，広島，新宿，長野，松山，岡山，秋田，小倉と22館が開設された。各館でアメリカ人のプロのライブラリアンがサービスにあたった。それまで日本の図書館では行われていなかった無料，開架，レファレンスサービス，児童へのサービス，映画会など視聴覚資料の利用など，後の日本の図書館サービスの手本となった。民主主義社会では情報へ無料で自由にアクセスすべきことを実地に示したものである。1952年4月に占領が終結し，CIE 図書館は閉鎖になり，5月から国務省の管轄下でアメリカ文化センター（ACC）へと衣替えしてサービスを継続した。

CIP［Cataloging In Publication］ 出版社から送られてきた校正刷り段階の原稿に基づいて，全国書誌作成機関が作成した一定の書誌情報を，出版社が出版物の標題紙裏などに付けて発行すること。1971年に米国議会図書館で始められ，イギリスやカナダ，オーストラリアなどでも行われているが，日本では行われていない。

シェルフリーディング［shelf reading］ →書架整理

シーケンシャルファイル［sequential file］ シリアルファイル，順編成ファイル，線形ファイルなどとも呼ばれる。データベースにレコード単位ごとに順次連続的に入力されたファイル。主に二次検索や検索結果の出力に使用されるレコード番号順のファイル。→:インバーテッドファイル

事後結合索引法［post-coordinate indexing］ 複数の主題をもつ情報資源の内容を索引する時，個々の索引語を列挙した形で索引し，検索者が論理演算子などを用いて，索引語を自由に組み合わせて検索できるように索引する方法。主題を表す概念の結合関係は無視されるため，検索もれは減るがノイズは増える傾向にある。→:事前結合索引法

『四庫全書』［Complete Library of the Four Treasuries］ 18世紀後半，中国清の高宗（乾隆帝）の勅命によって編集された写本約3,500部，約7万9,000巻（部数，巻数の考え方には数

種あり）に及ぶ漢籍の一大叢書。経・史・子・集の四部分類によって分類・排列された。この分類法は，日本でも漢籍の分類法として定着している。

司書［librarian］　図書館の専門的業務（収集，整理，奉仕など）に従事する職員の総称。「図書館法」では，公共図書館の司書を規定し（第4条），その資格（第5条）と養成の方法（第6条）を明示。その資格をもつ図書館員のこと。2009（平成21）年4月，図書館法施行規則が改正され，必修11科目22単位，選択7科目7単位からなる司書資格取得に必要な科目が定められた。→：司書教諭，学校司書

司書教諭［teacher librarian］　「学校図書館の専門的職務を掌らせる（学校図書館法第5条）」教員を指す。学校図書館司書教諭講習を修了した，主幹教諭，指導教諭又は教諭が，任命権者によって司書教諭として任命される。附則によって「当分の間」置かないことができたが，1997（平成9）年6月の法改正で，12学級以上の学校は「平成15年3月31日まで」に置くことになった。→：学校司書

辞書体目録［dictionary catalog］　著者名，書名，件名，参照など，すべての目録記入を一括して標目の音順に排列した目録。

事前結合索引法［pre-coordinate indexing］　複数の主題をもつ情報資源の内容を索引する時，索引作成時に個々の索引語を結合した形で表現する索引法。検索する前にあらかじめ索引語が結合されているため，検索ノイズを減らすことができる。事前とは，検索時より前という意味である。→：事後結合索引法

自然語［natural language］　フリーターム，フリーキーワード，フリーワードともいう。シソーラスや件名標目表で統制されていない語のことで，日常使用されている言葉や用語をいう。文献などでは，標題，抄録，本文中に使用されている語で，新語の検索には便利である反面，同義語や類義語，下位概念の用語などをすべて入力しなければ，もれのない検索はできない。→：統制語，ディスクリプタ

シソーラス［thesaurus］　情報検索に用いられる統制語を階層的に整理した用語集。索引語として採用されなかった自然語（非ディスクリプタ）から，索引語に使用される統制語（ディスクリプタ）への同義語参照および統制語同士の上位，下位，関連関係，および用語の定義であるスコープノートを明示している。各専門分野で開発整備され，再現率を高めたい検索や同義語を網羅的に検索したい場合に有効である。

視聴覚資料［audiovisual material］　視覚または聴覚に訴える資料。主に文字以外の音声や映像による方法で伝達する。絵・図，スライド，録音テープ，ビデオテープ，映画フィルム，CD，DVDなどのディスク類，標本類などがあり，再生装置によって視聴するものが多い。AV資料とも呼ばれる。

指定管理者制度［designated administrator system］　地方公共団体が設置する施設の管理，運営を民間団体にも認める制度。2003（平成15）年6月の地方自治法の改正によって，民間企業，NPO法人や市民団体などが図書館をはじめとする公共の施設を管理運営することが可能となった。→：アウトソーシング

辞典・事典［dictionary］　レファレンスブックの一種で，文字や事柄を一定の順序に排列して解説したもの。辞典は，文字や語の読みや意味，語源などを解説したもの，事典は，事柄の起源や由来などを解説したものであるとされるが，辞典と事典という概念の明確な境界はない。

自動化書庫［automated storage and retrieval system］　専用の閉架式書庫で資料を自動で出納・管理するシステム。自動書庫ともいう。資料はコンテナと呼ばれる収納箱に納められる。OPACなどから要求のあった資料は，収納箱ごと専用ステーションに搬送される。資料にはバーコードやICタグが貼付され，納められた収納箱や出入庫の状況などが管理される。

児童サービス［children's service］　乳幼児から中学1年生程度の子どもを対象にした，公共図書館が提供するサービス。子どもの特性

に沿った蔵書構成，読み聞かせ，ストーリーテリング，ブックトークなどのおはなし会を行う児童室（コーナー）を用意することが多い。学校等への団体貸出しや出張読み聞かせのサービスなども行う。→：ヤングアダルトサービス

『市民の図書館』　公共図書館の水準を高めるために，日本図書館協会が1968年から開始した公共図書館振興プロジェクトの成果をまとめたもの。1970年発行。図書館サービスの重点を資料の貸出し，児童へのサービス，全域サービスに置くという方針を掲げた。

社会教育法［Social Education Act］　「教育基本法の精神に則り，社会教育に関する国及び地方公共団体の任務を明らかにすることを目的」（第1条）として，1949（昭和24）年6月に公布された法律。ここでいう社会教育とは，学校教育法に定められたものを除き，「主として青少年及び成人に対して行われる組織的な教育活動」（第2条）を指す。同法第9条で「図書館及び博物館は社会教育のための機関とする」こと，同条第2項で「図書館及び博物館に関し必要な事項は，別に法律をもって定める」と規定し，図書館法の法的根拠となっている。→：p.13

JAPAN/MARC　国立国会図書館が作成，頒布する全国書誌のMARC。1981年から頒布が開始された。ファイル形式は，外形式はISO2709「情報交換用フォーマット」を採用，内形式はUNIMARCに準拠していたが，2012年より内形式をMARC21に変更した。これに伴い，文字コードもJISコードからUnicodeに変更された。

写本［manuscript］　刊本に対して，手で書写した図書のこと。手書き，すなわち肉筆で記された本。書き本，書写本，鈔本，筆写本，手稿本ともいう。印刷術が発明される以前の書物（タイプで打ったものも含む）。なお，manuscriptは原稿や草稿という意味もある。

JANコード［Japanese Article Number Code］　一般財団法人流通システム開発センターが管理する国内の共通商品コード。バーコードとして商品などに表示される。1990年に同センターと書籍業界の合意により，書籍JANコードが制定された。書籍JANコードは，ISBNと図書分類，税抜き本体価格などからなる。このほか，雑誌などを対象とした定期刊行物コードがある。→：ISBN

収集方針［acquisition policy］　図書館の設置の目的，目標，利用者のニーズに基づいて，バランスのとれたコレクションを構成していく上で基本となる考え方を成文化し，コレクション構築の指針とするもの。資料収集方針，収書方針などともいう。

集中目録作業［centralized cataloging］　目録作業を各図書館で行う代わりに，中央図書館または全国書誌作成機関などの機関が集中して行い，印刷カードあるいはオンラインで書誌情報を配布すること。→：共同目録作業

修道院図書館［monastery library］　中世初期から中葉にかけて，ヨーロッパでの図書館活動は修道院の中に設けられた図書室・図書館で活発に行われた。そこには写字室もあり，図書（写本）生産の中心的役割をも果たした。→：p.141

集密書架［compact stacks］　書庫部分の収蔵力を高めることを目的として考案された手動式，または電動式の可動書架のこと。資料数に比して通路部分が少ないため，利用頻度の低い資料の保管に適する。

自由利用マーク　著作者が，自分の著作物を他人が自由に利用してもよいと考える場合に，その意思表示するためのマーク。文化庁が制定した。「プリントアウト・コピー・無料配布」OKマーク，「障害者のための非営利目的利用」OKマーク，「学校教育のための非営利目的利用」OKマークの3種類があり，その目的・使用範囲はマークによって異なる。一度付けるとその撤回は困難であり，明確な意思をもって付ける必要がある。

主題分析［subject analysis］　論文や記事，ウェブページなどに書かれている主題内容を，その構成要素である主要な概念，すなわち主題を構成している要素に分析すること。これ

らの要素のうち，とくに核となる重要な概念を主題中心という。索引作成および情報検索を行う際に必要な作業であり，主題分析した結果の表現方法には，記号やコードで表す分類，用語で表す索引，文章で表す抄録がある。

出版［publishing］　文書・図画・写真等の著作物を印刷その他の方法で複製し，図書・雑誌等の形態に製本して，読者に有償または無償で頒布する行為。商業出版社による出版は，その制作過程において編集機能を有することが多く，情報生産者としての責任は大きい。最近では，インターネットをつうじた電子出版も普及しつつある。→：電子出版

生涯学習［lifelong learning］　人が生涯において，さまざまな場や機会に行うあらゆる学習のこと。また，生涯学習社会を目指そうという考え方・理念自体を表すこともある。学校教育，社会教育，文化活動，スポーツ活動，レクリエーション活動，ボランティア活動，企業内教育，趣味などさまざまな学習の場があり，図書館は重要な拠点である。

障害者サービス［library service for the handicapped］　広義には図書館の利用に障害のある人，図書館未設置地域の住民，病人・高齢者，日本語に不慣れな外国人，矯正施設の収容者などへの図書館サービス。狭義には視聴覚障害者，肢体障害者，精神的・知的障害者，発達障害者，学習障害者等を対象とする資料・情報提供サービス。対面朗読，点字・録音図書，大活字本の作成と提供，施設のバリアフリー化，電磁誘導装置の導入，資料の郵送・宅配サービスなどがある。

象形文字［hieroglyph］　物の形をかたどってつくられた文字。古代エジプトのヒエログリフや中国の甲骨文字など。

情報科学技術協会［Information Science and Technology Association：INFOSTA］　1950年3月にUDC研究会として発足し，同年9月にUDC協会創立。当時はUDCの研究，普及，管理を目的とした。会誌UDC Information を発行。同年10月にFIDに加盟。1955年12月，UDC日本語簡略版を発行した。

1958年9月に日本ドクメンテーション協会と改称し，1986年6月に情報科学技術協会と再度改称した。現在の主な活動は，情報科学，情報の技術，情報管理などに関する研究，シンポジウムの開催，検索技術者検定の実施などがある。機関誌は『情報の科学と技術』（月刊）。

情報検索［Information Retrieval：IR］　あらかじめ組織化して大量に蓄積されている情報集合から，ある情報要求を満たす特定条件に合致した情報集合だけを取り出すこと。主にコンピュータ検索に対して使用され，マニュアル検索（印刷物を手作業で検索）に対しては，探索という言葉が使用されることもある。情報検索は，書誌や索引などの二次情報を検索する場合と，記事全文や株価などの一次情報を検索するファクト（事実）検索がある。

情報サービス［information service］　図書館利用者の課題解決に供するために，図書館員が行う情報や資料提供などの人的サービス全般を指す。レファレンスサービス，情報検索サービス，コンテンツサービス，複写サービスなどがある。インターネットの普及により，来館者ばかりでなく，図書館のウェブサイトを通じてさまざまな情報提供を積極的に行っている。

情報探索行動［information seeking behavior］　人々が必要な情報を探す際の行動。コンピュータやネットワークの急速な進展によって変化した人々の情報探索行動は，情報源の選択，検索・探索の方法，情報要求の具体化などの，図書館員が直接的・間接的に支援するサービスの在り方にも変化を及ぼしている。

情報リテラシー［information literacy］　さまざまな情報源から必要な情報にアクセスし，それらを評価し，活用するための基礎的な知識や技能のこと。コンピュータなどの情報機器の操作にとどまらず，それらを活用した情報の収集や加工，発信のほか，情報技術や情報社会についての理解など，広く情報に係る知識や技能が必要とされる。

商用データベース［commercial database］　広

く一般の人々を対象として作成された有料データベース。データベース提供機関（ディストリビュータ）と利用契約を交わす必要がある。収録される情報は，一定の選択基準のもとに収集され，情報の質を保証している。

抄録［abstract］　雑誌論文や研究報告の内容を簡潔かつ的確に表現した文章。圧縮の程度により，原著作の概要を簡潔に示す指示的抄録（indicative abstract）と，詳しく論点やデータを要約した報知的抄録（informative abstract）がある。著者自身による著者抄録と，著者以外の第三者抄録がある。抄録誌やデータベースでは書誌情報も伴う。

除架［weeding］　図書館資料の中で，重複や破損した資料，利用されなくなった資料，時代の変化により内容が古くなった資料などを書架から選択すること。選択された資料は除籍をしたうえで廃棄したり，保存書架に移管したりする。ウィーディング，不要図書資料選択とも呼ばれる。→：除籍，廃棄

書架整理［shelf reading］　書架上の資料が排架順に並んでいるかを確認し，並んでいない場合は，正しい順序に戻す作業。シェルフリーディング，書架整頓ともいう。

書架分類［bibliothecal classification；shelf classification］　資料を書架に排列するための分類法。過去には，図書はサイズで排架されていたが，デューイ十進分類法が出た頃から，類似した主題でグルーピングして排架するようになった。日本十進分類法，国立国会図書館分類表などはその例である。→：書誌分類

書庫［stacks］　図書を収納する室または建物。閲覧方式により開架式，閉架式書庫がある。床加重・天井高・空調・照明などの設計条件が他の部門とは異なる。書庫は単なる保存庫ではなく，求められればすぐに利用者に提供できる位置に置かれ，管理されていることが望ましい。→：自動化書庫，積層書架

書誌［bibliography］　図書や雑誌記事などの文献を一定の選択基準で収集し，書誌的事項を一定の基準にしたがって排列した文献リスト。主題別，時代別，地域別，国別，言語別，人物別などで編纂される。二次資料の一種であるが，書誌を検索するための書誌の書誌のような三次資料もある。書誌には図書館の所蔵情報は示されないため，目録とは区別される。

書誌階層［bibliographical hierarchy］　二つ以上の書誌的事項の全体部分関係を表現したもの。日本目録規則1987年版では，「書誌的記録を構成する書誌的事項には，全体とそれを構成する部分という，上位と下位の階層関係が成立する場合がある」とし，このような階層を書誌階層，その構造を書誌階層構造と呼んでいる。日本目録規則2018年版でも同様の考え方が採用されている。

書誌学［bibliography］　図書の形態，材料，用途，また個々の図書の内容，成立の事情などを学術的，実証的に研究する学問。個々の図書について正確な書誌記述をすることに限定して使うこともある。分析書誌学，体系書誌学に大別される。図書の物理的側面（形態・材料など）を中心に行う研究を図書学と呼んで区別する場合もある。

書誌コントロール［bibliographic control］　利用者による資料の発見から入手までを実現するために，一図書館によるものから国内，国際レベルで行われる情報資源組織化に関する活動の総称。書誌調整ともいう。目録・分類作業で標準的な規則やツールを用いたり，書誌情報を標準的な形式で記録したりするなど，組織化にかかる活動を標準化することで，書誌情報と対象資料のより広範囲での共同利用の実現を目指す取り組みといえる。

書誌情報［bibliographic data；bibliographic information；bibliographical information］　図書その他の資料について，他の資料との同定識別に必要とされるデータのこと。図書を例にとれば，タイトル，著編者，出版者，主題などの記録である。それらを集め，特定の順序に排列したものが書誌や書誌データベースで，書誌情報検索の源となる。

書誌的事項　他の資料や他の版などから同定識別するための個々の資料についての記録。日

本目録規則1987年版では，「記述の構成要素。標目は含まない。」と説明され，タイトルと責任表示，版，出版・頒布等，形態，シリーズに関する事項などがあげられる。日本目録規則2018年版ではエレメントと呼ばれる。

書誌分類［bibliographical classification；catalog classification］　書誌・目録類に記載する書誌情報を主題別に排列するための分類法。国際十進分類法がその典型であるが，デューイ十進分類法も第17版以後，書誌分類としての要素が強まってきた。→：書架分類

書誌分類法［Bibliographic Classification：BC］　ブリス（Henry E. Bliss, 1870-1955）が考案した分類法。1940年から1953年にかけて4冊で刊行された。主類はアルファベット26文字からなり，0から9の数字の先行類があり，二者択一方式に特徴がある。イギリスで注目され，使用された。1977年からミルズ（Jack Mills, 1918-2010）らが編纂を開始した第2版（BC2）では，構成は変えなかったものの，新分野の追加，用語の近代化，ファセット方式の採用などの全面改訂を行った。主題ごとの改訂と出版が進行中。

書籍館（しょじゃくかん）　近代日本の図書館草創期における図書館の呼称の一つ。文部省が1872（明治5）年，東京・湯島の聖堂内に創設し公開した図書館。昌平坂学問所，蕃書調所，和学講談所などの蔵書が基になっている。日本における国立図書館の起源。「書籍館書冊借覧規程」を制定。有料閲覧であった。1873年，（ウィーン万国博覧会出品準備のための）太政官内の博覧会事務局に移管された。→：浅草文庫

書誌ユーティリティ［bibliographic utility］　共同書誌データベースに蓄積された書誌情報を，コンピュータネットワークを通じて，多数での共同利用を可能とするネットワークサービス，あるいはそれを提供する組織。OCLCや国立情報学研究所がそれにあたる。

除籍［withdrawal］　除架した資料や紛失した資料などの記録を目録（データベース）や図書原簿などの帳簿からから事務的に抹消すること。→：除架，廃棄

書評［book review］　図書の内容を簡潔，客観的に紹介，批評，評価すること。新聞・雑誌などにも書評欄があるが，専門の書評誌（紙）も刊行されている。一般には，読者が自分の読みたい図書を選ぶために利用されるが，図書館にとっても資料選択の参考になる。

調べ学習　→探究的な学習

私立図書館［private library］　公共図書館の一種。図書館法では「日本赤十字社又は一般社団法人若しくは一般財団法人が設置するもの」（第2条第2項）と定義されている。同法第26条では国や地方公共団体による事業への干渉や図書館の設置法人に対する補助金の交付が禁止され，いわゆるノーサポートノーコントロールの原則のもと，自主的な活動が保証される。その一方で，図書館資料の利用についての対価の徴収が認められている（法第28条）。

CILIP［Chartered Institute of Library and Information Professionals］　図書館・情報専門家協会。英国図書館協会（The Library Association：LA, 1877年創設）と英国情報専門家協会（The Institute of Information Scientists：IIS, 1958年創設）が2002年に統合して設立された英国の情報専門職団体。英国内の大学で提供される図書館情報学教育プログラムを認定するほか，「専門職の知識・技術基盤（Professional Knowledge and Skills Base）」を提示するなど，専門職の育成やアドボカシーにも力を入れる。機関誌は *CILIP Update*（月刊）。

資料選択［selection］　図書館の目的に合わせて，収集する資料を選択する業務。選書ともいう。単に文献的価値の評価だけでなく，資料の種類，主題範囲，利用者層，利用者の情報ニーズなども考慮すべき重要な要素となる。担当者には相応の学識，語学力，出版流通や各種選書ツールの知識および利用者ニーズの理解力などが求められる。担当者個人または担当部署による選択のほか，資料選択委員会（選書委員会）が組織される場合もある。

資料提供サービス［provision of library material] 利用者の求めに応じて，図書館資料を提供するサービス。資料提供のために，閲覧や貸出，文献送付，資料配布，現物貸借，予約サービス，読書案内，文献調査などの相談に応じる。

資料保存［preservation］ 現在および未来の利用を保証するために行われる資料の維持・管理活動の総称。従来，図書館における資料保存は利用と相反するものと考えられ，壊れた資料を修理するといったイメージで捉えられてきたが，現在では図書館業務の根幹として位置づけられるようになった。資料保存を効果的に実践するためには，「資料の状態」「利用頻度」「モノとして残す必要性」の三つの要素によって，その資料（群）が持つ保存ニーズをつかんだ上で，予防，代替，修復，廃棄といった方法を選択することが大切である。

新着図書［new arrival book］ 図書館の蔵書として新しく加わった図書。新刊図書ばかりではなく，寄贈や寄託などで図書館に受け入れたものも含む。新着図書を展示したり，リスト化したりする広報活動によって利用者に周知することを，新着図書案内という。インターネットによる情報提供も行われる。

新聞縦覧所 複数の新聞を集めて有料・無料で読ませる読書施設。新聞が広く普及していない明治初期において，文明開化を目的として，官側の奨励あるいは民間の有志者によって全国に数多く設立された。

図鑑［pictorial book］ 特定分野や主題についての絵や写真，図表などを系統的に配置して説明を加えた図書。文章だけではわかりにくい事柄を具体的に示し説明することを目的とする。

図書寮 大宝律令（701年）の制度では中務省に属し，朝廷の経典，図書，仏像の所蔵・管理などをつかさどった。役割を変えながら近代まで存続。現在の宮内庁書陵部の前身。

ストーリーテリング［story telling］ 本に書かれた物語などを語り手が覚えて，聞き手に語ること。公共図書館や学校図書館で，子どもを対象に行われる。そのまま読んで聞かせるのではなく，自分の言葉で語る。文字を知らない幼児にとっては読書そのものといえる。「おはなし」ともいう。→：おはなし会

請求記号［call number］ コレクションの書架上の位置を示す記号。多くの場合，分類記号と図書記号（著者記号，巻冊記号，その他補助記号を含む）からなる。所在記号ともいう。

精度［precision ratio］ 情報検索において，実際に得られた検索結果のうち，情報要求に合致した情報（適合情報）の割合を表したもの。情報検索のノイズの程度を示す指標となる。以前は適合率（relevance ratio）といわれた。→：再現率

政府刊行物［government publication；official publication］ 国あるいは地方公共団体に属する諸機関が刊行した，あるいは費用を負担して刊行した出版物のこと。官報，白書，統計書などが代表例である。官公庁出版物ともいう。最近では，政府情報の電子公開が進み，ウェブで閲覧できるものも少なくない。

製本［binding］ 紙葉をまとめて綴じたり，表紙をつけたりして，冊子の形につくりあげること。冊子として美しく，また耐久性を高めるために行われる。図書館では逐次刊行物のバックナンバーを合冊製本したり，ペーパーバックやパンフレットなどの補強製本，破損した図書の修理製本などが行われる。

世界知的所有権機関［World Intellectual Property Organization：WIPO］ 1970年に設立されたスイスのジュネーブに本部を置く国連の専門機関。世界における知的財産権の保護を促進することを目的とし設立された。加盟国間の協力および他の国際機関との連携のもとに，加盟国が知的財産権の保護を目的とした規則や実務を制定・調整するために重要な役割を果たしている。商標や工業意匠，原産地名称の国際登録制度および特許の国際出願制度のサービス提供を行っている。→：知的財産権

積層書架［multitier stacks］ スチール書架の支柱の上に書架を積み重ね，通路部分には鉄板などの床を張る方法で構築する書架。層の

間は鉄骨階段で結ぶ。コンパクトに資料を収納でき，容積に比しての収納効率は高い。2層だけの場合には上層に移動書架を設置することもできる。→：書庫

絶版［Out of Print：OP］　出版社が売れ行き不振，著者の意向，外部からの要請，印刷用の版損傷などの理由で，以後の出版発行を中止すること。増刷などの出版発行を中止していない状態は品切れ，重版未定などと表現される。木版印刷が主流であった江戸時代には，版木を割るので，砕板とも呼んだ。

全国学校図書館協議会［Japan School Library Association：全国SLA］　各都道府県の学校図書館研究団体と協力して，学校図書館の充実発展と青少年読書の振興を図るための活動を行う公益社団法人。1950年に全国の有志教員によって設立。学校図書館向け資料の選定，学校図書館職員への研修，読書に関するコンクール等の実施，機関誌『学校図書館』（月刊），『学校図書館速報版』（半月刊），写真ニュース『としょかん通信』（月刊），学校図書館関連書籍等の出版活動も行う。

全国書誌［national bibliography］　特定の国の刊行物を網羅的に収録した書誌。一般に国立図書館が法定納本制度によって収集した資料をもとに作成する。各国の国立図書館のOPACやMARCなどによって提供される。広義には，その国について書かれた他国の出版物を含むこともある。

選書［selection］　→資料選択

全文検索［full-text search］　文献の全文すなわち複数の文章を対象として，検索文字列が文章中に存在するかどうかを検索する方法。主な全文検索方法には，先頭から順次文字列をチェックしながら検索するNグラム法や，文章中の言葉を形態素解析により抽出する方法などがある。全文検索の結果は一般に再現率は高いが，ノイズが多くなる傾向がある。→：Nグラム法，形態素解析

専門図書館［special library］　各種の研究調査機関や企業その他の団体などで業務に関連して蓄積される資料群を中心に構成された図書館。専門をとらえる観点により三区分できる。①ある一つの学問分野か，特定の専門領域を主たるサービス対象とする図書館，②ある特定のカテゴリーに属する利用者へのサービスを専門とする図書館，③ある特定の種類の資料を専門に取り扱う図書館。なお日本では現在，専門図書館関係の法令は存在しない。

相関索引［relative index］　分類表に付された，言葉から本表の分類記号を検索できる索引。本表中の用語を単なるアルファベット順または五十音順に並べたものではなく，同義語からも検索できたり，一主題でもその関連においてさまざまな分野に散らばっている主題を1か所で検索できるようにしたりしている。デューイの考案によるもので，DDCに付されるほか，NDCにも付されている。

総合的な学習の時間［the Period of Integrated Studies］　→探究的な学習

総合目録［union catalog］　複数の図書館が所蔵する資料の書誌情報を，中心となる機関が集めて一つの体系のもとに編成した目録。各資料の記録には所蔵情報が明記され，資料の相互利用には不可欠の二次資料である。

蔵書印［ownership stamp］　図書の所蔵者を明示するために押す印。図書館では図書館名が彫られており，一般に標題紙に押捺される。登録番号や登録年月日を組み合わせる例もある。最近では，所蔵館名を記したバーコードラベルやICタグをその代わりとする図書館も多い。所蔵者名をデザインした蔵書票（ex libris）を表紙の内側に貼るのと同目的。

蔵書回転率［collection turnover rate］　コレクションの評価尺度の一つ。所蔵している資料がどの程度利用されているかを貸出冊数から計る指数で，年間の貸出冊数を全蔵書数で割って算出する。

蔵書点検［inventory］　コレクションの状況，個々の資料の存否を点検・調査すること。保管記録（図書原簿，書架目録等）と現物資料との突き合わせにより行う。

装備［processing］　分類と目録作成が終了した資料に対し，排架する前に管理上の必要か

ら行う加工のこと。蔵書印の押印，請求記号ラベル，ブックポケット，デートスリップ，バーコードの貼付，資料保護のためのフィルム添付などの作業がある。

遡及検索［retrospective search］　特定の主題に関する情報を，情報を必要とした時点から必要とする年数だけ過去にさかのぼって検索すること。データベースを遡及できる年数は，必要とする情報の収録年数に依存する。ウェブ検索では，随時ウェブ作成者によって変更されるため，検索エンジンでは現在のウェブページしか検索できない。過去のウェブページを検索したい場合は，アーカイブサイトを検索する必要があるが，網羅的ではない。

大学図書館［university library；college library；academic library］　大学，短期大学，高等専門学校に設置される図書館。大学等における教育と研究を支援するため，大学設置基準や短期大学設置基準などによって義務設置される。所属大学の学生，大学院生，教職員を対象に学習および研究支援機能を提供すると同時に，学術情報流通の基盤として，学内外の利用者へのサービスも求められている。

大学図書館基準［standard for university library］　1947年，旧制の国公私立の有志で結成した大学基準協会が発表した基準で（1952，1982年改正），図書館の設置と運営，職員，施設・設備，予算等につき示す。殊に専門職としての司書と専任館長制を強調しているが，拘束力はない。

大学図書館コンソーシアム連合［Japan Alliance of University Library Consortia for E-Resources：JUSTICE］　国立大学図書館協会コンソーシアム（JANULコンソーシアム）と公私立大学図書館コンソーシアム（PULC）の二つが統合して2011年4月に発足した，国内大学図書館のコンソーシアム。「電子ジャーナル等の電子リソースに係る契約，管理，提供，保存，人材育成等を通じて，わが国の学術情報基盤の整備に貢献すること」を目的としている。事務局は国立情報学研究所に置かれている。→：コンソーシアム

大活字本［large-print book］　弱視者，高齢者用に，大きな活字で印刷された図書。大型活字本ともいう。→：拡大図書

タグ［tag］　(1)構造化された電子文書に埋め込まれる，コンテンツの各部分を区別するための目印。内容識別子，フィールド識別子。(2)検索を意図して付与される，情報の主題を表現したもの。インデックス。(3)ICタグ。

田中稲城（1856-1925）　岩国藩校「養老館」にて漢学を修業，1881年，東京大学和漢文科卒。図書館管理を志し，文部書記官として1888年から1890年に「図書館に関する学術修業」を目的に米英に留学。帰国後，東京図書館長に専任。強大な国立図書館の必要性を国に訴え，「帝国図書館設立案」が1896年に議会を通過し，東京図書館は帝国図書館となった。初代館長を務め，1921年退官。その間，日本文庫協会（後の日本図書館協会）の設立に関与，初代会長を務めた。

田中不二麻呂（1845-1909）　名古屋市出身の教育行政家，政治家。欧米の教育制度を視察した報告記録『理事功程』において，公共図書館の記述にも及ぶ。1874年，文部大輔（現在の文部科学事務次官）になり，D.モルレーと協力して「日本教育令案」を起草。後に司法大臣となる。

W3C［World Wide Web Consortium］　ウェブを支える技術の標準化を進める国際的な非営利団体。1994年設立。W3Cが定める標準は勧告（recommendations）として公表され，法的拘束力はない。HTMLやURI，XML，RDFなど，W3Cによるウェブ標準は数多い。

ダブリンコア［Dublin Core］　メタデータ記述フォーマットの一つ。インターネット上の情報資源を記述するための項目として，15の基本エレメントが設定されており，DCMES（Dublin Core Metadata Element Set）という。これを詳細にしたDCMIメタデータ語彙（DCMI Metadata Terms）もある。1995年に米国オハイオ州ダブリンで開催されたOCLC/NCSAメタデータワークショップでの討議結果をDublin Core metadataと呼ん

だことに由来する。→：メタデータ

多文化サービス［multi-cultural service］　民族的，言語的，文化的に多様な背景を持つ利用者に行う図書館サービスのこと。地域に在留する外国人等に対する図書館サービスの充実のために，外国語資料を収集・提供するだけでなく，利用案内やレファレンスサービスを外国語で対応するなどの多言語サービスも必要となる。

探究的な学習［inquiry based learning］　「総合的な学習の時間」の学習指導要領中に示された，問題解決の過程（課題の設定，情報の収集，整理・分析，まとめ・表現）が発展的に繰り返される一連の学習活動のこと。自ら課題を見つけ，自ら考えるなかで，学び方やものの考え方，批判的・創造的思考力も育む。単なる調べる学習とは異なり，汎用的な能力の育成も求める。探究学習，探究型学習ともいう。

団体貸出［loan to groups］　公共図書館が，学校や学校図書館，会社，福祉施設などの団体に対して，図書館資料を貸し出すこと。50冊，100冊といった大きい単位で，3カ月，半年など，ある程度長期間貸出しをする。学校図書館に対しては，学習テーマに応じた資料セットや集団読書用の複本図書セット，学級文庫用の貸出を行うこともある。

地域資料［local material］　当該図書館が存在する地域内の出版物および地域に関する歴史や現状を知る上で有効な資料。

逐次刊行物［serial；serial publication］　特定の誌名を持ち，継続の順序を示す巻号や年月日などの追い番号を付し，終期を予定せず，定期的あるいは不定期に刊行される資料。一般的には雑誌が主たるものであるが，新聞，学会誌，年鑑，機関誌，事業報告，モノグラフシリーズなどがある。このうち，刊行が定期的で，年刊より頻度の高いものを定期刊行物（periodical）と呼ぶ。

竹簡　→木簡・竹簡

知的財産権［intellectual property］　知的財産基本法によれば，特許権，実用新案権，育成者権，意匠権，著作権，商標権その他の知的財産に関して法令により定められた権利または法律上保護される利益に係る権利をいう。知的財産は発明，考案，植物の新品種，意匠，著作物その他の人間の創造的活動により生み出されるもので，財産的価値を有する情報であることが特徴である。また一定期間その権利を持つ者に独占権を与える。

地方・小出版流通センター　地方出版社や小出版社の出版物を専門に扱う取次会社。1976年3月設立。従来こうした出版物は，流通機構上の問題（取次不扱いなど）により，一般書店や図書館での入手が困難であったことから，これを改善するために設立された。

『中小都市における公共図書館の運営』　日本図書館協会中小公共図書館基準委員会が1963年に刊行した，中小公共図書館のための指針書。略称「中小レポート」。市区町村立図書館は住民に直接資料提供サービスを行う場であるとし，貸出し業務を重視した方向を打ち出して，その後の中小公共図書館の発展に多大の影響を与えた。

中性紙［acid-free paper；alkaline paper］　中性サイズ剤を使用し，外部やセルロース自体から生じる酸の中和剤として炭酸カルシウムなどのアルカリ性物質を含んだ，高純度の化学パルプから作る，中性から弱アルカリ性の紙。酸性紙に比べ，3倍から4倍の寿命をもつといわれる。

チュートリアル［tutorial］　ある製品の利用方法や機能について説明した教材やファイルのこと。指示通りに進めていくと，基本的な利用方法が学べるように作られたチュートリアルソフトによるセルフチュートリアル（自学自習用のソフトウェア）やウェブチュートリアルシステムを導入する大学図書館も多くなっている。

著作権［copyright］　思想または感情を創作的に表現した著作物を複製等の方法により公衆に提供する場合，その提供で生じた経済的利益を受けとる権利，および提供を独占的に行う権利の総称。これらの権利は，すべてその

著作者に帰属する。著作権の対象となる著作物は，文芸，学術，美術，音楽等の範囲に属する知的創作物である。日本では，著作者の権利の発生は，著作物を創作した時点で自動的に発生する無方式主義をとり，保護期間は個人の著作物は死後70年，団体や無名の著作物，映画の著作物は公表後70年である。

著作権法［Copyright Act］　現行の著作権法（1970（昭和45）年5月公布）は著作物等に関する著作者の権利を定め，その公正な利用に留意しつつ著作者等の権利の保護を図り，もって文化の発展に寄与することを目的とした法令である。著作者の権利として著作者人格権と財産権としての著作権を，著作者ではないが著作物を伝達するものに与える著作隣接権について定めている。広義には国内法としての同法やその付属法令および関連法規だけでなく，ベルヌ条約等の国際著作権条約をも包含している。→：p.38

著作隣接権［neighboring right］　著作物の創作者ではないが，著作物を公衆に伝達する実演家，レコード製作者，放送事業者，有線放送事業者に認められた権利をいう。日本では，権利の発生は，実演等を行った時点で発生する無方式主義である。権利の保護期間は，実演家およびレコード製作者は実演もしくは発行後70年，放送事業者および有線放送事業者は放送または有線放送後50年である。

著者記号表［author table］　図書記号の一種である著者記号を付与するための一覧表。同一分類記号の中を著者名の音順に排列できるよう，著者名をアルファベット順に並べ，その頭文字1字ないし2字と，数字とを組み合わせて作る。カッターの「著者記号2桁表」（1887年）と「著者記号3桁表」（1901年），および「カッター・サンボーン著者記号表」（1896年）があり，日本にはもり・きよし編纂の「日本著者記号表」（1951年）がある。

TRC MARC　図書館流通センターが作成，提供するMARC。1982年より販売が開始された。国内の公共図書館の多くが利用している。

DOI［Digital Object Identifier］　国際DOI財団（International DOI Foundation：IDF）が管理する電子データの識別子。プレフィックス（prefix）とサフィックス（suffix）の二つの部分から構成され，前者は電子データの発行（公開）機関に割り当てられる記号，後者はその機関が付与する記号である。DOIを管理するシステムにHTTPを利用して問い合わせると，その電子データの所在（URL）を送り返すしくみになっており，URLの変更によるリンク切れを防ぐことができる。2019年現在，CrossRefをはじめ，10の登録機関があり，国内にはジャパンリンクセンター（Japan Link Center：JaLC）がある。

帝国図書館［Imperial Library］　1897（明治30）年4月の帝国図書館官制によって設立された国立図書館。欧米で図書館学を学び，後に東京図書館長に就任する田中稲城が設立を推進した。1906年3月，上野に新館が開館したが，日露戦争に経費を奪われ，建設計画は4分の1に縮小された。1947（昭和22）年12月に国立図書館と改称，1949年4月には国立国会図書館支部上野図書館となった。2000年1月に国際子ども図書館として再開館した。→：国立国会図書館，国立国会図書館国際子ども図書館，田中稲城

DAISY［Digital Accessible Information System］　視覚障害者や弱視者のために，印刷物からデジタル録音図書を作成するためのシステム。デイジーと読む。1997年のIFLA大会において，世界共通の国際的録音資料製作方式として採用された。

ディスクリプタ［descriptor］　シソーラスに収録された用語のうち，ある概念を表現するために索引作業で代表して使用される統制語。いくつかの同義語が存在する場合に優先的に使用されるため，優先語（preferred term）ともいう。統制語を使用できるデータベースの検索では，ディスクリプタで検索すると，下位語を含めた検索も可能になるため検索もれの少ない検索ができる。→：統制語，自然語

データベース［database］　論文，数値，図形

その他の情報の集合物であって，それらの
データや情報がコンピュータ検索できるよう
に体系的に整理され，統合化・構造化されて
蓄積・保存されており，必要な情報だけを部
分的に取り出せるようになっているもの。さ
らに，蓄積情報の検索や更新が容易に行える
ように効率化を図ったもの。データベースは
著作物として保護される。書誌データベース，
ファクトデータベース，マルチメディアデー
タベースなどがある。

テクニカルサービス［technical service］　資料
の収集・組織化・保存といった間接的サービ
スを指す。利用者の目には見えにくいサービ
スであるが，直接利用者に資料・情報を提供
するサービスであるパブリックサービスを実
施するための基礎となるサービスである。
　　→：パブリックサービス

テクニカルレポート［technical report］　政府
機関や研究機関における委託研究が，1論文
1冊形式でまとめられ，研究開発の成果，中
間報告，その他の技術的研究調査の記録を個
別に刊行したもの。技術報告書ともいう。一
般に速報性が高く，刊行間隔は不規則，極め
て狭い主題を詳細に扱い，同一機関あるいは
委託研究の一連番号，すなわちレポート番号
が付与される。限られた部数しか刊行されな
いため，灰色文献の一つといわれる。

デジタルアーカイブ［digital archive］　有形，
無形の文化資源を電子化して保存し，イン
ターネットを通じて利用，共有できるように
したもの，またそのしくみ。その活動の中心
は図書館，博物館・美術館，公文書館である。

デジタルデバイド［digital divide］　コンピュー
タやインターネットを通じて，電子化された
情報の入手や発信がうまくできるか否かによ
ってもたらされる，社会的・経済的な格差の
こと。情報格差ともいう。

デジタルレファレンスサービス［digital refer-
ence service］　利用者がインターネットを
介して図書館に質問し，回答が得られるレ
ファレンスサービス。バーチャルレファレンス
サービス，eレファレンスサービスなどとも

いわれる。利用者が図書館外からレファレン
スサービスを受けられるという特徴がある。
電子メールレファレンス，チャットレファレ
ンス，レファレンス事例集，レファレンス事
例データベースなどがある。

デューイ（Melvil K. Dewey, 1851-1931）　ニ
ューヨーク出身の図書館員。アマースト大学
卒業後，同大学図書館に就職。固定式排架法
に疑問を感じ，相関式分類法である「十進分
類法」を1876年に発表，その年に結成された
アメリカ図書館協会（ALA）の創設推進者
の一人であった。一方，ライブラリー・ビュー
ローを設立して，図書館用品の開発と標準化
にも尽くした。1883年，コロンビア大学図書
館長となり，1887年には米国初の図書館員養
成機関である図書館学校（School of Library
Economy）を設立。ALAの会長に2回選出
された。

デューイ十進分類法［Dewey Decimal Classifi-
cation：DDC］　デューイが考案した分類法。
初版は1876年，最新版は第23版（2011年）。
ウェブ版（WebDewey, 2000-）も公開され
ている。全宇宙の知識を10に区分して主類と
し，さらに10に区分して綱，目と展開してい
くので十進分類法といわれる。アラビア数字
のみの純粋記号法で，補助表，助記法，相関
索引に特徴がある。第17版から国際十進分類
法に近づける編集方針がとられ，使い方も複
雑になった。米国以外の国々でも広く使用さ
れている。

展開分類法［Expansive Classification：EC］
1891年にカッターが考案した分類表。第1表
から第7表まである。第1表は8項目しかな
い大まかなもので，第1表から順次，詳細に
展開されていくことから，このように名付け
られた。日本十進分類法の主類の排列はこれ
に準拠している。第7表は未完成であったが，
その主類は米国議会図書館分類表の基になっ
ている。表記法はアルファベットの組合せで
あるが，補助表には数字が使われている。

典拠コントロール［authority control］　著者
名，件名，統一タイトルの各標目について，

一貫性のある標目付与を実現するために統一標目を決定し，統一標目形や参照，根拠情報などの記録を維持・管理すること。個々の標目に関する記録は典拠レコードと呼ばれ，典拠ファイルとして維持・管理される。

典拠ファイル［authority file］　書誌情報の標目として使われる著者名，件名，統一タイトルで，その形式が確定され，必要な参照が付された語句の一覧表。標目ごとにその形式を確定するのに使用した情報源が記録されている。これらから構成される個々の記録を典拠レコードと呼ぶ。

展示［display］　図書館資料を並べて利用者に見せること。ディスプレイともいう。広報や教育活動の一つである。特定のテーマで資料を集めて読書への興味を引くことや，死蔵しがちの資料を利用者の目に触れさせることができる。

電子ジャーナル［electronic journal；e-journal］インターネットを通じて電子的に配信される学術雑誌のこと。オンラインジャーナルとも呼ばれる。論文を執筆する際に使用したデータや動画を掲載するものもある。

電子出版［electronic publishing；digital publishing］　図書や雑誌などの編集，印刷，出版をコンピュータで管理し，CD-ROM やDVD，あるいはインターネットを通じて，電子ファイルで出版・配布すること。→：出版

電子書籍［electronic book；e-book］　インターネットを通じて電子的に配信される図書のこと。紙メディアで出版された図書をスキャンするなどして電子化したものを含む場合もある。

点字資料［braille material］　点字で表現された資料。点字とは，表面が突起した点を紙に記し，その組合せによって音を表す文字である。視覚障害者は，これを指先の触覚を利用して読みとる。点字印刷によるものと点訳ボランティア等による手づくりのものがある。点字は表音文字であり，ページ当たりの収録文字数も限られるため，一般の資料に比して膨大な量となる。現在広く行われている六つの点を組み合わせる方式は，フランスのブライユ（Louis Braille, 1809-1852）が考案したものである。

電子資料［electronic resource；digital resource］コンピュータを使って利用する情報資源の総称。デジタル資料，デジタル化資料ともいう。CD-ROM や DVD-ROM などに記録されるパッケージ系メディアと，インターネットを通じてアクセスするネットワーク系メディアの二つに大別される。

点字図書館［braille library］　視覚障害者のために，点字図書や録音資料，DAISY 資料などを製作・収集する図書館。身体障害者福祉法第34条を法的根拠とする。点字図書館では，著作権法の規定により，著作権者の許諾不要で録音資料の作成が可能である。→：DAISY

電子図書館［electronic library；digital library］資料や情報を電子化し，組織化，蓄積してデータベース化し，利用者が空間的，時間的，物理的な制約を受けないで，インターネットを介して自由に利用できるようにした図書館，あるいはサービスの総称。現在は，電子化されて提供される資料や情報，サービスはその一部であり，これを電子図書館サービス，電子図書館的機能と称する場合がある。

典籍［book］　書物，書籍，本のこと。

統一タイトル［uniform title］　著者名やタイトルが2以上の名称で知られ，または使われている場合，一つの名称に統一した標目のこと。特に無著者名古典，聖典などは著者名がないので，その代わりに決められた形式の書名を統一タイトルとして標目に採用する。

東京書籍館　1875（明治8）年5月に文部省が湯島に設立した官立図書館。1872年4月に設立された書籍館を引き継ぐもので，帝国図書館につながる図書館の一つ。前身の書籍館は有料制であったが無料制を採用したこと，夜10時まで開館するなど，近代図書館の特徴を有していた。1877年2月に西南戦争に伴う財政逼迫のため閉鎖された。その蔵書は東京府に移管され，東京府書籍館が設立された。

統制語［controlled language］　シソーラスや件名標目表などの統制語彙に収録された語で，同義語をある特定の用語に統一したディスクリプタをいう。ディスクリプタにはならなかった同義語は非ディスクリプタと呼ばれ，索引語として使用されない。統制語は用語が持つ概念関係を示す階層関係も決められる。検索時に統制語を使用することにより，同義語や表記の揺れ，表現の違いなどによるノイズや検索もれを回避することができる。
→：件名標目，シソーラス，ディスクリプタ

ドキュメンテーション［documentation］　オトレ（Paul M. G. Otlet, 1868-1944）が1903年に著書で初めて使用した言葉。学術的に記録された文献を収集，組織化（加工），蓄積，保存，検索，利用（伝達・配布提供）する一連の過程に関する諸活動ならびにそれに必要な技術と管理をいう。

読書会［book discussion club］　小人数のグループで，特定の作家の著作や特定のテーマに関する著作を読み，意見や感想を述べ合う会合。

読書指導［reading instruction］　読書に親しんだり，ものの見方，感じ方，考え方を広げたり深めたりする読書能力の向上のために指導すること。学校教育では国語科が中心となるが，学校図書館も読書への動機づけや読解力の向上などの読書指導の一環を担う。→：読書相談サービス

読書センター［reading center］　児童生徒の健全な教養の育成を目的に，児童生徒の創造力を培い，豊かな心をはぐくむ読書活動の場としての，学校図書館機能のこと。読書に親しむきっかけ，自由読書の場の提供，読書の楽しさを伝えることが求められる。また，読解力育成の場としての機能も必要とされる。
→：学習・情報センター

読書相談サービス［reader's advisory service］　利用者の読みたい図書が明確でない場合，利用者に情報要求を聞き出し，適切な図書を紹介し，入手を援助し，提供するサービスのこと。ある分野の系統的な学習のために利用者の相談に応じ，適した資料を紹介するサービスのことも指す。読書案内ともいう。

図書［book］　文字や図表，絵などが記載された紙葉などを複数枚綴じ合わせて冊子の形に製本したもの。本，書籍，書物などともいう。ユネスコでは出版統計の必要から「表紙を除き49ページ以上の印刷された非定期刊行物」と定義している。

図書館［library（英）；Bibliothek（独）；bibliothéque（仏）］　図書およびその他の記録された知識・情報（図書館資料）を収集・整理・保管して，利用者の求めに応じて提供するサービス機関。その構成要素は，資料，職員，施設とされる。日本の公立図書館は図書館法にその設立基盤を置く。

図書館員［librarian］　図書館に勤務し，その専門的業務に従事する職員のこと。図書館で働くすべての職員を指す場合もあるが，一般に一定の教育・訓練を受けた専門的知識と技能をもった職員のことをいう。→：司書

『図書館学の五法則』［The Five Laws of Library Science］　ランガナータンが1931年に著した著書。図書館の基本的目標を簡潔な言葉で表現した。→：ランガナータン，p.73

図書館間相互貸借［interLibrary loan：ILL］　図書館協力の一種で，図書館が自館で所蔵していない資料を，あらかじめ定めた方法に従って他館との間で所蔵資料の貸し借りを行うこと。その資料の複製物を提供する文献複写を含む。→：図書館協力

図書館協議会［library council］　公立図書館が図書館法第14条の規定によって設置できる機関。図書館の運営に関し館長の諮問に応ずるとともに，図書館奉仕につき，館長に対して意見を述べる。図書館の運営に民意を反映させることを制度化したものである。

図書館協力［library cooperation；interlibrary cooperation］　複数の図書館が自館の機能を高めるために，資料の収集，整理，保存，提供，その他の面で互いに協力し合うこと。協力の度合い，内容，方法ともにさまざまな段階，種類がある。

図書館コンソーシアム［library consortium］
→コンソーシアム

図書館システム　(1)［integrated library system；library management system］　貸出・返却，予約，利用者管理などの閲覧業務，発注・受入から予算管理までの収集業務，目録業務，OPACの提供など，図書館業務の効率化・簡便化を目指して導入されるコンピュータシステム。図書館業務システムともいう。(2)［library system］　図書館ネットワークの一種。運営主体が同一の複数の図書館を機能的に組織化し，運用する体制，制度のこと。

図書館長［the librarian；library director］　図書館の運営・管理に関する最高責任者。行政面での責任者であり，かつ専門職員の統轄責任者でもあるので，専門的知識をもつことが要求される。

図書館ネットワーク［library network］　複数の図書館が協力して図書館活動を推進するための体制，制度。一つの図書館で利用者のニーズをすべて満たすことは不可能であることから，同一地方自治体内はもちろん，地方自治体同士，広域自治体である都道府県立図書館と基礎自治体である市区町村立図書館間での協力，国立国会図書館を含む国内の図書館同士の協力，さらに国際的な図書館間での活動など，多様な協力体制が構築されている。

図書館の権利宣言［Library Bill of Rights］　アメリカ図書館協会が1939年に利用者の知的自由を守るための基本方針として採択した6カ条の宣言。その後，1944，48，61，67，80，96年に改訂された。「図書館憲章」という訳語もある。→：p.71

図書館の自由に関する宣言［Statement on Intellectual Freedom in Libraries］　図書館が国民の知る自由を守るために，資料収集の自由，資料提供の自由，利用者の秘密の保護，検閲の反対について定めた宣言。1954年の全国図書館大会において採択され，1979年の日本図書館協会総会において改訂された。→：p.74

図書館の設置及び運営上の望ましい基準［Desirable standards for the establishment and operation of libraries］　図書館法第7条の2の規定に基づき，文部科学大臣が定め，公表する基準。2008（平成20）年6月の図書館法改正，および図書館に対するニーズや地域課題の複雑化・多様化，指定管理者制度の導入等，図書館の運営環境の変化などを受けて，旧図書館法第18条の規定による「公立図書館の設置及び運営上の望ましい基準」が改正された。国が公私立図書館のあるべき姿をより具体的に示したものであるが，法的拘束力はない。→：p.80

図書館パフォーマンス指標［Library Performance Indicators］　図書館評価で用いられるツールの一つ。業務統計やその他のデータなども利用し，図書館が提供するサービスの質や有効性，図書館資源の配分や利用における効率性を測るためのもの。国際標準規格ISO 11620として定められており，国内でもこれに対応する規格JIS X 0812がある。

図書館評価［library evaluation］　図書館の経営資源を活用して行われる図書館サービスや業務の成果を点検し，その改善や計画の見直しにつなげる取り組み，活動。利用者はもちろん，図書館の設置・運営主体である地方公共団体などに図書館の存在意義や有用性，必要性を理解してもらい，運営に必要な財源を確保するための手段としても重要である。

図書館法［Library Act］　「社会教育法の精神に則り，図書館の設置及び運営に関して必要な事項を定め，その健全な発達を図り，もって国民の教育と文化の発展に寄与することを目的」（法第1条）として，1950（昭和25）年4月に公布された法律。ここでいう図書館とは「地方公共団体，日本赤十字社又は一般社団法人若しくは一般財団法人が設置するもの」（法第2条第2項）で，前者を公立図書館，後三者を私立図書館と呼んで区別する。上位法である社会教育法第9条にもあるとおり，図書館法にいう図書館は社会教育施設であり，同法はその設置および運営に関する法的

根拠となっている。→：p.15

図書館流通センター［TRC］　1979年12月に設立された株式会社。図書館向けの新刊書データの作成すなわち TRC MARC の作成，選書と物流，図書館用品や機器，目録や整理業務，IC システムなど図書館に関するサービスを行っている。その他，公共図書館，学校図書館，博物館などの施設の指定管理者や業務委託の受注を受けて，全国の図書館運営に参画している。

図書館令　1899（明治32）年11月に公布された，公共図書館に関する 8 ヵ条からなる法律。それまで図書館は小学校令の一部として扱われてきたが，学校の設置運営とは異なるため，単独法としての法律が制定されるに至った。1933（昭和 8 ）年 6 月に改正され，公共図書館は社会教育のための機関と位置づけられたほか，中央図書館制度が導入された。

図書記号［book number］　請求記号の一部を成すもので，同一分類記号の中を著者名またはタイトルの音順に排列するために付される記号。巻冊記号，複本記号なども含む。

特許情報［patent information］　産業財産権のうち特許権と実用新案権に関する情報。広義には意匠権と商標権に関する情報も含む。発明の権利取得には新規性が必要であるため，先行技術の調査が欠かせない。特許明細書，公開特許公報，特許公報，実用新案登録願書および明細書，公開実用新案広報，実用新案公報などのほか，索引，抄録，データベースなどがある。わが国の特許情報の検索には J-PlatPat が無料で利用できる。

トランケーション［truncation］　コンピュータ検索において，検索語の一部を＊や？などのマスク文字に置き換えて指定する方法。前方一致，後方一致，中間一致（部分一致），中間任意（両端一致）などがある。検索された文献集合の検索もれを防いだり，範囲を特定化したりするのに用いられる。検索エンジンや OPAC などでは通常中間一致検索が行われている。→：マスク文字

NACSIS-CAT　国立情報学研究所（旧学術情報センター：NACSIS）が1987年から運用する，主として大学図書館の全国規模の総合目録データベースを形成するためのシステム。参加館の共同目録作業により作られる総合目録データベースは，目録作業の省力化につながるほか，NACSIS-ILL を通じて，図書館間相互貸借に用いられるなど，書誌ユーティリティを実現する核となっている。総合目録データベースは CiNii Books の一部として公開されている。

二次資料［secondary source］　図書や雑誌等の一次資料を探すために作成される資料で，書誌，目録，抄録誌，索引誌などがある。また百科事典や便覧（ハンドブック）などの参考図書類を含む場合もある。→：一次資料

日本十進分類法［Nippon Decimal Classification：NDC］　もり・きよしがデューイ十進分類法の構成を導入し，10の主類はカッターの展開分類法に準拠し，和漢書を対象として編纂した書架分類法。初版は1929年。第 5 版までは，もり・きよし個人の編纂であったが，新訂 6 版から日本図書館協会分類委員会による。最新版は新訂10版（2015年）。分類表には，本表の外に補助表として，一般補助表と固有補助表がある。分類記号を簡便に探索するための相関索引も備える。→：p.136

日本目録規則［Nippon Cataloging Rules：NCR］日本国内で標準的に用いられる目録規則。青年図書館員聯盟が1942年に完成させた『日本目録規則1942年版』が起源。これを日本図書館協会が引き継ぎ，著者標目を原則とした『日本目録規則1952年版』を編纂した。1961年にパリで開かれた目録原則国際会議の原則に則り，和漢洋書の整理用に著者基本記入制の『日本目録規則1965年版』が編纂された。1977年の『日本目録規則新版予備版』は国際標準書誌記述に準拠し，記述ユニット方式を導入した。オンライン目録や MARC レコードも前提とした目録法として『日本目録規則1987年版』が編纂された。その後も図書以外の資料の記述規則も加えられた改訂版（1994年），電子資料の記述規則が加えられた改訂 2 版

（2001年），和漢古書の規則を詳細にし，逐次刊行物を継続資料とした改訂3版（2006年）が刊行され，2018年12月にFRBRモデルを採用した『日本目録規則2018年版』が発行された。

日本図書館協会［Japan Library Association：JLA］　全国の図書館，図書館関係者の団体。1892年3月，東京在住の官立図書館員が集まって「日本文庫協会」を結成した。1908年3月，組織も全国規模となり，現在の名称となった。図書館関係者の連携，図書館事業の進歩発展を図り，文化の進展及び学術の振興に寄与することを目的としている。館種別部会，委員会がある。春に総会，秋に全国図書館大会が開かれる。国際交流，出版，研修などの事業を行っている。個人会員，施設会員，賛助会員などがある。機関誌は『図書館雑誌』（月刊）。

日本図書館情報学会［Japan Society of Library and Information Science］　日本における総合的な図書館情報学の学会として，1953年6月に創立。個人会員を正会員とし，その他に団体会員，賛助会員などがある。機関誌は『日本図書館情報学会誌』（季刊）。1998年より日本図書館学会の名称および機関誌名が変更された。

認定司書［Certified Professional Librarian by the Japan Library Association］　日本図書館協会が「司書の専門性の向上に不可欠な図書館の実務経験並びに実践的知識及び技能を継続的に修得した者を（中略）評価し，公立図書館及び私立図書館の経営の中核を担いうる司書」を公的に認定し，付与する名称。2010年から実施されている。有効期限は10年で，諸手続きをとることで更新できる。

ネットワーク情報資源［networked information resource］　インターネットを介して提供される情報資源で，電子ジャーナル，電子書籍，ウェブ情報などがある。有形出版物とは異なり，物理的実態を持たない。利用の都度，ウェブサイトにアクセスするという利用形態をとる。また，情報の信頼性の問題や利用できる情報が流動的なものもある。

年鑑［yearbook］　一年間の事件や事柄をまとめて収録し，年に一回発行される資料。広範囲の分野を扱う総合年鑑，各専門分野や特定の地域に関する情報を掲載する専門的年鑑がある。

粘土板［clay tablet］　古代メソポタミアで，紀元前3,000年頃から約4,000年間用いられた書写材料。チグリス，ユーフラテス両河の沿岸でとれる粘土を板状にし，これに楔形文字を書き，日に干すか窯で焼いた。耐久性に富む。この地方から大量に発掘され，当時の歴史解明に役立った。→：楔形文字，p.137

ノイズ［noise］　検索ノイズともいう。検索された情報のうち，そのときの検索要求に合致していなかった情報。→：精度

納本制度［legal deposit］　図書等の出版物を公的機関に納入することを発行者等に義務づける制度。日本では，発行されたすべての出版物は，国立国会図書館に納入することが，国立国会図書館法により義務づけられている。

パーチメント［parchment］　→羊皮紙

灰色文献［grey literature；gray literature］　通常の出版流通経路にのらないために，存在の確認や入手が困難な資料のこと。テクニカルレポート（技術報告書），学位論文，会議録，政府刊行物などがある。最近では博士論文，政府刊行物，会議録などの中にはウェブ情報資源として全文が公開されているものもある。グレイリテレチャーともいう。灰色文献に関する国際的なネットワーク"GreyNet（Grey Literature Network Service）"がある。

排架方式［shelf arrangement］　図書館資料を書架に排列する方法。請求記号で排列することを基本として，受け入れ順，形態別などの方法で排列することもある。また，利用者の利便を図るために，テーマ別のコーナーへの別置を行うこともある。

廃棄［discard］　除籍された資料を何らかの方法で処分すること。→：除架，除籍

ハイブリッドライブラリー［hybrid library］　伝統的な紙メディアを中心とする図書館と電

子図書館を組み合わせた図書館。従来の図書館資料に加え，電子資料をも取り込みつつ，資料提供をはじめ，情報技術を利用してさまざまな電子的サービスを提供する。インターネットでは味わえない，リアルな空間サービスを重視する。→：電子図書館

博物館［museum］　社会教育施設の一つ。「歴史，芸術，民俗，産業，自然科学等に関する資料を収集し，保管し，展示して教育的配慮の下に一般公衆の利用に供し，その教養，調査研究，レクリエーション等に資するために必要な事業を行い，あわせてこれらの資料に関する調査研究をすることを目的とする機関」（博物館法第2条第1項）。美術館，動物園，植物園，水族館なども含む。博物館の専門の職員は，学芸員と呼ばれる。図書館の機能と類似しており，図書館の類縁機関であるといわれる。収集するものが刊行された知識や情報ではなく，現物が中心となることが図書館との大きな違いである。→：類縁機関

パスファインダー［pathfinder］　あるトピックの情報を尋ね当てる「道しるべ」という意味で，利用者が求めている具体的で限定的なトピックやテーマに対して，各種情報資源や探索方法を紹介する一覧資料。リーフレットとして館内に置いたり，図書館のウェブサイトから電子的に提供されたりする。リストには解題や調べ方の解説も付けられているので，単なる一覧表やリンク集とは異なる。

パニッツィ（Sir Antonio Panizzi, 1797-1879）　北イタリア・モデナ地方の出身。イギリスに亡命して大英博物館に入り，1855年第6代の館長となった。納本制度の実施，それに対応した書庫の拡張，有名な円形閲覧室の設計，目録作成のための91ヶ条の規則の策定，それに基づいた蔵書目録の刊行等の功績を残したことにより，Sir の称号を与えられた。

パピルス［papyrus］　エジプトのナイル河畔に野生する水草の一種。和名カミガヤツリ。古代エジプト人はこれを用いて一種の紙を作り，文字や絵を書いた。これらのパピルス文書もパピルスと呼ばれる。西アジア・地中海地方で3,500年以上使用されたが，羊皮紙にとって代わられた。paper の語源。→：p.138

PubMed　米国国立医学図書館（National Library of Medicine：NLM）内の国立生物科学情報センター（National Center for Biotechnology Information：NCBI）がウェブサイトから無料で提供する世界の主要な生物医学文献を収録するデータベース。NLM が提供する MEDLINE を主たる情報源としているが，MEDLINE に含まれないレコードも含まれる。論文の全文へのリンク機能もある。

パブリックサービス［public service］　資料・情報提供の形で図書館が利用者に直接かかわるサービス。利用者対象別では，年齢別サービス（乳幼児，児童，ヤングアダルト，成人，高齢者），障害者サービス，多文化サービス，アウトリーチサービスなどがある。→：テクニカルサービス

パリ原則［Paris Principles］　→目録原則国際会議

版［edition］　印刷の際に制作されるインキを紙面に移す原型（組み版）のこと。出版では一般に，その印刷でいう版（紙型から鋳造した鉛版も同一と認め）を用いて印刷されたもの全体を版という。時間を経て繰り返し刷られる場合，増刷といって版と区別される。また，印刷原版に変更や追加，削除等が行われて出版された場合は別の版とみなす（改版）。第2版または改訂版，第3版または改訂第3版などと表示され，これを版次という。増刷と混同されて使われる場合もあるので要注意。日本では版次，刷次いずれも奥付に記載されるが，改版の場合は標題紙等にも記載される。

万国著作権条約［Universal Copyright Convention］　1952年9月6日にスイスのジュネーブで締結された著作権の保護に関する国際条約。日本は1956年に加盟。著作権の保護の条件として納入，登録，表示，公証人による証明，手数料の支払または自国における製造もしくは発行等の方式に従う方式主義をとる。著作物に © の記号，著作権者の名および最

初の発行の年の表示がある場合は，保護の要求がなされているとみなす。保護期間は生存および死後25年より短くてはならない。

ハンドブック［handbook］　レファレンスブックの一種で，日本語では便覧（べんらん，びんらん）という。概して実用性に富み，統計的数値，実例，諸表，図，さし絵などを豊富に用いて特定分野の用語や事項を解説し，体系的に編集されている。「handy な本」という意味で，扱いやすい大きさに編集され，扱う内容も多様である。要覧，総覧，必携，ガイドブック，マニュアル，データブックなどのタイトルが使用されることもある。

パンフレット［pamphlet］　一般に仮綴じの小冊子を図書と区別して呼ぶ用語。ユネスコでは出版統計の必要から「表紙を除き5ページ以上48ページ以下の印刷された非定期刊行物」との基準を定めている。

PFI［Private Finance Initiative］　1999（平成11）年7月制定の「民間資金等の活用による公共施設等の設備等の促進に関する法律」（略称：PFI推進法）にもとづいて，国や地方自治体などの公共施設における建設，維持管理，運営などについて民間企業の資金や技術，経営ノウハウを活用して行う手法のこと。→：アウトソーシング，指定管理者制度

BLDSC［British Library Document Supply Centre］　英国図書館文献提供センターのことで，世界各国の逐次刊行物，書籍，レポート，会議録，学位論文などを所蔵し，有料で世界中に文献提供（ドキュメントデリバリーサービス）を行う機関。提供方法は複写サービスと現物貸借があり，郵送と電子的提供がある。日本からは代理店である紀伊國屋書店と丸善を通じて利用するか，BL on Demandを利用する。

ヒエログリフ［hieroglyph］　(1)象形文字の総称。(2)古代エジプトの象形文字の一つ。聖刻文字，神聖文字ともいう。このほか，ヒエラティック（神官文字），デモティック（民衆文字）の計3種があった。→：p.137, 138

ビジネス支援サービス［business information service；business support service］　企業，経済，商業，会計，経営管理，人事管理などビジネスに関する情報を提供するサービス。わが国では2000年頃から公立図書館で始まった情報サービス。地域のビジネス情報の提供，商用データベースの利用支援，ビジネスにかかわるレファレンスへの回答業務，各種ビジネス講座・講演会の開催などがある。

ピナケス［Pinakes］　→カリマコス

ビブリオバトル［Bibliobattle］　読んで面白いと思った本を持ち寄った発表参加者が5分で本を紹介し，一番読みたくなった本に投票し，最多得票数を得た「チャンプ本」を決める，本の紹介コミュニケーションゲームのこと。2007年に京都大学大学院のゼミで誕生して以来，図書館や書店などに広がった。公式ウェブサイトにルールが掲載されている。

百万塔陀羅尼経　764年，称徳天皇（718-770）の勅願により，約6年を費やして木製の小塔（高さ21-22cm）を百万基つくり，その中に陀羅尼経を印刷した紙片を納めたもの。この陀羅尼は四種あって，印刷方法は銅版説・木版説がある。韓国の仏国寺で発見された陀羅尼と並ぶ世界最古の印刷物の一つ。→：p.141

百科事典［encyclopedia；encyclopaedia］　知識の全分野にわたる言葉，事物，事項，人物，動植物，土地，歴史などに関する多面的な見出しからなり，それらに解説や図表・写真などを加えて知識の総覧を意図して編集された情報資源。冊子体のほか，CD-ROM，DVD-ROM，ウェブなどの電子メディアによる提供も多い。

『百科全書』［Encyclopédie］　ディドロ（Denis Diderot, 1713-1784）とダランベール（Jean le Rond d'Alembert, 1717-1783）を編集責任者とし，1751年から1772年に出版されたフランスの百科事典。『百科全書』の項目を体系的に検討する上で，ベーコンの学問の分類に準拠した。この分類体系はジェファーソン（Thomas Jefferson, 1743-1826）の旧蔵書，後の米国議会図書館の旧分類法の基となっており，異論もあるが，ハリス（William T.

Harris, 1835-1909）を通じてデューイ十進分類法に受け継がれている。→：ベーコン

表意文字［ideogram］　文字のうち，意味を表すものをいう。表音文字と対になる用語。多くの文字が表意文字として始まったと考えられるが，現在使われている代表的な表意文字は漢字である。表語文字ともいう。

病院図書館［hospital library］　(1)病院内で医療に従事する医師，看護師，技師，研究者等に専門の雑誌・図書，データベースなどを整備して，情報を提供するための図書館（室）。病院司書が1，2名の小規模な図書室が多い。病院図書室研究会と近畿病院図書室協議会の2団体がある。(2)入院患者やその家族に趣味・娯楽，読み物などの本を貸出すサービス。病院患者図書館ともいう。病院主導型，市民・ボランティアによるもの，公共図書館が出張して行うものなどがある。『IFLA 病院患者図書館ガイドライン2000』の日本語訳が日本図書館協会から刊行されている。

表音文字［phonogram］　一字で音素または音節を表す文字のこと。表意文字と対になる用語。ローマ字やアラビア文字のような音素文字，仮名のような音節文字がある。

標題紙［title page］　図書のはじめにあり，完全なタイトルのほか，著者・編者，出版事項をも載せているページ。目録を作成する際の情報源として最も重要。扉ともいう。

標目［heading］　見出し語のこと。図書館では書誌的記録を検索する手がかりとなるアクセスポイントで，目録規則や件名標目表などで形式が確立されている。書誌的記録を排列する際の第一要素でもある。

標目指示［tracing］　目録カードの記述の下部に図書館が編成する目録の種類に従って，付与すべき標目をあらかじめ記載したもの。この指示に基づいて記述の上部に標目を記載する。著者基本記入方式では，補助記入の標目を指示し，これをトレーシングと呼んだ。

便覧［handbook］　→ハンドブック

ファーミントンプラン［Farmington Plan］　アメリカの主要な大学・研究図書館が協力して，学術的価値の高い外国文献を分担収集・保存し，協同で利用しようという計画。コネチカット州ファーミントンで計画され，1948年から1972年まで実施された。その目標は，1965年からのNPAC（National Program for Acquisition and Cataloging，全米収書目録計画）に継承された。

ファイル資料［filing material］　パンフレットやリーフレットまたは新聞・雑誌などの切り抜き，写真など，形態も一定でなく散乱しやすい資料を，一定の主題ごとに台紙に貼ったり，封筒，バインダーに入れたり，キャビネットにファイルしたもの。通常，短期間の使用に供するもので，数カ月から2～3年で不用となるものが多い。

ファクトデータベース［fact database］　株価や気象データなどの数値データ，写真や絵画などの静止画，ビデオ映像などの動画，図書・雑誌記事・新聞などの全文，動物や鳥の鳴き声や音楽などの音を収録したデータベースで，事実型データベースともいわれる。求める情報そのものを直接検索することができる一次情報を収録したデータベース。

ファセット分類法［faceted classification］　主題のもつ基本的概念によって分析，合成して資料を分類する方法。この基本的概念をランガナータンのいわゆるコロン語でファセットと名付けたので，この名称がある。→：コロン分類法

複写サービス［copy service］　図書館が所蔵している資料の一部を，利用者の求めに応じて複写し，その複写物を提供するサービス。著作権法第31条「図書館等における複製等」で範囲等が規定されている。学校における複製は，第35条に規定がある。

複本［duplicate］　図書館の蔵書として，まったく同一の書籍が複数あること。一冊目を正本，それ以外を副本と区別することもある。

ブックスタート［book start］　自治体が行う0歳児健診などの機会に，赤ちゃんに「絵本」と「赤ちゃんと絵本を楽しむ体験」をプレゼントする活動。英国ブックトラストの推進に

124 | Ⅳ 基本用語解説

よりバーミンガム市で1992年に始まった。日本では2001年4月にブックスタート支援センターが発足，2004年2月にはNPOブックスタートとなった。

ブックディテクションシステム［Book Detection System：BDS］ 貸出手続きを経ない資料の持ち出しを警告するセキュリティシステムの名称。資料の目立たない場所に磁気テープやICタグを貼り，出口ゲートにセンサーを備え，警報を鳴らしたりゲートのバーを閉じたりする。無断持出防止装置，無断帯出防止装置ともいう。

ブックトーク［book talk］ 図書館員や教員などが，特定のグループを対象に，あるテーマに関する，異なるタイプや分野の図書を数冊選び出し，話をつなぎながら紹介すること。ストーリーを紹介したり，本の一部を読んだり，登場人物や作者の紹介なども交えて紹介していく。

ブックポスト［book drop；book return］ 返却ポストともいう。図書館が閉館時などにも利用者が図書館資料を返却できるように，出入口の周辺などに置かれた収納箱。建物に組み込んだものと，郵便ポスト型とがある。後者には図書館だけでなく，駅など利用者に便のよい場所に設置されている例もある。

復刻本［reprint］ 原本をできるだけ忠実に再製した本。再製した本をオリジナル版と区別して復刻版と呼ぶ。活版印刷物を撮影し，写真製版によって作られる影印本と，原資料に忠実に活字を組み直して，あるいは版木を彫り直して複製する翻刻本の二つがある。

ブラウジング［browsing］ ブラウズとはもともと「放牧された牛や羊などが若葉や新芽を食べる」の意。書架上の図書の背表紙をざっと眺めたり，図書や雑誌の中身を拾い読みすることで，求める情報を偶然発見したり，あらたな情報に出会うことが期待される。また，閲覧ソフト（ブラウザ）を使ってインターネット上の情報を見る場合にも用いられる。

フランクリン（Benjamin Franklin, 1706-1790） ボストン出身の政治家，外交官，科学者，著述家。独立宣言起草委員の一人。独学に励み，仲間と会員制の読書会ジャントークラブ（Junto Club）を結成，1731年にフィラデルフィア図書館会社へと発展させた。避雷針を発明し，凧の実験は有名。晩年は政治家・外交官として公的生活を送った。

プリントオンデマンド［Print on demand：POD］ オンデマンド印刷，オンデマンド出版。読者からの注文に応じて，印刷・製本して販売する出版のこと。高速印刷製本機を設置して，利用者にその場で図書などを提供する図書館や書店も現れている。→：オンデマンド

プレプリント［preprint］ →予稿集

フロアワーク［floor work］ 図書館員がカウンターを離れ，書架の間を巡り利用者の援助を行う，利用案内，読書案内，レファレンスサービスなどのサービスの総称。子どもの利用者はカウンターに質問に行くことを思いつかないこともあるため，児童サービスにとっては重要である。

文献検索［literature search］ 特定の主題に関連する文献情報を，体系的かつ網羅的に探し出すこと。文献探索，文献調査ともいう。先行研究の調査や，総説，書誌，索引誌，抄録誌などの二次資料やデータベースを作成するために行われる。過去にさかのぼって検索していく遡及検索と，最近発表の新しい文献に限るカレントアウェアネス検索がある。→：遡及検索，カレントアウェアネス検索

文献複写［photocopies of documents］ 利用者が求める文献を当該図書館が所蔵していない場合に，他の図書館に依頼して文献の複写を入手するサービスのこと。

分担収集［cooperative acquisition］ 図書館協力の一つ。複数の図書館があらかじめ収集対象資料の種類や主題などの担当を決めて，計画的に資料を収集すること。協同収集ともいう。分担収集によって多様なコレクションが構築でき，図書館間相互貸借を通じて，限られた予算でより多くの資料を利用者に提供できる。

分担目録作業［shared cataloging］ →共同目

録作業

分類［classification］　複数の事物あるいは知識を一定の原則に基づき区分し，同類のものをまとめること。図書館では一般にインデクシングの手段の一つとして用いられる。同類のものをクラスと呼び，クラスを体系化したものを分類表という。この分類表に基づいて情報を組織化するのが分類作業であり，その方法を定めたものが分類法である。

分類記号［class mark；class number］　情報の主題表現に用いられる記号。特定の分類表の中から選んだり，複数の分類表の中から抽出した記号を組み合わせたりする。一般に図書館では請求記号に用いられ，書架上の排架位置を決定する第一要素となることが多い。数字または文字のみの記号は純粋表記法といい，日本十進分類法がその例である。文字と数字の両方が使われるのは混成表記法といい，国立国会図書館分類表がそれである。

閉架式書庫［closed stacks］　一般利用者に開放されていない書庫。主に貴重図書や永久保存すべき資料，利用頻度の低下した資料などの保存を目的に設置される。防火・防湿ならびに耐荷重の高い性能が要求される。閉架書庫ともいう。→：書庫，集密書架

米国議会図書館［Library of Congress：LC］　アメリカ合衆国議会に所属し，議員と国民に奉仕する，世界最大規模の図書館。ジェファーソン，アダムズ，マディソンの3館で構成される，アメリカの中央図書館でもある。1800年，議員のための法律参考図書館として首都ワシントンD.C.の議事堂の中に開設。第二次世界大戦後はMARCの開発など，書誌コントロール面で世界をリードした。

米国議会図書館件名標目表［Library of Congress Subject Headings：LCSH］　米国議会図書館（LC）によって維持・管理される件名標目表。LCは1898年に辞書体目録を採用し，典拠となる件名標目表の必要に迫られ，1909年に初版を刊行した。11版（1988年）より参照表現がシソーラス構造となった。2010年から他の典拠データとともにウェブで公開

されているほか，2013年に印刷版が廃止され，PDFで配信されている。アメリカ国内をはじめ，世界の多くの図書館で使用されている。

米国議会図書館分類表［Library of Congress Classification：LCC］　米国議会図書館（LC）が1897年に現在の独立した建物に入居したときに，新しく作成した列挙型分類法。主類は展開分類法の第7表が土台として使用され，（I，O，W，X，Yを除く）アルファベット21文字の1から3文字と数字1から9999が組み合わされる混成表記法である。部門ごとに分冊で刊行され，分冊ごとに改訂されてきた。2010年から他の典拠データとともにウェブで公開されるようになったほか，2013年から印刷版が廃止され，PDFで配信されている。LCの一館分類表であるが，大規模な大学図書館で使用しているところも多い。

米国国立医学図書館［National Library of Medicine：NLM］　1836年に設立され，米国メリーランド州ベセスダの国立衛生研究所（National Institutes of Health：NIH）内にある世界最大の国立生物医学図書館。生物医学分野の図書，雑誌などを含む各種資料を所蔵すると同時に，世界各国から収集した生物医学分野の雑誌記事情報を収録したMEDLINE，PubMedをはじめとして毒物学などのファクトデータベースなど種々のデータベースを作成し，提供している。

ベーコン（Francis Bacon，1561-1626）　イギリスの政治家，随筆家，実証哲学の祖。15歳でケンブリッジ大学入学。1584年，下院議員となる。ジェームス1世の愛顧を得て1621年，聖オルバンス子爵に任ぜられた。その後，汚職嫌疑を受けロンドン塔に投獄された。赦免後，文筆生活を送る。『学問の進歩』（1605年）は，後のフランス百科全書学派，さらには現代の分類法にも影響を及ぼしている。→：『百科全書』

別置　図書を請求記号順で排架するのではなく，一定の法則で抜き出して別に置いておくこと。学校図書館で調べ学習・探究的な学習を行う際は，関連図書を別置したうえで館内

での利用のみに制限することもある。

ペルガモン図書館［Pergamon Library］ 小アジアのアッタロス王朝の首都ペルガモンに，王朝2代目の王エウメネス2世（Eumenes Ⅱ，在位197-159 B.C.）により建設された王室図書館。ペルガモンはヘレニズム文化の中心地の一つで，王はパピルスの書物を集めることに熱心で，蔵書は20万巻にも及んだ。後期には羊皮紙がパピルスにとって代わった。48 B.C. にローマの将軍アントニウスにより，蔵書はアレクサンドリア図書館に移された。

ベルヌ条約［Berne Convention］ 1886年9月9日にスイスのベルンで締約された著作権の保護に関する国際条約。正式名称は，文学的及び美術的著作物の著作権の保護に関するベルヌ条約（Berne Convention for the Protection of Literary and Artistic Works）という。日本は1899年に加盟。この条約では，著作物の成立と同時に著作権が発生し，一切の手続きを不要とする無方式主義をとり，同盟国間では自国民の著作物と同様の権利を与える内国民待遇をとる。万国著作権条約にも加盟している国では，ベルヌ条約が優先される。保護期間は個人の場合，生存および死後50年間。

ポータルサイト［portal site］ ポータルとは正門や入り口を意味し，ウェブで提供されるさまざまな情報サービスの入り口となるウェブサイトのこと。ウェブポータル（web portal）やインターネットポータルサイト（internet portal site）ともいう。検索エンジンやリンク集を中心として，地図サービス，気象情報，ニュース，株価などの情報提供，オンライン百科事典や辞書，ウェブメール，電子掲示板，ショッピングなどさまざまな情報を提供している。Google や Yahoo!, BIGLOBE, Excite, Infoseek などがある。

保存書庫［deposit stacks；storage area］ 利用頻度の少なくなった資料を移管し，保存・管理するための書庫。同一図書館内に設置される場合もあれば，同一敷地内の別の建物内，あるいは別の場所に置かれたり，外部倉庫に保存・管理が委託されたりすることもある。

保存図書館［deposit library］ 単数または複数の図書館が利用頻度の少なくなった資料を持ち寄って，一つの施設に共同で保管し，必要に応じて利用できるようにしている図書館。

ポップ［Point of Purchase advertising：POP］ 買い物客が購買時に，商品やサービスの内容を知ることで購買意欲を高めることを目的とした広告・宣伝物のこと。書店では，書籍の内容を端的に示した一枚もののカードを指す。図書館でも，蔵書を手に取りやすくするために，POP を作成することが増えた。

翻刻本 復刻本の一つ。原資料に忠実に活字を組み直して，あるいは版木を彫り直して複製された本。→：復刻本

MARC［Machine-Readable Catalog；Machine-Readable Cataloging］ (1)機械可読目録。コンピュータで処理可能な形式の目録。1960年代初めに米国議会図書館が開発した。目録カードに盛り込めなかった多くの書誌情報が記録でき，詳細な多面検索も可能となった。世界各国の国立図書館や公私の書誌作成機関も作成し，商業ベースでも販売されている。(2)MARC を記録するための形式。MARC フォーマットともいう。

MARC21 アメリカ，カナダ，イギリスで用いられている MARC フォーマット。1999年にアメリカの US/MARC とカナダの CAN/MARC が統一され MARC21となり，2004年にイギリスもこれに移行した。非英語圏の国を含む多くの国で採用されており，MARCフォーマットのデファクト基準となっている。2012年から国立国会図書館も採用している。

マイクロ資料［microform］ 図書や新聞などの資料を写真技術その他の手段により，肉眼では判別できないくらいに縮小した複製資料。ロールフィルム（マイクロフィルム），マイクロフィッシュ，アパーチュアカードなどがある。これらを閲覧，印刷するための各種のマイクロリーダー，リーダープリンタがある。保存スペースの節約や長期保存の目的に利用されるが，保管にあたっては温度や相

対湿度の管理など，きめ細かな対応が要求される。

マイクロフィルム［microfilm］　→マイクロ資料

マスク文字［character masking symbol］　ワイルドカード（wild card）ともいう。情報検索において，前方一致，後方一致，中間一致（部分一致），中間任意（両端一致）のトランケーションを行いたいときに使用する記号。任意の文字や文字列を検索したい場合に文字の代わりに入力する特殊な文字記号で，半角の「？」や「＊」などが使用される。情報検索システムや検索エンジンごとに，用いる記号とその意味が異なる。検索エンジンでは通常マスク文字を使用しないでも中間一致検索が行われ，記号入力が省略されている。

漫画［cartoon；comics］　デフォルメされた描き方の絵と吹き出しのセリフで物語が進行する絵画のジャンル。ユーモアや風刺を描いたものや，４コマ漫画，ストーリー漫画などがある。ヤングアダルトサービスや学校図書館では，読書離れや活字離れの対応を目的に漫画を所蔵することが多い。

見計らい［on approval：O.A.］　書店が図書館のコレクションとして適当と予想して，選書用に図書館に持ち込む図書。図書館としては，図書の内容を確認して選択でき，購入しない図書は書店に返却できる。

ムック［mook］　雑誌（magazine）と図書（book）の合成語で，両者の中間的な性格をもつ出版物。図書のように独立した内容をもつが，編集・発行の方法は雑誌のような形式をとる。定期的な刊行を前提としてはいない。

メタデータ［metadata］　データについての（構造化された）データのこと。主として，インターネット上の情報資源を記述するものとして用いられるが，図書館が扱う図書や雑誌などの記録情報に関するデータ（書誌情報など）も広くメタデータとして扱われている。→：ダブリンコア

目録［catalog；catalogue］　図書館コレクションを検索するためのツール。著者，タイトル，主題名または主題記号などからなる書誌情報

と，その資料の所在を示す所蔵情報を合わせた目録記入を一定の順序に排列したもの，または書誌レコードを記録したデータベース。前者にはカード目録や冊子体目録があり，後者はOPACと呼ばれる。→：OPAC

目録規則［cataloging rules］　図書館における目録作業の統一を図るため，個々の資料の書誌的記録の形式を整え，その編成ができるように定めた規則。個々の資料を他と識別・個別化するための記述の部と，集大成された目録から特定資料の書誌的記録を探し出すための標目の部とを含む。

目録記入［entry］　目録の構成単位。記入ともいう。個々の資料を他と区別するための記録である記述と，それを検索するための手がかりとなる標目，その資料の所在を示す所在記号からなる。この語は，カード目録などの紙メディアで制作される目録で用いられ，OPACやMARCなどのコンピュータ可読形式の目録では，書誌レコードと呼ばれる。

目録原則国際会議［International Conference on Cataloguing Principles］　目録規則の標準化を目指して，国際図書館連盟が1961年にパリで開催した国際会議。英米系の目録規則とドイツ系の目録規則との差異について議論され，通称「パリ原則」が採択された。パリ原則は主として標目の選定と形式の原則を取り決めたもので，目録法の国際的な標準化が大きく前進するきっかけとなった。

文字・活字文化振興法［Act on Promotion of Character-and Type-culture］　文字・活字文化の振興に関する基本理念，国や地方公共団体の責務，地域における文字・活字文化の振興，学校教育における言語力の涵養などを定めた法律（2005（平成17）年７月）。10月27日を「文字・活字文化の日」と定めた。図書館の充実，読書活動の推進，学校図書館の充実等の施策の推進などが示された。→：p.36

文字コード［character code］　記号を含む文字をコンピュータで取り扱うために，各文字に割り当てられた２進数で表現された固有の数字。扱われる文字全体を定義した文字集合

128 | Ⅳ 基本用語解説

のなかから，文字符号化方式によってコンピュータが処理できるコードに変換される。

木簡・竹簡［wood and bamboo slips］ 木や竹を薄くけずった札状の書写材料。長文のものは麻ひもや韋（革ひも）で何枚も綴じ合わせ，巻いて保存した。古代中国の遺跡から多数発掘されるが，日本でも平城宮跡などから発掘されている。当時のようすを記録した史料として重要。方策ともいう。→ :p.141

文書館［archives］ 公私の文書，記録類を保存して利用に供することを目的とした機関。「ぶんしょかん」とも読む。アーカイブズともいう。公文書，行政資料，郷土の歴史に関する文書などを保存し，その利用を図る公的機関を特に公文書館という。

問題解決能力［problem solving skill］ 問題を解決するために必要な知識や技能，資質や能力のこと。問題を把握する力，多様な資料から情報を獲得する力，批判的・創造的な思考力，コミュニケーション能力等を指す。問題解決を目的とした自主的な図書館利用への支援，利用教育等によって育むことができる。

ヤングアダルトサービス［young adult service］ 中学生・高校生など，児童と成人の中間に位置する年齢層への図書館サービス。児童室または児童コーナーとは別にヤングアダルトコーナーを設けて独自の蔵書を構成し，貸出しの他にブックトーク，読書会，ミーティングなどを通して，地域社会の若者交流の場を形成する。YA サービス，青少年サービスともいう。

URL［Uniform Resource Locator］ インターネット上にある情報資源の所在を特定するための記述方式。情報の種類，サーバ名，ディレクトリ名,ファイル名などから構成される。情報の所在を示す「住所」に当たることから，アドレスともいわれる。

ユニバーサルデザイン［universal design］ 障害の有無，年齢，性別，人種等にかかわらず，多様な人々が利用しやすいよう都市や生活環境をデザインすること。図書館もユニバーサルデザインを用いた建築，家具，レイアウト，

ウェブサイト等を考慮する必要がある。UDと略される。

UNIMARC［Universal MARC Format］ MARC フォーマットの一つ。異なる MARC フォーマットによる MARC レコードの交換用標準として，1977年に国際図書館連盟（IFLA）が開発した。外形式は ISO2709「情報交換用フォーマット」を採用，内形式は国際標準書誌記述を参照して策定されている。IFLA の書誌コントロール活動の一つであるコア・プログラム「国際書誌コントロール（Universal Bibliographic Control : UBC)」の成果の一つである。

ユネスコ公共図書館宣言［UNESCO Public Library Manifesto］ ユネスコが1949年に採択した，世界の国々で公共図書館の意義が理解され発展することを目指して，公共図書館の目的に関する所信を表明した宣言。1972年，国際図書年を記念して，国際図書館連盟ブダペスト大会で改訂案が採択された。さらにコンピュータの普及や衛星通信の発達により，情報社会への進展を反映した改訂が1994年に発表された。→ :p.63

ユネスコ・国際図書館連盟共同学校図書館宣言［IFLA/UNESCO School Library Manifesto］ 情報・知識基盤社会に生きる，すべての児童生徒の教育と学習に資する学校図書館の原則を示した文書。1980年11月のユネスコ総会で採択された「学校図書館メディア奉仕宣言」を改訂したもので，1999年11月のユネスコ総会で国際図書館連盟（IFLA）とユネスコとの共同で発表された。この宣言に基づき，具体的な指針を定めた「IFLA・ユネスコ学校図書館ガイドライン」が2002年8月の IFLA 大会で発表され，2015年6月にはガイドラインの第2版が出された。→ :p.69

羊皮紙［parchment］ 仔羊や羊，稀に山羊の皮をなめして作られた書写または製本の材料。2世紀頃から小アジアを中心にパピルスにとって代わって使用されるようになった。羊皮紙200ページ分を作るのに，羊12頭分が必要だったといわれる。仔牛の皮を用いた犢

皮紙をヴェラム（vellum）といったが，後に区別なく使われるようになり，羊皮紙のうち上質のものをヴェラムと呼ぶことが多い。

予稿集［preprint］　⑴学会や研究集会などで発表する際に，発表者がその内容を前もって作成した概要を予稿という。これらの予稿をまとめて会議開催前あるいは開催当日に配布する資料のこと。要旨集ともいう。⑵雑誌掲載前の論文を印刷して研究者仲間に配布する情報資源。前刷りともいう。研究の速報性を確保するのと同時に，研究者仲間からのコメントや批評を求めることを目的としている。

読み聞かせ［book reading service；reading aloud］　子どもに本や絵本を見せながら読んで聞かせること。1対1で行う場合や，子どものグループに対して行う場合がある。読み聞かせは幼児にとって耳からの読書であり，読書への動機づけとしての意義は大きい。

予約サービス［reservation service］　貸出し中の資料等について，図書館が利用者の求めに応じて，資料返却の際の優先利用を保証する制度。返却を待たずに複本を購入したり，未所蔵資料については購入や他館から借用したりする場合がある。インターネットを利用した予約システムを導入する図書館が増えている。→：リクエストサービス

ラーニングコモンズ［learning commons］　学生への学習支援の充実を目指して，主として大学図書館が提供する学習空間およびサービスの総称。学生の主体的・自律的な学びへの移行，学生を取り巻く情報環境の急速な電子化などに対応して普及しつつある。グループ学習用に可動式の机や椅子，ホワイトボードなどを設置したり，PCやWi-Fiなどの電子情報環境を整備したりするほか，教職員や図書館員，学生などによる学習支援も提供する。図書館以外に置かれることもある。類似のものは，学校図書館や公共図書館にも見られる。

ランガナータン（Shiyali Ramamrita Ranganathan，1892-1972）　インドのマドラス出身の数学者，図書館学者。ロンドン大学の図書館学校に留学し，帰国後1944年までの23年間，

マドラス大学図書館長を務めた。その後，ベナレス・ヒンドゥ大学で図書館学を講じ，理論，管理，図書分類法などについて多くの著作を出版した。インド図書館協会会長，マドラス図書館協会会長を務め，国際ドクメンテーション連盟の中に分類研究委員会を設置するなど，図書館界に大きな足跡を残した。中でも『図書館学の五法則』（1931年）は著名で，1957年に2版が出版された。この中で図書館の基本的な目標が簡潔に示されている。コロン分類法の考案者としても知られる。→：コロン分類法，『図書館学の五法則』，p.73

リーフレット［leaflet］　1枚の紙に印刷したものを二つ折りにした2ページから4ページ（両面刷り）の小型の資料。ユネスコでは出版統計の必要から，パンフレットよりページ数の少ない資料として区別される。各種の宣伝・案内用ちらしなどとして用いられることが多い。→：図書，パンフレット

リクエストサービス［request service］　利用者から要求された資料は，その図書館での所蔵の有無に関係なく，図書館側の最善の努力によって一定期間内にすべて提供しようとする制度。資料の提供は返却待ち，購入，他館からの借用のいずれかによって行われる。予約サービスと近似した内容となっている。→：予約サービス

利用教育［library instruction service］　図書館の利用者に対して，図書館あるいは図書館サービスを有効に使いこなせるように実施される教育的活動のこと。図書館利用のオリエンテーション，文献探索のためのOPAC検索指導，データベースの検索方法なども指導する。大学図書館ではレポートや卒論の作成に必要な情報活用教育，学校図書館では学び方の指導も行われ，図書館利用そのものから拡張して，情報リテラシー指導を図書館員が実施することも多い。利用者教育，利用指導，利用案内，ガイダンスなどの用語も使われる。

利用者［user］　現にその図書館のサービスを利用している人。顧客（client），支持者（patron），読者（reader）などもほぼ同義の言

葉である。なお，現在利用していない人も将来利用者となる可能性があり，その意味で潜在的利用者と呼ばれることがある。また，図書館内での利用者を一般に閲覧者という。

リンクリゾルバ［link resolver］　リンク関係を解決するものという意味で，利用者が必要とするデジタル資料に対する最も有効なパス（アクセス経路）を示すしくみのこと。各種文献データベース，電子ジャーナル，OPAC，機関リポジトリなどを相互にリンクさせ，書誌データベースやOPACの検索結果から必要な文献をスムーズに入手できるよう支援するシステム。

倫理綱領［code of professional ethics］　専門職能団体がその社会的責任を自覚し，遂行していくために会員に対して定めた自律的行動規範。日本では1980年，日本図書館協会が「図書館員の倫理綱領」として採択した。

類縁機関［library-related organization］　図書館と類似した，記録・情報の保存・伝達に関連のある施設や機関。公民館，文書館，博物館，美術館，情報センター，資料館などを指す。

レター誌［letter journal］　レター論文を掲載する定期刊行物。レター論文とは，原著論文の公刊までの時間的な遅れを解決し，重複研究などを避けるために，著者の主張したい新規性のある事実やデータ，結論部分のみを含む短い論文を簡単な形式にまとめて公表するもので，速報，研究ノート（communication, shortnote）などとも呼ばれる。

レビュー誌［review journal］　レビュー文献を専門に掲載する定期刊行物。レビュー文献とは，特定のテーマについて，その主題の専門家が，多数の原著論文に目を通して評価し，その分野の研究動向を考察したもので，総合報告，総説，展望などとも呼ばれる。レビュー文献はその主題に関連する参考文献数や引用文献数が非常に多いため，関連文献の検索にも有効である。

レファレンス協同データベース［Collaborative Reference Database］　国立国会図書館が，自館をはじめ，全国の公共図書館，大学図書館，専門図書館，学校図書館で実際に受けたレファレンス事例，調べ方マニュアル，特別コレクションおよび参加館プロファイルに係るデータを蓄積して，インターネット経由で提供するサービス。2002年度に実験事業として開始され，図書館におけるレファレンスサービスや一般利用者の調査研究支援を目的としている。→：協力レファレンスサービス

レファレンスサービス［reference service］　情報を求める利用者に対して，図書館員が図書館の資料と機能を活用して，必要としている資料の検索方法を教えたり，回答を提供したりする人的援助。直接的サービスの中心的業務で，19世紀後半に米国の図書館で発達し，近代図書館の主軸をなす機能となっている。利用者の情報要求はレファレンス質問として寄せられるが，レファレンスインタビューと呼ばれる利用者との対話の中でその内容を明確にすることが重要である。文献リスト作成・配布，情報コンサルティング，データベース検索なども実施されている。参考業務ともいう。現在ではインターネットを介して行うデジタルレファレンスサービスも行われている。→：デジタルレファレンスサービス

レファレンスツール［reference tool］　レファレンス質問に回答を出す，あるいは探索援助を行うために使用される情報資源。辞書，百科事典，年鑑，統計，ハンドブックなどの参考図書のほか，書誌，目録，索引誌，抄録誌などの二次資料も含む。図書館ではこれらの情報資源をレファレンスコレクション（reference collection）と呼び，一般図書とは別置排架している。今日，これらが電子化されたものも多く，二次資料のほとんどはデータベースとなっている。また，ウェブで提供されるさまざまな情報資源も信頼性などに注意して使用すれば，レファレンスツールとして使用できるものが多い。

レフェラルサービス［referral service］　図書館利用者が求める情報が自館に無い場合，それを所蔵する機関（官庁諸機関，専門機関，

各種団体など）へ問い合わせたり，利用者を
それらの機関へ案内・紹介したりするサービ
ス。場合によっては，求める情報に詳しい専
門家を紹介することもある。広義的なレファ
レンスサービスの一つで，1970年代に米国議
会図書館内にナショナルレフェラルセンター
が置かれたことに端を発する。

レフェリー制度［referee system］ →査読制度

ロゼッタストーン［Rosetta stone］ 1799年に
ナポレオンのエジプト遠征軍がナイル河口都
市ロゼッタで発見した黒色花崗岩でできた石
碑の一部。上段に14行のヒエログリフ（神聖
文字），中段に32行のデモティック（民衆文
字），下段に54行のギリシャ文字が刻まれて
いる。1822年，フランスのエジプト学者シャ
ンポリオン（Jean François Champollion, 1790-
1832）がヒエログリフの解読に成功した。そ
の内容は，プトレマイオス5世（在位203-
180 B.C.）の善政を讃えたもの。現在はイギ
リスの大英博物館が所蔵している。→：ヒエ
ログリフ，p.137

論理演算［logical operation；Boolean operation］
複数の検索語を組み合わせて検索し，それら
の関係条件を定義すること。論理積（AND
検索），論理和（OR検索），論理差（NOT
検索）がある。これらの演算を行う時に使用
するのが論理演算子（logical operator）で，
AND，OR，NOTの3種類がある。検索エ
ンジンやOPACの検索ではAND演算子は，
スペースで省略される場合も多い。

を見よ参照［see reference］ 同じ概念の言葉
に対して複数の表記方法や同義語がある場合
に，図書，辞書，事典などの巻末索引に記載
されたある見出し語から，他の表現の見出し
語へ導く参照指示。書誌，目録，索引誌，分
類表などでも，ある見出し語や標目から，統
一を図った見出し語や標目へ導く参照指示を
いう。記号で表現する場合は，「→」が使用
される。

をも見よ参照［see also reference］ 図書，辞
書，事典などの巻末索引に記載されたある見
出し語から，関連する概念をもつ見出し語へ

導く参照指示。連結参照ともいう。書誌，目
録，索引誌，分類表などでも，関連語参照と
して使用されることがある。記号で表現する
場合は，「→：」が使用される。

V その他資料　　　　　　　　　→：をも見よ

本の各部の名称と種類

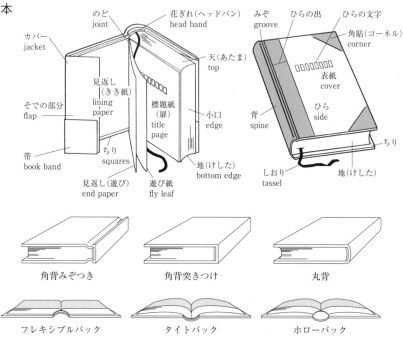

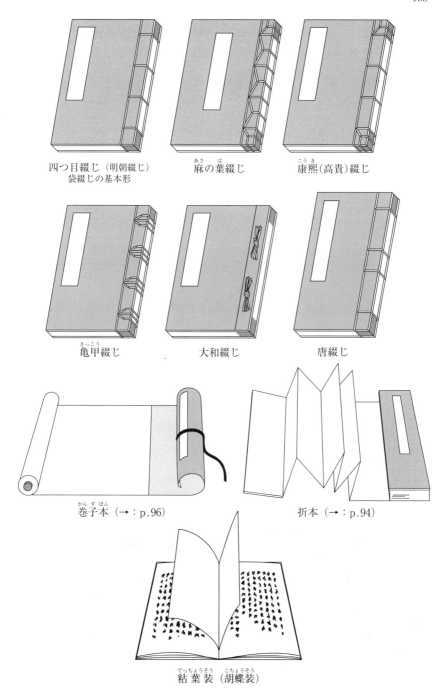

紙と書籍・雑誌の大きさ

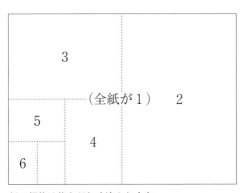

紙の規格は仕上がり寸法より大きい。
A列の原紙（A列本判）：625×880mm
B列の原紙（B列本判）：765×1085mm

紙加工仕上がり寸法（mm）
（JIS P 0138）

番号	A列	B列
0	841×1189	1030×1456
1	594× 841	728×1030
2	420× 594	515× 728
3	297× 420	364× 515
4	210× 297	257× 364
5	148× 210	182× 257
6	105× 148	128× 182
7	74× 105	91× 128
8	52× 74	64× 91
9	37× 52	45× 64
10	26× 37	32× 45

仕上がり寸法は、書籍・雑誌、コピー用紙などの大きさ。

洋書の大きさと名称

アメリカで標準とされている大きさ

名称（例）	高さ	
	cm	インチ
Folio	30以上	（約15）
Quarto（クァルト）	約30	（約12）
Octavo（オクタボ）	約25	（約9¾）
Duodecimo（Twelvemo）	約20	（約7¾）
Sixteenmo（Sextodecimo）	約17.5	（約6¾）
Twentyfourmo（Vigesimo-quarto）	約15	（約5¾）
Thirtytwomo（Trigesimo-secundo）	約12.5	（約5）
Fourtyegightmo（Quadrigesimo-octavo）	約10	（約4）
Sixtyfourmo（Sexagesimo-quarto）	約7.5	（約3）
特 Elephant Folio	約58	（約23）
大 Atlas Folio	約63	（約25）
版 Double Elephaot Folio	約125	（約50）

用紙の大きさは国によって違い、そのため本の大きさも異なる。洋書の Folio は全紙を二つ折りして製本した大きさで、Quarto は四つ折り判、Octavo は八つ折り判等を意味している。

イギリスの用紙の種類と大きさ

用紙名（例）	全紙の大きさ		クァルト	オクタボ
	インチ	mm	インチ	インチ
Pott	12.5×15.5	(318×394)	8 ×6¼	6¼×4
Foolscap	13.5×17	(343×432)	8.5×6¾	6¾×4¼
Crown	15 ×20	(381×508)	10 ×7.5	7.5×5
Post	15¼×19	(387×483)	10 ×8	8 ×5
Demy	17.5×22.5	(445×572)	11¼×8¾	8¾×5⅝
Medium	18 ×23	(457×584)	11.5×9	9 ×5¾
Royal	20 ×25	(508×635)	12.5×10	10 ×6¼
Super Royal	20.5×27.5	(521×698)	13.5×10¼	10¾×6¾
Imperial	22 ×30	(559×762)	15 ×11	11 ×7.5

イギリスの場合、印刷用紙名が日本のA列、B列に当たり、例えば Pott 判、Demy 判といい、その大きさはデマイ・クァルトなどと呼ぶ。

目録

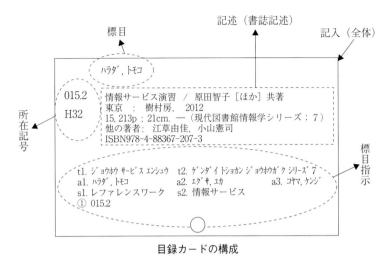

目録カードの構成

OPAC の画面例

"千代田区立図書館 OPAC"（参照2016-07-04）．

日本十進分類法 新訂10版
第2次区分表（綱目表）（→：p.119）

00	**総記**	50	**技術．工学**
01	図書館．図書館情報学	51	建設工学．土木工学
02	図書．書誌学	52	建築学
03	百科事典．用語索引	53	機械工学．原子力工学
04	一般論文集．一般講演集．雑著	54	電気工学
05	逐次刊行物．一般年鑑	55	海洋工学．船舶工学．兵器．軍事工学
06	団体．博物館	56	金属工学．鉱山工学
07	ジャーナリズム．新聞	57	化学工業
08	叢書．全集．選集	58	製造工業
09	貴重書．郷土資料．その他の特別コレクション	59	**家政学．生活科学**
10	**哲学**	60	**産業**
11	哲学各論	61	農業
12	東洋思想	62	園芸．造園
13	西洋哲学	63	蚕糸業
14	心理学	64	畜産業．獣医学
15	倫理学．道徳	65	林業．狩猟
16	**宗教**	66	水産業
17	神道	67	商業
18	仏教	68	運輸．交通．観光事業
19	キリスト教．ユダヤ教	69	通信事業
20	**歴史．世界史．文化史**	70	**芸術．美術**
21	日本史	71	彫刻．オブジェ
22	アジア史．東洋史	72	絵画．書．書道
23	ヨーロッパ史．西洋史	73	版画．印章．篆刻．印譜
24	アフリカ史	74	写真．印刷
25	北アメリカ史	75	工芸
26	南アメリカ史	76	音楽．舞踊．バレエ
27	オセアニア史．両極地方史	77	演劇．映画．大衆芸能
28	伝記	78	**スポーツ．体育**
29	**地理．地誌．紀行**	79	**諸芸．娯楽**
30	**社会科学**	80	**言語**
31	政治	81	日本語
32	法律	82	中国語．その他の東洋の諸言語
33	経済	83	英語
34	財政	84	ドイツ語．その他のゲルマン諸語
35	統計	85	フランス語．プロバンス語
36	社会	86	スペイン語．ポルトガル語
37	教育	87	イタリア語．その他のロマンス諸語
38	風俗習慣．民俗学．民族学	88	ロシア語．その他のスラブ諸語
39	国防．軍事	89	その他の諸言語
40	**自然科学**	90	**文学**
41	数学	91	日本文学
42	物理学	92	中国文学．その他の東洋文学
43	化学	93	英米文学
44	天文学．宇宙科学	94	ドイツ文学．その他のゲルマン文学
45	地球科学．地学	95	フランス文学．プロバンス文学
46	生物科学．一般生物学	96	スペイン文学．ポルトガル文学
47	植物学	97	イタリア文学．その他のロマンス文学
48	動物学	98	ロシア・ソビエト文学．その他のスラブ文学
49	**医学．薬学**	99	その他の諸言語文学

日本図書館協会分類委員会編『日本十進分類法．本表・補助表編』新訂10版，日本図書館協会，2014，p.47.

記録の歴史

粘土板文書と楔形文字
シュメールの粘土板。→：p.98, 120
ジョルジュ・ジャン著, 矢島文夫監修『文字の歴史』創元社, 1990, p.19.

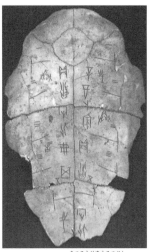

甲骨文字（亀甲獣骨文）
亀の腹甲に刻まれた甲骨文字の例。台北, 中央研究院歴史語言研究所蔵。→：p.99
凸版印刷株式会社印刷博物誌編纂委員会編『印刷博物誌』凸版印刷, 2001, p.82.

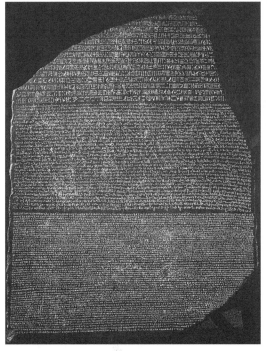

←ヒエログリフ→
←デモティック→
←ギリシャ文字→

ロゼッタストーン（196 B.C.）
高さ114cm, 幅72cm。大英博物館蔵。→：p.131
キャロル・アンドリューズ著, ほるぷ教育開発研究所翻訳『ロゼッタ・ストーン（日本語版）』ミュージアム図書, 1989, p.8.

V その他資料

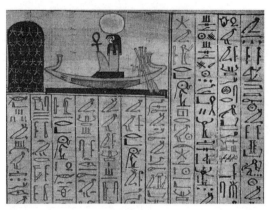

筆記体のヒエログリフで記された，アニの「死者の書」
→：p.122

リチャード・パーキンソン，スティーヴン・クワーク著，近藤二郎訳『パピルス：偉大なる発明，その製造から使用法まで』學藝書林，1999, p.83.

パピルス
湿地に生えるカヤツリグサ科の植物（高さ2mほど）。
→：p.121
Ⓒ ohsuriya-Fotolia

単子音をもつヒエログリフ

	ʼa	わし
	i, j	葦の葉
	ʼa	腕
	w	ひな鳥
	b	足
	p	ござ
	f	角のあるまむし
	m	ふくろう
	n	水
	r	口
	h	囲い
	ḥ	綱
	ḫ	円板
	ẖ	棍棒
	s	かんぬき
	ś	糸
	š	水たまり
	q	三角
	k	盃
	g	椅子
	t	パン
	ṯ	綱
	d	手
	ḏ	へび

S. イグーネ著，矢島文夫訳『文字』白水社，1956, p.32.

楔形文字 （→ : p.98）

元来の絵文字	90°ひっくり返された処	古代バビロニア	アッシリア	意 味
				鳥
				魚
				ロバ
				牡牛
				太陽・日
				穀 物
				畠
				鋤く，耕す
				ブーメラン，投げる
				立つ，行く

E. キエラ著, 板倉勝正訳『粘土にかかれた歴史：
メソポタミア文明の話』岩波書店, 1958, p.59.

アルファベット文字への進化

A* 前4～3千年紀	B* 前12～3世紀	C* 前9世紀	D* 前8世紀	E* 前6世紀	
					A
					B
					C / G
					D
					E
Cette lettre a été créée par les Grecs en doublant (digamma) le gamma.					F
• BARRIÈRE •					H
• BRAS •					I / J
• PALME DE MAIN •					K
• CROSSE •					L
• EAU •					M
• SERPENT •					N
• ŒIL •					O
• BOUCHE •					P
• SINGE •					Q
• TÊTE •					R
• DENT •					S
• MARQUE •					T
• APPUI-TÊTE ? •					U V W Y
Ce sont peut-être des formes « tordues » du K, ou des emprunts à de vieux signes des anciens Crétois					X
• OLIVIER •					Z
Ce « oméga » grec est un ō dessiné double, donc plus grand (méga) que le petit o (micron).					

（• BŒUF • ／ • MAISON • ／ • CHAMEAU ? • ／ • OUVERTURE DE TENTE • ／ • CHAMEAU ? •）

＊A 絵文字 （エジプト, キプロス…）
　B カナン文字, フェニキア文字
　C ギリシャ文字の変形
　D エトルリア文字の変形
　E ラテン文字

Histoire de nos écritures, par Louis Chabot.
Paris, Hachette, 1985.

グーテンベルク
Johannes Gutenberg, 1400?-1468
→：p.98
© Juulijs-Fotolia

42行聖書に使用された活字の再現
マインツ，グーテンベルク博物館所蔵。
凸版印刷株式会社印刷博物誌編纂委員会編『印刷博物誌』凸版印刷，2001，p.29.

グーテンベルク印刷機の複製

ねじ式のプレスにより，インクをつけた活字版の上に紙をのせ，強く圧す。ねじ式のプレスはブドウを絞ったり，亜麻布を圧縮するためにごく一般の家にある道具の一つであった。インクは油煙（すす）を亜麻仁油でねった，金属につきやすい油性インクが，当時すでに使われていた。→：p.96（活版印刷術）
提供：天草市立天草コレジヨ館

写字室
羊皮紙に文字を書く写字生。15世紀に書かれたミニアチュール。→：p.106（修道院図書館）
ジョルジュ・ジャン著，矢島文夫監修『文字の歴史』創元社，1990，p.88.

百万塔陀羅尼経
法隆寺に完全なもの数百基が残されており，重要文化財に指定されている。→：p.122
凸版印刷株式会社印刷博物誌編纂委員会編『印刷博物誌』凸版印刷，2001，p.408.

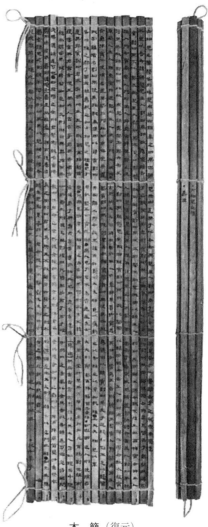

木　簡（復元）
図は木簡の復元で，左のように綴られ，右のように巻いて保存されていたとの想像による。
→：p.128
長澤規矩也著『図解図書学』汲古書院，1975，p.45.

VI 図書館情報学に関するレファレンスブックス

[書　誌]

『図書館学文献目録』日本私立大学図書館協会図書館学文献目録編纂委員会編. 日本私立大学協会, 1971.

『図書館情報学研究文献要覧　1970-1981』(20世紀文献要覧：12) 深井人詩, 目黒聡子編. 日外アソシエーツ, 1983.

『図書館情報学研究文献要覧　1982-1990』(20世紀文献要覧：20) 深井人詩, 目黒聡子編. 日外アソシエーツ, 1993.

『図書館情報学研究文献要覧　1991-1998』「図書館情報学研究文献要覧」編集委員会編. 日外アソシエーツ, 2008.

『図書館情報学研究文献要覧　1999-2006』「図書館情報学研究文献要覧」編集委員会編. 日外アソシエーツ, 2009.

Library Literature and Information Science. Wilson, 1934-2011.　隔月刊

Library and Information Science Abstracts. ProQuest, 1969-　隔週刊

[辞典・事典・用語集]

『ＡＬＡ図書館情報学辞典』Heartsill Young 編, 丸山昭二郎ほか訳. 丸善, 1988.

『学術用語集：図書館情報学編』文部省・日本図書館学会編. 丸善, 1997.

『最新図書館用語大辞典』図書館用語辞典編集委員会編. 柏書房, 2004.

『世界の図書館百科』藤野幸雄編. 日外アソシエーツ, 2006.

『図書館関係専門家事典』(専門家人物事典シリーズ) 日外アソシエーツ編. 日外アソシエーツ, 1984.

『図書館情報学の地平：50のキーワード』根本彰ほか編. 日本図書館協会, 2005.

『図書館情報学用語辞典』第4版. 日本図書館情報学会用語辞典編集委員会編. 丸善, 2013.

『図書館用語集』四訂版. 日本図書館協会用語委員会編. 日本図書館協会, 2013.

Encyclopedia of Library and Information Science. Ed. by Allen Kent et al. Marcell Dekker, 1968-2003.　75 vols.

Encyclopedia of Library and Information Sciences. 4th ed. John. M. McDonald and Michael Levine-Clark. CRC Press, 2018. 7 vols.

Harrod's Librarians' Glossary and Reference Book: a Dictionary of 10, 200 Terms, Organizations, Projects and Acronyms in the Area of Information Management, Library Science, Publishing and Archive Management. 10th ed Comp by Ray Prytherch. Ashgate, 2005.

World Encyclopedia of Library and Information Services. 3rd ed. R. Wedgeworth et al. American Library Association, 1993.

[図書館・情報機関ディレクトリー]

『個人文庫事典』日外アソシエーツ編集部編. 日外アソシエーツ, 2005.　2冊

Ⅰ. 北海道・東北・関東編

Ⅱ. 中部・西日本編

『専門情報機関総覧』専門図書館協議会調査分析委員会編. 専門図書館協議会, 1969-　3年刊

『全国図書館案内』改訂新版. 書誌研究懇話会編. 三一書房, 1990.　2冊

『全国図書館案内』補遺. 書誌研究懇話会編. 三一書房, 1992.

『東京ブックナビ』東京地図出版編集部編. 東京地図出版, 2009.

World Guide to Library, Archive and Information Science Associations. 3rd, completely rev. ed.
Ed. by Alexandra Meinhold. De Gruyter Saur, 2010.　（IFLA Publications；142/143）

World Guide to Library, Archive and Information Science Education. 3rd new and completely
rev. ed. Ed by Axel Schniederjürgen. K.G. Saur, 2007.　（IFLA Publications；128/129）

［ハンドブック・手引書・年表］

『図書館ハンドブック』第6版補訂版. 日本図書館協会図書館ハンドブック編集委員会編. 日
本図書館協会, 2010.

『図書館・情報学研究入門』三田図書館・情報学会編. 勁草書房, 2005.

『図書館情報学を学ぶ人のために』逸村裕, 田窪直規, 原田隆史編. 世界思想社, 2017.

『図書館情報学ハンドブック』第2版. 図書館情報学ハンドブック編集委員会編. 丸善, 1999.

『近代日本公共図書館年表　1867-2005』奥泉和久編著. 日本図書館協会, 2009.

［年鑑・統計］

『図書館年鑑』同編集委員会編. 日本図書館協会, 1982-　年刊

『日本の図書館：統計と名簿』日本図書館協会調査委員会編. 日本図書館協会, 1952-　年刊

『日本の図書館情報学教育 2005』日本図書館協会図書館学教育部会編. 日本図書館協会,
2008.

『年報　こどもの図書館』児童図書館研究会編. 日本図書館協会, 1970-　5年刊

［専門雑誌］

『医学図書館』日本医学図書館協会, 1954-　季刊

『オンライン検索』日本端末研究会, 1982-（Vol.3）　季刊

『学校図書館』全国学校図書館協議会, 1950-　月刊

『学校図書館学研究』日本学校図書館学会, 1999-　年刊

『カレントアウェアネス』国立国会図書館関西館図書館協力課編. 日本図書館協会, 1979-　季
刊

『現代の図書館』日本図書館協会, 1963-　季刊

『国際子ども図書館の窓』国立国会図書館国際子ども図書館, 2001-　年刊

『国立国会図書館月報』国立国会図書館, 1961-　月刊

『国立国会図書館年報』国立国会図書館総務部編. 国立国会図書館, 1950-　年刊

『情報管理』科学技術振興機構, 1966-2018. 月刊

『情報の科学と技術』情報科学技術協会, 1987-　月刊

『専門図書館』専門図書館協議会, 1969-　年6回

144 | Ⅵ 図書館情報学に関するレファレンスブックス

『短期大学図書館研究』私立短期大学図書館協議会. 紀伊国屋書店, 1980- 年刊

『大学図書館研究』国公私立大学図書館協力委員会大学図書館研究編集委員会. 学術文献普及会, 1972- 年3回

『大学の図書館』大学図書館問題研究会, 1982- 月刊

『図書館界』日本図書館研究会, 1947- 隔月刊

『図書館雑誌』日本図書館協会, 1907- 月刊

『図書館文化史研究』日本図書館文化史研究会編. 日外アソシエーツ, 1984- 年刊

『日本図書館情報学会誌』日本図書館情報学会 1954- 季刊

『びぶろす』国立国会図書館総務部. 国立国会図書館, 1950- 年4回 (1998年10月からウェブで配信)

『みんなの図書館』図書館問題研究会, 1977- 月刊

『薬学図書館』日本薬学図書館協議会, 1956- 季刊

『レファレンス』国立国会図書館調査及び立法考査局, 1951- 月刊

American Libraries. American Library Association, 1980- 月刊

Children and Libraries. Association for Library Service to Children, 2003- 年3回

College and Research Libraries. Association of College and Research Libraries, 1939- 隔月刊

Information Outlook. Special Library Association, 1997- 月刊

Journal of Education for Library and Information Science. Association for Library and Information Science Education, 1954- 季刊

Journal of the Association for Information Science and Technology. Wiley, 2000- 月刊

Knowledge Quest : Journal of the American Association of School Librarians. American Association of School Librarians, 1997- 年5回

Library Journal. Reed Business Information, 1876- 年20回

CILIP Update. Chartered Institute of Library and Information Professionals, 2011- 月刊

Library Quarterly. University of Chicago Press, 1931- 季刊

Library Trends. University of Illinois, Graduate School of Library and Information Science, 1952- 季刊

School Library Research. American Association of School Librarians, 1998- open-access online research journal

Ⅶ 図書館・図書館情報学小年表

年	
1871（明治4）	（8月）廃藩置県（9月）文部省設置
1872（明治5）	（4月）文部省，東京湯島に書籍館開館。有料公開（9月）文部省，学制を公布
1873（明治6）	（5月）京都府，集書院開業
1874（明治7）	（8月）湯島の書籍館の蔵書は浅草に移され，浅草文庫と称する（12月）新潟県立書籍縦覧所開設
1875（明治8）	（5月）文部省，書籍館を文部省の所管に戻し，東京書籍館と改称して開館（9月）内務省，図書寮設置
1876（明治9）	（2月）大阪府書籍館2館を開館（9月）文部省，東京開成学校に法律書庫を設置，公開（11月）埼玉県立浦和書籍館開館。有料公開（米）アメリカ図書館協会（ALA）フィラデルフィアで結成。*Library Journal* 創刊。M. Dewey「十進分類法」発表。C. A. Cutter「辞書体目録規則」発表
1877（明治10）	（4月）東京大学設立（東京開成学校と東京医学校を合併，理，法，文に1館，医学部に1館図書館設置）（5月）東京書籍館，東京府へ移管（英）イギリス図書館協会（LA）結成
1878（明治11）	（1月）岡山師範学校書籍館設置。静岡県立書籍館，県立師範学校所属として開館。無料公開。（1922年，県立葵文庫に移管）（5月）東京高等師範学校図書館設置
1879（明治12）	（6月）県立新潟学校附属書籍館設置。無料公開（7月）高知書籍館設置。無料公開（1915年，県立となる）（9月）教育令公布（10月）県立秋田書籍館設置。無料公開（米）C. A. Cutter「展開分類法（EC）」発表
1880（明治13）	（7月）東京府書籍館，文部省所管に戻り，東京図書館と改称
1881（明治14）	（7月）宮城書籍館，宮城県師範学校内に設置（1907年，県立となる）。東京大学，法・理・文の図書館と医学部図書館を統合，東京帝国大学付属図書館となる
1882（明治15）	（10月）私立東京専門学校（現・早稲田大学）図書館設置
1883（明治16）	（7月）『官報』創刊（9月）大日本教育会結成
1884（明治17）	（1月）太政官文庫設置（1885年，内閣文庫となる）
1885（明治18）	（10月）東京図書館，東京教育博物館と合併，上野公園内に移転開館
1887（明治20）	（3月）大日本教育会付属書籍館，神田一ツ橋に設置（1923年，焼失）（米）M. Dewey，コロンビア大学に図書館学校開設
1889（明治22）	（2月）大日本帝国憲法公布
1890（明治23）	（8月）京都府教育会，集書院を再興して図書館開館（1898年，府立となる）（11月）東京大学農学部図書館設置
1892（明治25）	（3月）日本文庫協会設立（現・日本図書館協会）（5月）千葉県教育会

年	
	付属書籍館設置（1924年，県立となる）（12月）西村竹間『図書館管理法』刊。日本最初の図書館関係図書
1894（明治27）	（8月）日清戦争勃発（1895年4月，戦争終結）
1895（明治28）	（ベルギー）国際書誌学会(IIB)結成（後の国際ドクメンテーション連盟(FID)）
1896（明治29）	（9月）熊本県立物産館に図書室設置（1912年，県立となる）
1897（明治30）	（4月）東京図書館，帝国図書館と改称（6月）京都帝国大学附属図書館設置 （米）アメリカ医学図書館協会(MLA)結成
1898（明治31）	私立宮崎日州教育会附属図書館設置（1902年，県立となる）
1899（明治32）	（4月）秋田県立秋田図書館設置（9月）私立松江図書館開館（1946年，島根県立となる）（11月）図書館令(勅令429号)公布
1900（明治33）	（1月）関西文庫協会結成。機関誌『東壁』（4号で廃刊）（10月）山梨県教育会附属図書館閲覧所設置（1931年，県立となる）。朝鮮，釜山府立図書館設置（12月）衆議院図書館設置
1901（明治34）	（米）アメリカ議会図書館，印刷カードサービス開始
1902（明治35）	（4月）南葵文庫開庫（1924年，東大へ寄贈）（5月）大分県共立教育会付属大分図書館設置（1931年，県立となる）（6月）私立大橋図書館東京に開館（8月）鹿児島県教育会附属図書館開館（1912年，県立となる）（10月）秋田県立図書館で巡回文庫開始（日本初）（10月）私立鳥取文庫設置（1929年8月，県立となる）
1903（明治36）	（4月）山形県教育会が山形図書館を設置（1910年，県立となる）（5月）足利学校遺蹟図書館が町立として再興（7月）山口県立図書館開館（児童室設置）。愛媛教育会附属図書館設置（1935年，県立となる）（8月）日本文庫協会，第1回図書館事項講習会を開催
1904（明治37）	（1月）山口県立図書館で巡回文庫開始。京都府立図書館で巡回文庫開始。徳島県教育会附属図書館閲覧所設置（1917年，県立となる）。岐阜教育会附属貸付図書館設置（1934年，県立となる）（2月）日露戦争勃発（1905年9月，戦争終結）（2月）大阪府立図書館開館。茨城県立図書館開館
1905（明治38）	（1月）愛国婦人会，東京に婦人図書閲覧所を設置（2月）香川県教育会図書館設置（1934年，県立となる）（4月）京都に児童専用の文庫，私立修道児童文庫開庫。京都府立図書館，児童室設置。無料公開
1906（明治39）	（3月）帝国図書館，上野公園内に新築開館。第1回全国図書館員大会開催。岡山県立戦捷記念図書館設置（10月）図書館令（勅令274号）改正 （米）アメリカ法律図書館協会（AALL）結成
1907（明治40）	（4月）青森市立図書館設置（1928年，県立となる）。山口県立図書館で一部開架制を導入。満鉄調査部，図書室を大連に設置（8月）茨城県立図書館で巡回文庫を開始（10月）『図書館雑誌』（日本文庫協会）創刊
1908（明治41）	（2月）和歌山県立図書館設置。福島市立図書館設置（1929年，県立となる）（3月）日本文庫協会，日本図書館協会（以下日図協）と改称（7月）文部省，図書館事項夏期講習会（第1回）開催（8月）福井市立図書館設置（1950年，県立となる）（11月）東京市立日比谷図書館開館（1943年，

年	
	都立となる）
1909（明治42）	（4月）宮城県立図書館で巡回文庫開始（8月）沖縄県立図書館設置。大阪府立図書館で臨時巡回児童文庫を開催（10月）岐阜県教育会図書館設置（1934年，県立となる）（11月）奈良県立戦捷記念図書館開館（米）専門図書館協会（SLA）発足
1910（明治43）	（6月）「図書館令施行規則」公布（11月）満鉄奉天図書館設置
1911（明治44）	（12月）東北帝国大学附属図書館設置。九州帝国大学附属図書館設置
1912（明治45）	（1月）石川県立図書館開館（3月）長崎県立図書館設置（7月）明治天皇崩御，大正と改元（米）メリーランド州でブックモビル運行開始
1914（大正3）	（2月）鍋島家，県民のために佐賀図書館（私立）設置。有料（1929年県立となる）。石川県で図書館講習会開催（4月）台湾総督府図書館設置（8月）第一次世界大戦に日本参戦（1918年11月，戦争終結）
1915（大正4）	（4月）明治記念新潟県立図書館設置（12月）福岡県立図書館設置
1917（大正6）	（5月）宮崎県立延岡・都城両図書館開館（9月）モリソン文庫設置
1918（大正7）	（4月）東大に図書館学講座開講。鳥取市立図書館設置（1918年，県立となる）（6月）文部省，第1回府県立図書館長会議開催
1919（大正8）	（1月）文部省に図書館事業研究調査委員会設置（2月）東大文科図書館研究会発足（7月）松江市立図書館設置（1946年，島根県立となる）。新潟県立図書館，盲人閲覧室開設（英）ロンドン大学に図書館学校設置
1920（大正9）	（7月）満鉄京城図書館設置
1921（大正10）	（6月）文部省，図書館員教習所を上野に開設（10月）岩手県立図書館設置。京城府立図書館設置
1922（大正11）	（4月）東洋大学文化学科，司書学開講（5月）北海道帝国大学附属図書館設置（10月）埼玉県教育会，埼玉図書館設置（1924年，県立となる）（11月）静岡県立葵文庫設置
1923（大正12）	（4月）郡制廃止により郡立図書館は県立，市立図書館に移行または廃止となった（9月）関東大震災により関東地区の主要図書館多数が焼失
1924（大正13）	（3月）北海道庁立図書館設置（6月）帝国大学附属図書館協議会結成（国立七大学附属図書館協議会を経て，現・全国国立大学図書館長会議）（11月）全国専門高等学校図書館協議会結成。モリソン文庫を改組，東洋文庫となる。公開（12月）文部省に社会教育課を設置（英）イギリス専門図書館協会（Aslib）設置
1925（大正14）	（4月）文部省図書館員教習所を文部省図書館講習所と改称（6月）官庁図書館協会結成
1926（大正15）	（1月）津山基督教図書館設置（6月）大橋図書館再建開館（関東大震災で被災）（9月）東京市政調査会，市政専門図書館を設置（11月）文部省，全国図書館長会議開催。京城帝国大学附属図書館設置（12月）大正天皇崩御，昭和と改元
1927（昭和2）	（2月）文部省，紀元節に優良図書館に奨励金交付（昭和10年まで）（9月）英国図書館協会50周年記念大会に日図協代表参加。国際図書館連盟（IFLA）

148 │ Ⅶ 図書館・図書館情報学小年表

年	
	結成（10月）鹿児島県立図書館新築落成（11月）官立医科大学附属図書館協議会結成（現・日本医学図書館協会）。機関誌『医学図書館』（12月）青年図書館員聯盟，大阪で結成。機関誌『圕研究』（1944年解散）
1928（昭和3）	（4月）関東東北図書館大会（第1回）仙台で開催。東北北海道図書館連盟結成
1929（昭和4）	（4月）長野県立図書館開館（6月）国際図書館連盟（IFLA）第1回大会イタリアで開催。日本代表：森本泉（7月）文部省に社会教育局設置。図書館に関する事項を扱う（8月）『日本十進分類法』（もり・きよし）発行
1930（昭和5）	（6月）東京私立大学図書館協議会結成（現・私立大学図書館協会）（8月）金沢文庫，神奈川県立として再開。『日本件名標目表』（加藤宗厚）発行（11月）日図協，社団法人に組織変更。医科大学図書館協議会で相互貸借を開始
1931（昭和6）	（4月）松本喜一（帝国図書館長）御前講演「図書館の使命」（9月）満州事変勃発（10月）中央図書館長協会結成（1943年解散）
1933（昭和8）	（4月）図書館記念日（第1回）実施（7月）改正「図書館令」の公布により中央図書館制度確立（9月）鉄道省，巡回文庫運賃軽減
1934（昭和9）	（4月）東京商工会議所図書館設置（8月）北信五県図書館連合会結成
1936（昭和11）	（2月）二・二六事件（5月）私立図書館懇話会結成（10月）「公立図書館司書検定試験規程」公布
1937（昭和12）	（1月）三重県立図書館設置（4月）東海4県図書館大会（第1回）（8月）五大都市立図書館長会議結成
1938（昭和13）	（5月）全国私立大学図書館協議会結成（1943年より私立大学図書館協会）（8月）文部省，司書講習会開催
1939（昭和14）	（9月）文部省，中央図書館司書講習会開催
1940（昭和15）	（1月）中央図書館司書会結成（2月）富山県立図書館設置（8月）日図協理事会，時局の要請によって全国図書館大会の中止を決定（11月）日本点字図書館設置
1941（昭和16）	（3月）全国図書館大会に代わって，全国図書館綜合協議会を東京で開催（4月）同志社大学，図書館学講座開講（6月）満洲図書館協会結成（12月）太平洋戦争勃発
1942（昭和17）	（5月）滋賀県立図書館設置
1943（昭和18）	（3月）「公立図書館司書検定試験規程」一部改正（7月）東京都制施行，市立図書館は都立図書館となる
1944（昭和19）	（4月）東京都立図書館28館中13館が休館。日図協，社団法人から財団法人大日本図書館協会に組織変更（7月）「図書館令施行規則」一部改正（9月）『図書館雑誌』通巻294号で休刊
1945（昭和20）	（3月）文部省，図書館講習所閉鎖。都立両国，浅草，本所，東駒形図書館，空襲によって焼失（5月）都立日比谷，渋谷，淀橋，麴町，三田，中野，西巣鴨，寺島，深川図書館は空襲によって焼失または被災（6-8月）岐阜，青森，大分，香川，高知，岡山，富山，熊本県立図書館，空襲により焼失。その他多くの公立，私立図書館が被災（8月）大東亜戦争終結。

年	
1946(昭和21)	敗戦（11月）CIE 図書館，内幸町の放送会館（旧ＮＨＫビル）に設置 （2月）青森県立図書館再開。東京都立渋谷図書館再開（3月）CIE 図書 館，有楽町日東紅茶喫茶室を改築移転して開館（5月）都立世田谷図書館 設置。有料（6月）『図書館雑誌』通巻295号で復刊（7月）文部省，公民 館の設置運営要綱発表（10月）同志社大学，図書館学講習所開設（11月） 栃木県立図書館設置。都立立川図書館設置。日本図書館研究会結成。機関 誌『図書館界』（12月）都立青梅，板橋，江戸川図書館設置
1947(昭和22)	（3月）「教育基本法」「学校教育法」公布（4月）「国会図書館法」公布 （1948年2月廃止）。都立杉並図書館設置（7月）帝国図書館附属図書館職 員養成所開所。東北地方大学高専図書館協議会結成（8月）日図協，社団 法人に組織変更（10月）文部省，図書館講習会を鶴岡市で開催（11月）文 部省，図書館講習会を別府市で開催（12月）帝国図書館を国立図書館と改 称。地方議会に図書館設置が義務付けられる。アメリカより図書館使節団 （V. Clapp と C. Brown）来日
1948(昭和23)	（2月）「国立国会図書館法」公布（4月）京都大学文学部で図書館学講 座開講（6月）国立国会図書館開館。全国図書館大会（戦後第1回）東京 で開催（7月）国立国会図書館顧問 R. B. Downs 来日（9月報告書提出）。 文部省，学校図書館協議会を設置（10月）IFEL（教育指導者講習）図書 館学を含み，1952年8期まで開催（12月）文部省，『学校図書館の手引』 発行
1949(昭和24)	（2月）文部省，東日本『学校図書館の手引』講習協議会を千葉県鴨川町 で開催。宮城県立図書館再開（3月）三重県立図書館再開（4月）国立図 書館附属図書館職員養成所は文部省図書館職員養成所となる。国立図書館 (旧帝国図書館)，国立国会図書館支部上野図書館となる。文部省，西日本 『学校図書館の手引』講習協議会を天理市で開催。関西大学図書館講習所 開設。京都大学で京都図書館学校開講（8月）福岡県立図書館再開。千葉 県立図書館，自動車図書館「ひかり号」の運行開始。岐阜県立図書館再開
1950(昭和25)	（2月）全国学校図書館協議会（全国SLA）結成。機関誌『学校図書館』 （1998年，社団法人となる）（3月）日本大学図書館学講座開講。 UDC 研 究会結成（1986年，情報科学技術協会。機関誌『情報の科学と技術』）（4 月）「図書館法」公布。東洋大学図書館学講座（夜間）開講（9月）「図書 館法施行規則および細則」公布（12月）国立国会図書館印刷カードの販売 開始。愛知県立図書館設置
1951(昭和26)	（1月）長野県立図書館，「PTA母親文庫」開始（2月）全国SLA，図書 選定開始（3月）文部省，「学校図書館の指導方針について」通達（4月） 慶應義塾大学文学部に日本図書館学校（学部課程）開講。東京大学教育学 部，図書館学講座開講。天理大学図書館課程設置。（5月）東京大学図書 館学会結成（7月）『日本十進分類法 新訂6版』発行。日本，ユネスコに 加盟（9月）対日講和条約・日米安全保障条約，サンフランシスコで調印。 国際音楽図書館協会（IAML）パリで結成
1952(昭和27)	（2月）日図協，IFLA に再加盟（3月）専門図書館協議会結成。機関誌『専 門図書館』（4月）同志社大学図書館学会結成。対日平和条約・安全保障

150 | Ⅶ 図書館・図書館情報学小年表

年	
	条約発行。日本占領終結（5月）CIE 図書館は米国国務省の管轄下に入り，アメリカ文化センター（ACC）と改組。国公立大学図書館協議会結成（1954年から国公私それぞれの組織を持つ。公立大は，現・公立大学協会図書館協議会）
1953（昭和28）	（1月）『日本目録規則 1952年版』（日図協）発行（2月）全国移動図書館連絡協議会（第1回），岐阜で開催（3月）官庁図書館研究会結成（4月）愛知学院大学図書館司書講座開講。群馬県立図書館設置。信州大学図書館学研究会発足（5月）京都大学教育学部図書館学講座開講。（6月）日本図書館学会結成（1998年より日本図書館情報学会と改称）。機関誌『図書館情報学会誌』（8月）「学校図書館法」公布。新潟大学図書館学会発足。 北海道図書館研究会発足（10月）児童図書館研究会発足。機関誌『こどもの図書館』（11月）西日本図書館学会発足。機関誌『図書館学』。大阪特殊図書館協会発足
1954（昭和29）	（4月）鶴見女子短期大学（現・鶴見大学）図書館学講座開講（5月）「図書館の自由に関する宣言」日図協採択（8月）「司書教諭講習規程」公布（10月）学校図書館審議会「図書および設備の最低基準」について答申。全国国立大学図書館長会議発足（1969年より国立大学図書館協議会，2004年より国立大学図書館協会）（11月）神奈川県立図書館開館
1955（昭和30）	（4月）日本薬学図書館協議会発足。機関誌『薬学図書館』。神奈川県図書館学会発足（5月）図書館問題研究会発足。機関誌『みんなの図書館』。国際農学図書館協会（IAALD）結成。国際工科大学図書館協会（IATUL）結成
1956（昭和31）	（5月）公立大学図書館連絡会発足（現・公立大学図書館協議会）（6月）愛知図書館研究会結成。法律関係資料連絡会発足（現・法律図書館連絡会）（7月）学校図書館審議会「学校図書館振興の総合的方策」について答申（10月）日本読書学会結成。機関誌『読書科学』（12月）高知市民図書館，ユネスコ共同図書館事業に参加
1957（昭和32）	（米）国立医学図書館（NLM）設置 （8月）日本科学技術情報センター（JICST）設置（現・科学技術振興機構（JST））（11月）アジア図書館協会連盟（AFLA）創立大会を東京で開催
1958（昭和33）	（4月）アジア太平洋地域国立図書館長会議，東京で開催（10月）神奈川県立川崎図書館設置（11月）三重県図書館研究会発足
1959（昭和34）	（3月）中部図書館学会結成。国際法律図書館協議会（IALL）結成
1960（昭和35）	（5月）鹿児島県立図書館，「親子20分読書運動」開始（10月）愛媛県立図書館「ブックボート」就航
1961（昭和36）	（4月）『日本十進分類法 新訂7版』発行（6月）熊本県図書館研究会結成（10月）国立国会図書館新築開館。IFLA，目録原則国際会議（ICCP）パリで開催。日本代表：中村初雄
1962（昭和37）	（11月）広島県立図書館，文化船「ひまわり」就航。全国図書館協議会連合会発足

年	
1963（昭和38）	（3月）『中小都市における公共図書館の運営』（日図協）発行。山形県立図書館新築開館。佐賀県立図書館新築開館
1964（昭和39）	（4月）国立図書館短期大学，世田谷に開校（旧文部省図書館職員養成所） （米）国立医学図書館（NLM），MEDLARS サービス開始 （仏）国立高等図書館学校設置
1965（昭和40）	（5月）『日本目録規則 1965年版』（日図協）発行
1966（昭和41）	（7月）日本農学図書館協議会結成。大分県立図書館新築開館
1967（昭和42）	（3月）北海道立図書館，江別市に新築開館（4月）慶應義塾大学文学部図書館学科は図書館・情報学科と改称，大学院研究科（修士課程）を設置。日本近代文学館開館（5月）全国公立図書館長協議会結成（1970年より全国公共図書館協議会（全公図））（9月）FID 東京大会開催（10月）日本子どもの本研究会発足。国際オリエンタリスト図書館員協会結成
1968（昭和43）	（3月）岩手県立図書館新築開館（9月）島根県立図書館新築開館。千葉県立中央図書館新築開館（11月）全国国立教育系大学付属図書館協議会結成。国際大都市図書館協会（INTAMEL），リバプール（英国）で結成
1969（昭和44）	（3月）日本出版学会発足（5月）日米大学図書館会議（第1回）東京で開催（9月）富山県立図書館新築開館
1970（昭和45）	（3月）日仏図書館学会結成（4月）埼玉県立熊谷図書館新築開館。静岡県立中央図書館新築開館（6月）山梨県立図書館新築開館（10月）大学図書館問題研究会結成。南東アジア図書館会議（CONSAL）結成
1971（昭和46）	（6月）音楽図書館協議会結成（10月）公立短期大学図書館協議会結成。国際学校図書館協会（IASL）結成 （米）OCLC オンライン・サービス開始
1972（昭和47）	（4月）（財）国際医学情報センター（IMIC）設置。日図協，4月30日を「図書館記念日」，5月を「図書館振興の月」と決定（7月）「国際図書年」記念大会を東京で開催
1973（昭和48）	（1月）都立中央図書館，有栖川公園内に新築開館（5月）日図協事務局，上野より世田谷の図書館会館に移転 （英）英国図書館新組織で発足
1974（昭和49）	（1月）（財）東京子ども図書館設置（5月）IFLA 理事会，東京で開催（10月）兵庫県立図書館開館（11月）近畿病院図書館協議会結成。国立図書館長会議（第1回）オタワで開催
1975（昭和50）	（10月）歯学図書館連絡協議会発足
1976（昭和51）	（3月）病院図書室研究会結成（5月）東京大学に情報図書館学研究センター設置 （韓）IFLA，国際セミナー，ソウルで開催
1977（昭和52）	（9月）私立短期大学図書館協議会発足。機関誌『短期大学図書館研究』（12月）『日本目録規則 新版予備版』（日図協）発行 （仏）ポンピドー・センター国立公共情報図書館，パリで開館
1978（昭和53）	（5月）『日本十進分類法 新訂8版』（日図協）発行。衆参両議員，図書議員連盟結成
1979（昭和54）	（4月）点字図書館問題研究会発足（5月）「図書館の自由に関する宣言」

年	
1980（昭和55）	改訂（10月）図書館情報大学，つくば市に開学（11月）国公私立大学図書館協力委員会発足（12月）（株）図書館流通センター（TRC）設置（1月）日本図書コード管理委員会発足。学術審議会「今後における学術情報システムの在り方について」文部省に答申（6月）「図書館員の倫理綱領」日図協採択
1981（昭和56）	（1月）『納本週報』（国立国会図書館）を『日本全国書誌週刊版』と改称（4月）JAPAN/MARC（国立国会図書館発行，日図協発売）頒布開始。JICST「JOIS-Ⅱ」のサービス開始（6月）体育図書館協議会発足（10月）鳥取県公立図書館協議会発足（11月）アジア資料懇話会発足。企業史料協議会発足
1982（昭和57）	（英）英国図書館貸出部門（現BLDSC），ボストン・スパーに新館開館（12月）図書館史研究会発足（現・図書館文化史研究会）。機関誌『図書館文化史研究』
1983（昭和58）	（4月）東京大学情報図書館学研究センターから東京大学文献情報センターへの改組
1984（昭和59）	（財）データ・ベース振興センター設置（4月）図書館情報大学，大学院修士課程を開設
1985（昭和60）	（4月）香川県図書館学会発足。愛知淑徳大学文学部に図書館情報学科を設置（8月）学校図書館問題研究会発足
1986（昭和61）	（4月）東京大学文献情報センターから学術情報センターへの改組（8月）IFLAプレ・セッション・セミナー，石川県金沢で開催。第52回IFLA大会，東京で開催。子どもの本世界大会（IBBY）東京で開催。日米大学図書館セミナー，東京で開催（10月）都立江東図書館，区に移管され江東区立江東図書館として開館（11月）国立国会図書館新館開館
1987（昭和62）	（3月）高等専門学校協議会発足（5月）都立多摩図書館開館（7月）千葉県立西部図書館，松戸市に開館（9月）『日本目録規則1987年版』（日図協）発行
1988（昭和63）	（4月）日図協，J-BISC頒布開始（5月）宮崎県立図書館新築開館（9月）国際音楽資料情報協会（IAML），東京大会開催（10月）日米大学図書館員会議，ウィスコンシン州ラシーンで開催。広島県立図書館，中区に開館
1989（平成1）	（1月）昭和天皇崩御，平成と改元（9月）国立国会図書館，IFLA資料保存（PAC）センターに指定される
1990（平成2）	（7月）山形県立図書館，生涯学習センターと併設で新築開館（10月）鳥取県立図書館新築開館（11月）徳島県立図書館，美術館，博物館と隣接して新築開館
1991（平成3）	（1月）IFLAアジア視覚障害者セミナー，東京で開催（4月）愛知県立図書館開館
1992（平成4）	（2月）北陸4県（新潟，富山，石川，福井）図書館長会結成（5月）日図協，100周年記念式典及び一連の行事挙行（8月）新潟県立図書館新築開館（10月）日米大学図書館員会議，東京で開催
1993（平成5）	（4月）都県11図書館（東京，神奈川，茨城，千葉，埼玉，群馬，栃木，山梨，静岡，新潟，長野），相互貸借協定を締結（7月）和歌山県立図書館，

年	
1994（平成6）	文化情報センター・文書館と併設で新築開館（11月）秋田県立図書館，文書館と併設で新築開館。環日本海図書館ネットワーク構築事業開始（3月）香川県立図書館，文書館と併設で新築開館。青森県立図書館新築開館（10月）三重県立図書館，総合文化センターの中に新規開館（11月）岐阜県西濃地区図書館連絡協議会結成
1995（平成7）	（1月）阪神・淡路大震災（2月）大分県立図書館「豊の国情報ライブラリー」，先哲資料館，公文書館と併設開館（7月）岐阜県立図書館新築開館（8月）『日本十進分類法 新訂9版』（日図協）発行
1996（平成8）	（4月）「世界本の日」設定（5月）大阪府立中央図書館，東大阪市に開館（8月）文部省，「図書館法施行規則」一部改正（司書講習カリキュラムの改訂）（9月）全国点字図書館協議会，全国視覚障害者情報提供施設協議会（全視協）と改称（10月）JICSTと新技術事業団（JRDC）が合併し科学技術振興事業団（JST）を設立
1997（平成9）	（6月）「学校図書館法」改正（12月）日本学校図書館学会結成。学会誌『学校図書館学研究』
1998（平成10）	（3月）文部省令（第1号）「学校図書館司書教諭講習規程」の一部改正（カリキュラム）（6月）国立国会図書館開館50周年記念式典挙行（10月）日図協，東京都中央区に新築された日本図書館協会会館に移転
1999（平成11）	（7月）「図書館法」改正を含む「地方分権一括法」公布。『基本件名標目表 第4版』（日図協）発行（8月）2000年を「子ども読書年」と定める
2000（平成12）	（4月）学術情報センター，国立情報学研究所へ改組（5月）国際子ども図書館，部分開館（11月）アマゾン（Amazon.co.jp）サービス開始
2001（平成13）	（1月）文部科学省発足（7月）「公立図書館の設置及び運営上の望ましい基準」文部科学省告示（12月）「子どもの読書活動の推進に関する法律」公布（4月23日を「子ども読書の日」に設定）
2002（平成14）	（5月）国立国会図書館支部国際子ども図書館開館。国際子ども図書館，全面開館（10月）国立国会図書館関西館開館。図書館情報大学，筑波大学に図書館情報専門学群として統合
2003（平成15）	（4月）12学級以上の小・中学校に司書教諭の設置義務化（5月）「個人情報保護法」公布（6月）「地方自治法」一部改正（指定管理者制度の導入）（10月）科学技術振興事業団(JST)，独立行政法人化により科学技術振興機構(JST)と改組，名称変更
2004（平成16）	（4月）国立大学が国立大学法人に移行。日本アーカイブズ学会発足
2005（平成17）	（3月）奈良県立図書情報館新築開館（7月）「文字・活字文化振興法」公布（10月27日を「文字・活字文化の日」に設定）
2006（平成18）	（3月）「これからの図書館像—地域を支える情報拠点をめざして（報告）」（5月）岩手県立図書館新築開館（12月）「教育基本法」改正
2007（平成19）	（5月）千代田区立千代田図書館千代田区役所9・10階に開館
2008（平成20）	（1月）長崎市立図書館新築開館（すべての県庁所在地に公立図書館設置）（6月）「図書館法」を含む「社会教育法」等の一部改正，2010年を「国民読書年」と定める（7月）「教育振興基本計画」文部科学省告示（11月）（財）図書館振興財団発足（図書館流通センター）

154 | Ⅶ 図書館・図書館情報学小年表

年	
2009（平成21）	（4月）「図書館法施行規則」改正
2010（平成22）	（5月）大阪府立中央図書館国際児童文学館開館（大阪府立国際児童文学館の資料を引き継ぐ），アップルが iPad を発売（6月）RDA 発行（AACR 2 の後継）（10月）「国民読書年宣言」採択
2011（平成23）	（3月）東日本大震災発生（4月）大学図書館コンソーシアム連合（JUSTICE）発足（11月）千代田区立日比谷図書文化館開館（東京都立日比谷図書館を移管）
2012（平成24）	（4月）出版デジタル機構発足（12月）「図書館の設置及び運営上の望ましい基準」告示
2013（平成25）	（4月）CCC を指定管理者とした武雄市図書館開館
2014（平成26）	（12月）『日本十進分類法 新訂10版』（日図協）発行
2015（平成27）	（4月）学校図書館法の一部改正（学校司書法制化）(2014年6月公布)（9月）国立国会図書館国際子ども図書館新館（アーチ棟）開館
2016（平成28）	（4月）「障害者差別解消法」施行（2013年6月公布）（8月）国際学校図書館協会（IASL）東京大会開催
2018（平成30）	（12月）『日本目録規則 2018年版』（日図協）発行
2019（平成31）	（3月）『出版ニュース』休刊

［編著者］

今　まど子　中央大学名誉教授

小山　憲司　中央大学教授

［執筆者］

法令解説：鑓水三千男　元千葉県労働委員会事務局次長

用語解説：桑田てるみ　国士舘大学教授

　　　　　原田　智子　鶴見大学名誉教授

図書館情報学基礎資料 第3版

2016年10月31日　初版第1刷発行
2018年2月26日　初版第3刷
2019年3月28日　第2版第1刷発行
2020年2月27日　第3版第1刷発行
2021年2月16日　第3版第2刷

〈検印廃止〉

編著者 ©　今　ま　ど　子
　　　　　　小　山　憲　司

発 行 者　大　塚　栄　一

発 行 所　株式会社　**樹村房**
　　　　　　　　　　JUSONBO

〒112-0002
東京都文京区小石川5-11-7
電　話　03-3868-7321
ＦＡＸ　03-6801-5202
振　替　00190-3-93169
http://www.jusonbo.co.jp/

表紙デザイン　菊地博徳〔BERTH Office〕
印刷・製本　亜細亜印刷株式会社

ISBN978-4-88367-333-9　乱丁・落丁本は小社にてお取り替えいたします。

高山正也・植松貞夫　監修　**現代図書館情報学シリーズ**

[全12巻]

各巻Ａ５判　初版・改訂版 本体2,000円（税別）／三訂版 本体2,100円（税別）

▶本シリーズの各巻書名は，平成21(2009)年4月に公布された「図書館法施行規則の一部を改正する省令」で新たに掲げられた図書館に関する科目名に対応している。また，内容は，「司書資格取得のために大学において履修すべき図書館に関する科目の在り方について（報告）」（これからの図書館の在り方検討協力者会議）で示された〈ねらい・内容〉をもれなくカバーし，さらに最新の情報を盛り込みながら大学等における司書養成課程の標準的なテキストをめざして刊行するものである。

1 改訂 図書館概論　　　　　　　高山正也・岸田和明／編集

2 図書館制度・経営論　　　　　糸賀雅児・薬袋秀樹／編集

3 図書館情報技術論　　　　　　杉本重雄／編集

4 改訂 図書館サービス概論　　　高山正也・村上篤太郎／編集

5 改訂 情報サービス論　　　　　山﨑久道・原田智子／編集

6 児童サービス論　　　　　　　植松貞夫・鈴木佳苗／編集

7 改訂 情報サービス演習　　　　原田智子／編集

8 改訂 図書館情報資源概論　　　岸田和明／編集

9 三訂 情報資源組織論　　　　　田窪直規／編集

10 改訂 情報資源組織演習　　　　小西和信・田窪直規／編集

11 図書・図書館史　　　　　　　佃　一可／編集

12 図書館施設論　　　　　　　　植松貞夫／著

樹 村 房